DROIT DES TRANSPORTS ET DE LA LOGISTIQUE

Précis de droit malien

Dr Gaoussou DIARRAH
Dr Omorou Zackaria TOURÉ

DROIT DES TRANSPORTS ET DE LA LOGISTIQUE

Précis de droit malien

Préface du Pr Philippe DELEBECQUE

L'Harmattan
Mali

Harmattan Mali/Tropique Éditions
ACI2000 Bamako – Immeuble Jean-Marie CISSÉ
Bureau 10 – Tél. : +223 76 43 00 66 /+223 66 89 33 72
www.harmattanmali.com
Couverture et mise en page : Coco Joyce

L'Harmattan 2024
5-7, rue de l'École polytechnique
75005 Paris
http://www.librairieharmattan.com

ISBN : 978-2-336-47043-6
EAN : 9782336470436

SOMMAIRE

HOMMAGE

À la mémoire des victimes de l'attaque
du bateau Tombouctou survenue le 7 septembre 2023 sur le fleuve Niger dans le cercle de Gourma-Rharous, région de Tombouctou.

REMERCIEMENTS

Les auteurs tiennent à remercier :

- Monsieur Philippe Delebecque, professeur à l'université Paris-I–Panthéon-Sorbonne pour la lecture, la préface de ce travail ;
- Monsieur Mamadou Lamine Dembélé, vice-recteur de l'Université des sciences juridiques et politiques de Bamako pour son soutien financier.

PRÉFACE

On sait combien les transports ont un rôle déterminant dans les échanges économiques et dans le développement d'un pays. L'observation est particulièrement exacte pour le Mali qui partage plus de 7 000 km de frontières avec sept pays. La question des transports y est encore plus importante que l'État malien est un État enclavé et n'a pas d'accès immédiat à la mer. On sait aussi combien les problèmes juridiques que posent les transports sont aigus et essentiels.

L'ouvrage de Messieurs Gaoussou Diarrah et Omorou Zackaria Touré vient ainsi à point nommé pour éclairer les professionnels, les universitaires et les décideurs publics sur tous les arcanes du droit des transports.

Après une présentation des dispositions légales et réglementaires encadrant l'organisation même des transports au Mali, dispositions qui sont essentiellement des dispositions de droit public et qui traduisent la politique nationale des transports, les auteurs s'attachent à développer le droit régissant les différents modes de transport. Le transport aérien et le transport routier sont naturellement privilégiés. À ce dernier égard, les auteurs portent une attention particulière à l'acte uniforme de l'Organisation pour l'harmonisation en Afrique du droit des affaires (OHADA) sur les transports routiers de marchandises, inspiré de la fameuse Convention internationale sur le transport de marchandises par route (CMR) et dont tous les professionnels se félicitent en raison de l'équilibre des intérêts que cette Convention internationale a su instituer entre les chargeurs et les transporteurs. Sur le transport aérien, on relèvera l'excellent compte rendu de la convention de Varsovie et de la jurisprudence qu'elle a suscitée, tout en se demandant si la convention de Montréal, qui a modernisé sensiblement la matière, ne mériterait pas d'être ratifiée. Le transport ferroviaire et le transport fluvial retiennent aussi, à juste titre, l'intérêt des auteurs. La question qui se pose ici est peut-être plus une question d'infrastructure qu'autre chose. Le droit commercial saura certainement accompagner les décisions publiques qui seront prises. Les auteurs n'oublient pas, bien entendu, de développer toute la problématique liée aux transports maritimes dans un État, comme le

Mali, qui, une fois encore, n'a pas un accès direct à la mer. Les analyses que l'on pourra lire et qu'il faut lire sont ici très précieuses. Au-delà de l'exposé des modes classiques de transport et de toutes les questions juridiques qu'ils soulèvent, les auteurs ont également l'intelligence de s'intéresser aux nouveaux modes et outils de transport : on retiendra, notamment, ce qui est dit sur les plateformes qui ne sont sans doute que de nouveaux courtiers eu égard au rapprochement entre l'offre et la demande de transport qu'ils proposent. On relèvera aussi, car cela est essentiel, les analyses des auteurs sur la logistique, les entrepôts et les ports secs, sans oublier, bien évidemment, ce qui est rappelé sur les intermédiaires, les transitaires, les commissionnaires ordinaires (dont la responsabilité s'apprécie, comme cela est exactement écrit, en termes d'obligation de résultat) et les commissionnaires en douane. On ne dira jamais assez combien le système même des transports est chevillé par l'intermédiation et tous ses opérateurs. S'agissant du transport de passagers, on notera également les intéressants développements consacrés aux agents de voyages.

L'ouvrage s'achève très utilement par la présentation des *incoterms*, c'est-à-dire des conditions générales régissant les ventes suivies d'un transport, *incoterms* auxquels la pratique recourt très régulièrement, et du crédit documentaire qui, comme on le sait, est le mode de financement habituel des opérations de commerce international. Les règles et impératifs des assurances ont également été traités et expliqués, ce qui, si besoin était, révèle combien les auteurs sont au fait des réalités économiques, sociales et juridiques du transport. Au total donc, nous est offert un magistral exposé du droit des transports, clair, bien documenté et très précieux pour tous ceux qui s'intéressent au droit des transports ou même à l'économie des transports. L'ouvrage de Messieurs Gaoussou Diarrah et Omorou Zackaria Touré est, on n'en doute pas, promis à un très bel et prometteur avenir.

Philippe DELEBECQUE
Professeur émérite de l'université de Paris-I

SIGLES ET ABRÉVIATIONS

Air-Mali : Compagnie aérienne nationale du Mali
Al. : Alinéa
ANAC : Agence nationale de l'aviation civile
Art : Article
ASECNA : Agence pour la sécurité de la navigation aérienne
AURDCG : Acte uniforme relatif au droit commercial général
AUCTRM : Acte uniforme relatif aux contrats de transport de marchandises par route
BILL OF LADING : Signifie connaissement en anglais
BT : Bulletin des transports
BTI : Bulletin des transports internationaux
BTL : Bulletin des transports et de la logistique
Bull crim. : Bulletin des arrêts de la Cour de cassation, chambres criminelles
Bull civ. : Bulletin des arrêts de la Cour de cassation, chambres civiles
BAMABUS : Transport urbain à Bamako (année 1990)
CAF : Coût, assurance, fret ; en anglais CIF : Cost, Insurance and Freight
CASS-REQ : Chambre des requêtes de la Cour de cassation française
CCI : Chambre de commerce international (en anglais ICC)
CCM : Code du commerce du Mali
CEDEAO : Communauté économique des États de l'Afrique de l'Ouest
CEMAC : Communauté économique et monétaire de l'Afrique centrale
CIMA : Conférence interafricaine des marchés d'assurance
CM : Conseil des ministres
CMC : Conseil malien des chargeurs
CMI : Comité maritime international
CMLN : Comité militaire de libération nationale
CMDT : Compagnie malienne de développement du textile
CMR : Convention internationale sur le transport de marchandises par route
CMTR : Conseil malien des transporteurs routiers
CNT : Conseil national des transports
CNUCED : Conférence des Nations unies pour le commerce et le développement

COMANAF : Compagnie malienne de navigation fluviale
COMANAV : Compagnie malienne de navigation
COTIF : Convention relative aux transports internationaux ferroviaires
CTR : Carnet de transit routier
CV : Cheval vapeur
CVR : Convention relative au contrat de transport international de voyageurs et bagages par route
D : Dalloz (recueil)
DH : Dalloz hebdomadaire
DMF : Droit maritime français
DP : Dalloz périodique
DTS : Droits de tirage spéciaux
EMABE : Entrepôts maliens au Bénin
EMACI : Entrepôts maliens en Côte d'Ivoire
EMAGHA : Entrepôts maliens au Ghana
EMAGUI : Entrepôts maliens en Guinée
EMAMAU : Entrepôts maliens en Mauritanie
EMASE : Entrepôts maliens au Sénégal
EMATO : Entrepôts maliens au Togo
ENA : École nationale d'administration
FAP SAUF : Franc d'avaries particulières sauf celles résultant d'un événement énuméré
FOB : Free on board, franco-bord (en français)
Gaz Pal : Gazette du Palais
IATA : International Air Transport Association
INCOTERMS : International Commercial Terms
JCP : JurisClasseur Périodique
LGDJ : Librairie générale de droit et de jurisprudence
LMD : Licence-Master-Doctorat
LOTI : Loi d'orientation des transports intérieurs
LTA : Lettre de transport aérien
LV : Lettre de voiture
OACI : Organisation de l'aviation civile internationale
OHADA : Organisation pour l'harmonisation en Afrique du droit des affaires
OHVN : Office de la Haute Vallée du Niger
OMVS : Organisation pour la mise en valeur du fleuve Sénégal
OUA : Organisation de l'Unité africaine
RAM : Royal Air Maroc

RCFM : Régie des chemins de fer du Mali
RCFS : Régie des chemins de fer du Sénégal
RGA ou RGAE : Revue générale de l'air et de l'espace
RGDA : Revue générale de droit aérien
RGO : Régime général des obligations
RHD : Revue historique de droit
RTM : Régie des transports du Mali (dans les années 1960)
RUU : Règles et usages uniformes
SITRASS : Solidarité internationale sur les transports et la recherche en Afrique subsaharienne
SNCF : Société nationale de chemin de fer français
SOPAFER-Mali SA : Société patrimoine ferroviaire du Mali ;
STI : Systèmes des transports intelligents
TABABUS : Transport urbain à Bamako (année 1990)
TGI : Tribunal de grande instance
TIC : Technologies de l'information et des communications
TIF : Transport ferroviaire international
Trib. com. : Tribunal de commerce
TRIE : Transit routier inter-États
Transrail : Transport international de marchandises par voie ferroviaire. Société anonyme concessionnaire du Mali et du Sénégal
TUB : Transport urbain de Bamako (année 1960)
UA : Union africaine
UEMOA : Union économique et monétaire ouest-africaine
ULM : Ultraléger motorisé
UPU : Union postale universelle

AVANT-PROPOS

Le présent précis est un *first hand document* consacré prioritairement au droit malien. Il traite sommairement de l'organisation des transports et du contrat de transport.

Il peut servir également de guide aux professionnels du droit et des transports dans un domaine où les évolutions sont rapides et souvent méconnues, où la réglementation est éclatée, ce qui rend difficile l'accès à la documentation.

INTRODUCTION GÉNÉRALE

Le Mali, dans sa forme actuelle, est une république démocratique, laïque, née le 22 septembre 1960. Il couvre une superficie de 1 241 238 km^2. Il est limité au nord-est par l'Algérie, à l'ouest par la Mauritanie et le Sénégal, au sud-ouest par la Guinée, au sud par la Côte d'Ivoire et le Burkina Faso, à l'est par le Niger. C'est le deuxième pays le plus vaste de l'Afrique de l'Ouest après le Niger. Il constitue avec le Niger et le Burkina Faso les trois pays enclavés de l'Afrique de l'Ouest. Il a la particularité de relier l'Afrique du Nord et de l'Ouest. Aussi, il a besoin de mûrir une politique de désenclavement interne et externe orientée vers le développement d'infrastructures de transport.

Un pan important de cette politique doit viser les transports terrestres caractérisés par une forte présence de l'» informel » dans les transports routiers et fluviaux. Le Mali reste un pays de forte tradition de commerce et de migration où des moyens de transport développés au temps des empires continuent à assurer le déplacement des personnes et des biens. Les caravanes de dromadaires de Taoudénit, avec lesquels les premiers explorateurs ont voyagé, approvisionnent toujours Tombouctou et Gao en sel gemme. Le transport à dos d'âne ou de cheval, à cause de sa modicité, relie encore les campagnes aux villes du Mali. Ces animaux, utilisés pour la traction des charrettes, continuent d'animer les marchés et foires hebdomadaires. Il en résulte des pistes rurales bien tracées empruntées pour la transhumance qui, malheureusement, sont fréquentées par les groupes armés terroristes.

Avec la construction de routes bitumées sont apparus de nouveaux modes de transport comme l'automobile, la moto à deux roues ou moto-taxi (*Telimani* en langue nationale Bamanan), la moto tricycle (*katakatani* en langue nationale) pour le transport des personnes et des biens mais surtout pour l'acheminement des denrées de première nécessité des zones de production (Office du Niger, OHVN, Office riz, etc.) vers les zones de consommation.

C'est aussi par la voie routière que se réalise l'essentiel des importations (équipements, produits pharmaceutiques, hydrocarbures et denrées de grande consommation) et les exportations (coton, engrais, fruits, gomme arabique, bétail, or, etc.) du Mali. Cela a motivé la création d'entrepôts dans les pays côtiers : Sénégal, Guinée, Côte d'Ivoire, Togo, Ghana, Benin et Mauritanie.

En matière fluviale, le transport est assuré par les bateaux de la Compagnie malienne de navigation fluviale (COMANAF) de Koulikoro à Gao pendant la période de crue, soit d'août à octobre. La desserte des zones inaccessibles par bateau est assurée par les pirogues et pinasses. Le trafic international sur le fleuve Sénégal dans le cadre de l'Organisation pour la mise en valeur du fleuve Sénégal (OMVS) n'est pas encore opérationnel. Le Mali accède à la mer via les pays côtiers où sont implantés les entrepôts.

En matière ferroviaire, le trafic est effectué sur une seule ligne reliant Bamako à Dakar. Il vient d'être relancé sur le tronçon Bamako–Kayes après une longue période de relâche. Ainsi renaît l'économie des zones traversées par la Société du patrimoine ferroviaire-Mali SA (SOPAFER) après l'expérience non concluante de la société anonyme concessionnaire du Mali et du Sénégal (trans-rail).

La politique de désenclavement doit viser également le développement du secteur aérien après la banqueroute d'Air Afrique, Air Mali. Avec l'insécurité que traverse le Mali, la desserte sécurisée des villes de l'intérieur, du Nord, des villes minières comme Mopti, Gao, Tombouctou, Kidal, Sikasso et Kayes est assurée par une seule compagnie Sky Mali, des humanitaires ou des compagnies étrangères sollicitées en même temps pour le pèlerinage. La position géographique du Mali est un atout à exploiter pour développer les infrastructures aériennes et en faire un hub. En plein embargo CEDEAO–UEMOA, l'exploitation de la ligne aérienne a permis aux cargos d'un pays ami du Mali d'acheminer l'aide d'urgence et l'armement dont le Mali avait besoin. Il importe donc de réhabiliter et de moderniser les aéroports et aérodromes actuels, en construire et mettre en place une compagnie aérienne nationale.

Cette mise en contexte atteste de l'importance des transports dans un pays enclavé comme le Mali. Sur le plan socioéconomique, l'activité de transport permet de désenclaver un pays, d'assurer la circulation des richesses et de favoriser le rapprochement entre les peuples. Sur le plan scientifique, le transport a connu une évolution grâce à l'apparition de nouveaux moyens comme les trams, métros, conteneurs, téléskis, pipe-lines, ascenseurs, etc.

Par ailleurs, il est souligné l'apparition de nouveaux modes et outils de transport, notamment sur les plateformes qui ne sont que de nouveaux courtiers dans le monde du transport actuel. Dans cette logique, l'analyse est portée sur la logistique, les Incoterms, le crédit documentaire, les entrepôts et les ports secs mais également sur le système de transport intelligent (STI) par l'apparition de l'internet.

Sur le plan juridique, le transport est devenu une affaire de professionnels. Transporteurs, expéditeurs, destinataires de marchandises, voyageurs, consommateurs, intermédiaires ainsi que revendeurs de billets se côtoient sur les mêmes aires. Les rapports créés entre les différents acteurs, entre acteurs et pouvoirs publics ont besoin d'être réglementés. En plus des lois nationales, des conventions professionnelles, communautaires et internationales tentent d'encadrer les activités dans un secteur en mutation perpétuelle. C'est pourquoi, avant toute tentative de définition, cette partie introductive sera consacrée à élucider les sources du droit des transports, la notion de transport, la classification des différents types de transport et la distinction du transport d'avec les notions voisines.

I. Les sources du droit des transports

On distingue les sources nationales et les sources internationales.

A. Les sources nationales

Au plan national, le contrat de transport fait l'objet d'une réglementation spécifique depuis l'ordonnance n° 53/CMLN du 19-09-1973. Aujourd'hui, c'est le chapitre III du titre II du livre V de la loi 92-002 portant code de commerce en république du Mali qui définit les règles applicables au contrat de transport. Toutefois, les dispositions de cette loi ne sont applicables que dans la mesure où elles comblent un vide laissé par l'acte uniforme de l'Organisation pour l'harmonisation en Afrique du droit des affaires (OHADA) relatif aux contrats de transport de marchandises par route entré en vigueur le

1er janvier 2004. Mais cet acte uniforme ne régit que le transport de marchandises et ne concerne ni les passagers ni leurs bagages. L'OHADA n'a pas adopté d'autres textes dans le domaine des transports. Quant à l'Union économique et monétaire ouest-africaine (UEMOA), elle a adopté des textes qui ne réglementent pas le contrat de transport. Il s'agit de la décision du 27 juin 2002 portant programme commun du transport aérien, ensuite une série de règlements et de directives en 2002 et en 2003 dans différents secteurs des transports aériens comme l'agrément de transporteur aérien, les tarifs, la concurrence, la responsabilité des transporteurs en matière d'accident. En 2007, l'UEMOA a adopté un code communautaire de l'aviation civile. Les textes adoptés en matière routière ne régissent pas le contrat de transport, mais concernent la sécurité routière, la fluidité du transport avec les postes de contrôle juxtaposés et les infrastructures routières. Le code de la Conférence interafricaine des marchés d'assurance (code CIMA) ne régit pas à proprement parler le contrat de transport, mais les relations entre assureur et assuré, notamment la réparation des dommages occasionnés. La jurisprudence en matière de transport n'est pas riche.

B. Les sources internationales

Au plan international, la réglementation est assez fournie. Il y a entre autres les conventions de la Communauté économique des États de l'Afrique de l'Ouest (CEDEAO) de 1982 qui régissent les transports routiers et de voyageurs, la convention de Yaoundé du 28 mars 1961 relative aux transports aériens, la Charte d'Abidjan du 7 mai 1975 relative aux transports aériens et maritimes en Afrique de l'Ouest et du Centre, les conventions de Genève (CMR), de Varsovie (transports aériens), de Berne (COTIF), etc.

C. Les sources professionnelles

C'est l'ensemble des usages et coutumes en vigueur dans le secteur des transports et observés par les professionnels. On pense aux contrats-types, d'usage courant en Occident et qui pourront à l'avenir s'imposer avec cette forte tendance corporatiste observée au Mali. Les groupements professionnels comme les chambres de commerce et d'industrie, les conseils des chargeurs, les associations de transporteurs routiers et de cheminots soit influenceront l'élaboration des lois nationales, soit élaboreront leurs propres règles qui finiront par s'imposer aux milieux professionnels. Ces usages ont vocation à s'appliquer lorsque les parties s'y réfèrent expressément, sous réserve des lois nationales et des conventions internationales pertinentes.

En matière de transport de marchandises, les usages les plus connus sont les Incoterms, élaborés par la Chambre de commerce international de Paris et qui définissent le moment de transfert des risques du vendeur à l'acheteur.

En matière aérienne, il s'agit des conditions générales de transport édictées par l'International Air Transport Association (IATA) regroupant les compagnies de transport aérien international régulier (membres actifs) et les compagnies de transport interne (membres associés) et qui s'appliquent aux voyageurs et leurs bagages ainsi qu'au fret. Elles interviennent pour combler les lacunes des conventions internationales ou les préciser.

II. La notion de transport

Le transport est une notion économique. C'est l'activité de l'homme qui vise à déplacer des personnes et des choses par quelque moyen que ce soit : animaux ou engins. Plus tard, le doyen Rodière propose : « *les transports sont les actions par lesquelles se trouvent organisés les déplacements des hommes et des choses.* [...] *Il n'y a vraiment transport que s'il y a quelque organisation préalable : le transport est l'affaire de professionnels* »[1]. Dans le même sens, l'article 1124 du code de commerce du Mali définit le transport à travers la notion de contrat comme « *une convention par laquelle une personne physique ou morale, appelée transporteur, s'engage, moyennant rémunération, à prendre en charge une personne ou une chose et à la déplacer dans des conditions convenues* ». L'analyse de ces définitions fait ressortir trois éléments essentiels que la doctrine dominante avait dégagés pour qualifier le contrat de transport à savoir le déplacement d'une

---

[1] RODIÈRE R. et MERCADAL B., *Droit des transports terrestres et aériens*, Précis Dalloz, Paris, 5e éd., 1990, n°1.

personne ou d'une chose, la maîtrise du déplacement par un transporteur professionnel et la rémunération.

A. Le déplacement d'une personne ou d'une chose

Le déplacement apparaît sans doute comme l'élément déterminant du contrat de transport, qu'il soit de personnes ou de marchandises, puisqu'il forme l'essence même du transport. Ce déplacement suppose la stipulation d'un point de départ et d'un point d'arrivée, mais le moyen par lequel le déplacement s'effectue n'est pas défini. Ce mode peut être un avion, une voiture, un train, un bateau, etc. Force est de constater que, dans les pays africains, des modes de locomotion plus « archaïques » continuent à connaître de réels succès à cause de leur adaptation au milieu naturel et à la modicité du prix du déplacement. C'est là des questions de fait que le juge africain doit analyser.

Dans le cas particulier du transport de personnes, le contrat doit avoir pour objet le déplacement d'une personne vivante dénommée voyageur, ce qui exclut, en principe, le transport des cadavres.

B. La maîtrise du déplacement par un transporteur professionnel

La maîtrise de l'opération doit appartenir au transporteur ou voiturier, c'est-à-dire qu'il doit avoir la gestion à la fois technique du véhicule et la maîtrise commerciale du déplacement qu'il effectue. Cette idée de maîtrise est d'ailleurs sous-jacente dans les expressions « *s'engage... à prendre en charge...* » de l'article 1124 du Code du commerce du Mali (CCM). Le voiturier exécute le déplacement sous sa seule initiative et autorité sans qu'interviennent ni l'expéditeur ni le voyageur. Cette indépendance justifie la lourde responsabilité pesant sur le transporteur.

Mais la maîtrise de l'opération seule ne suffit pas pour qu'il y ait transport. Il faut que le transporteur l'assure à titre professionnel. C'est ce caractère professionnel qui confère au contrat de transport sa nature commerciale à l'égard du transporteur. Ceci ressort de l'article 3 de l'Acte uniforme relatif au droit commercial général (AURDCG) révisé qui définit le commerçant comme celui qui fait de l'accomplissement d'actes de commerce par nature sa profession. Y figurent les opérations de transport par l'entremise desquelles le transporteur fait une prestation de services avec l'intention d'en tirer un profit pécuniaire.

C. La rémunération

Elle est un des éléments constitutifs du contrat de transport que la doctrine et la jurisprudence considèrent comme un contrat onéreux. En l'absence donc de rémunération, le transport ne peut être qualifié de contrat de transport. Il en est ainsi d'un transport bénévole. De même, le transport payé effectué par un non-professionnel ne saurait être considéré comme un contrat de transport.

III. La classification des divers types de transport

La classification des contrats revêt un intérêt pratique évident étant donné que chaque transport est doté d'un statut particulier.

A. Suivant l'élément dans lequel se meut l'engin qui assure le déplacement, le transport peut être terrestre, aérien ou par eau (maritime dans le cas de transport assuré par un navire sur une mer ou un océan, fluvial dans le cas de transport assuré par un bateau sur un fleuve ou un lac).

B. Suivant le mode de locomotion employé, le transport peut être ferroviaire ou guidé, automobile ou routier, à traction animale, etc.

C. Suivant que la marchandise doit ou non franchir les limites de l'État où se trouve le lieu d'expédition, on distingue les transports internationaux ou internes (ou domestiques). Le statut des transports n'est pas unique mais se diversifie suivant les trois ordres de distinction indiqués.

D. Les classifications de nature juridique

Un contrat peut relever du droit privé ou du droit administratif. Le contrat de droit privé met en relation des personnes de droit privé, physiques ou morales.
Par contre, le contrat de transport est régi par le droit administratif si :

1°) une des parties au contrat est une personne morale de droit public agissant ès qualité ou une personne de droit privé agissant pour le compte d'une personne morale de droit public ;

2°) le contrat contient des clauses exorbitantes du droit commun ou si le cocontractant de l'administration est investi d'une mission de service public.

Ensuite, le contrat de transport peut être de caractère civil ou commercial. Pour le transporteur, en raison de sa qualité de professionnel, le contrat est toujours commercial. Pour l'expéditeur, il l'est si l'opération entre dans l'exercice de son commerce, mais il demeure de caractère civil dans les autres cas (par ex. déménagement). Si le contrat est commercial pour l'expéditeur, il l'est, en principe, pour le destinataire.

En outre, le contrat peut avoir pour objet un transport privé ou un transport public. Le transport privé est celui que le transporteur exécute pour son propre compte. C'est le cas de l'entrepreneur de travaux publics qui approvisionne ses chantiers en matériaux naturels à l'aide de ses propres véhicules. Le transport est public dans tous les autres cas, notamment lorsqu'il consiste en un service offert au public contre rémunération, par conséquent dans un but commercial.

De plus, le contrat peut avoir pour objet le transport de personnes ou de marchandises. Dans le premier cas, il s'agit de transport de personnes vivantes, ce qui exclut les cadavres. Le terme « marchandise » au sens large signifie animaux vivants ou morts, cargaisons, vracs, bagages enregistrés, billets de banque, etc. Quant au transport de bagages enregistrés, il est assimilé au transport de personnes, celui des colis postaux est régi par des règles spécifiques édictées par l'Union postale universelle (UPU).

E. Les classifications de nature économique

Les transports successifs ou subséquents et les transports uniques : il est successif lorsque son exécution nécessite l'intervention d'au moins deux transporteurs distincts, par exemple : avion – train. Il est unique s'il est effectué de bout en bout par un seul et même transporteur. Il est la règle dans les transports internes ou domestiques.

Les transports unimodaux et les transports multimodaux, intermodaux ou combinés : c'est une classification d'après le mode de transport et le milieu emprunté. Le transport effectué exclusivement suivant un mode de transport est dit unimodal. Les transports multimodaux, intermodaux ou combinés s'effectuent sur une longue distance par plusieurs modes de transport, notamment dans le transport de conteneurs.

Les transports gratuits et les transports onéreux : le transport onéreux est effectué contre rémunération. Le transport gratuit ou bénévole se fait sans rémunération en contrepartie. Il est fréquent dans les transports de personnes où il est effectué dans les voitures de tourisme ou dans les cabines de conduite des camions de marchandises.

Les transports réguliers et les transports irréguliers : les transports réguliers sont faits suivant un programme préétabli, constant et publié, indiquant notamment les dates, les itinéraires, les fréquences et les horaires des voyages. À l'inverse, les transports irréguliers sont ceux effectués occasionnellement à la demande, à terme d'un accord spécial entre le transporteur et le client, pour des besoins précis ou à l'occasion de certains événements (pèlerinage, vacances, tourisme, etc.).

IV. La distinction des transports d'avec d'autres opérations juridiques

Le contrat de transport doit être soigneusement distingué de certaines opérations juridiques voisines en raison de différences opposant leur régime juridique. Ces opérations diffèrent suivant qu'il s'agit d'un transport de marchandises ou de personnes.

A. Le transport de marchandises

Certaines opérations se greffent au transport avant le déplacement de la marchandise. D'autres s'apparentent au transport.

1. Les opérations juridiques connexes ou accessoires au transport de marchandises

Elles sont nécessaires en vue de faciliter le déplacement des marchandises.

a. Le dépôt

Tout comme dans le contrat de transport de marchandises, dans le dépôt, il y a remise d'une chose. Il s'agit donc de contrats réels. Mais, contrairement au contrat de dépôt, le contrat de transport ne se forme pas avec la remise de la marchandise. Le transport concerne la mobilité de la chose tandis que le dépôt la considère dans son état statique. Dans la pratique, cependant, le contrat de transport est souvent précédé ou suivi d'un contrat de dépôt. C'est le cas si, à la demande de l'expéditeur ou du destinataire, les marchandises sont mises en dépôt dans un magasin, le transporteur agissant alors comme un mandataire. Si le dépôt est fait à la seule initiative du transporteur, celui-ci est lié par un contrat de dépôt avec le dépositaire, mais reste tenu par le contrat de transport vis-à-vis de l'expéditeur et du destinataire.

b. La commission de transport

L'article 192 de l'Acte uniforme portant sur le droit commercial général (AUDCG) définit *« le commissionnaire [comme] un professionnel qui, moyennant le versement d'une commission, se charge de conclure tout acte juridique en son propre nom, mais pour le compte du commettant qui lui en donne mandat »*. Selon l'article 204 de l'AUDCG, *« le commissionnaire expéditeur ou agent de transport qui, moyennant rémunération et en son nom propre, se charge d'expédier ou de réexpédier des marchandises pour le compte de son commettant, est assimilé au commissionnaire. Il reste soumis, en ce qui concerne le transport des marchandises, aux dispositions qui régissent le contrat de transport »*. La commission est donc la convention par laquelle le commissionnaire s'engage vis-à-vis du

commettant moyennant rémunération, non pas à transporter les marchandises, mais à les faire transporter. Son obligation consiste principalement dans la conclusion des actes juridiques qui assureront le déplacement effectué par d'autres. Dans le contrat de transport, l'objet de l'obligation du transporteur réside dans l'opération matérielle du déplacement convenu. La commission suppose la représentation, ce qui la rapproche du mandat. Elle diffère de ce dernier par la grande liberté laissée au commissionnaire dans le choix des transporteurs et du mode d'expédition. Le mandataire est tenu de suivre les instructions reçues du mandant.
Dans la pratique, une confusion est possible entre commission et transport et provient du fait que les commissionnaires sont également des transporteurs. En droit, la confusion demeure puisque l'AURDCG fait peser sur le commissionnaire les obligations assumées par le transporteur. Plus explicitement, l'article 173 le rend responsable notamment de l'arrivée des marchandises dans les délais fixés, des avaries et des pertes, sauf fait d'un tiers ou cas de force majeure. Il en résulte que les commissionnaires de transport ont tendance à choisir celle de ces deux qualités qui ont protégé le mieux leurs intérêts.

c. Le transit

Dans un contrat de transit (CCM, art. 1190-1191), le transitaire reçoit mandat de prendre livraison d'une marchandise transportée et de la réexpédier conformément aux ordres de son mandant. Il n'est pas chargé du déplacement. C'est un simple mandataire qui ne répond que de ses fautes personnelles. Il n'est pas responsable des pertes et avaries subies par la marchandise en cours de transport.

d. La manutention

Les opérations de manutention concernent les chargements et déchargements des marchandises. Elles ne font pas l'objet du contrat de transport. Elles en dépendent et ne sauraient avoir pour objet principal le déplacement d'une marchandise.

e. La livraison à domicile

La livraison à domicile d'une marchandise vendue est, en principe, l'accessoire du contrat de vente. Cependant, le déplacement ne doit pas se faire sur une distance longue pour ne pas être considéré comme faisant l'objet d'un contrat distinct.

2. Les opérations juridiques apparentées au transport de marchandises

Il s'agit d'opérations dont l'accomplissement matériel rappelle l'exécution du contrat de transport de marchandises, mais dont la nature juridique est différente de celle du contrat.

a. Le déménagement

Pour le distinguer du transport, le doyen Rodière propose de recourir au critère du déplacement. Si le transport du mobilier est l'objet principal du contrat, c'est-à-dire, si le déménageur se contente de déplacer le mobilier déjà emballé de l'ancienne résidence à la nouvelle, il y a transport.

En revanche, si le déménageur effectue lui-même les opérations d'emballage, de mise en caisses, de déballage et de mise en place du mobilier à l'arrivée, il s'agit d'un contrat d'entreprise ordinaire qui ignore le statut particulier du contrat de transport. L'acte uniforme relatif au transport de marchandises par route, en son article 2 g) définit le « *transport de déménagement* » *comme « le transport de biens mobiliers usagés en provenance et à destination d'un local d'habitation ou d'un local à usages professionnel, commercial, industriel, artisanal ou administratif, lorsque le conditionnement est assuré par le transporteur et que le déplacement ne constitue pas la prestation principale* ».

Enfin, si le déménageur s'est engagé à faire transporter le mobilier, le déplacement étant alors l'objet principal du contrat, il s'agit d'une commission de transport. Au total, à la question de savoir quelle est la nature juridique de déménagement, le juge tranchera au cas par cas compte tenu des éléments de la cause.

b. Le remorquage ou poussage

Le remorquage est une opération de traction d'un engin par un autre. Il est tantôt qualifié de contrat de louage de services, tantôt de transport. Il y a remorquage lorsque l'engin jouit d'une certaine autonomie, par exemple, pourvu d'un conducteur participant à l'opération. Par contre, si l'engin joue un rôle purement passif, il y a contrat de transport. C'est donc la maîtrise du déplacement qui permet d'opposer le contrat de transport à des opérations voisines comme la location et le remorquage. La traction routière est qualifiée par les tribunaux tantôt de contrat de transport, tantôt de location ou d'entreprise.
L'opération de traction a donné naissance à l'expression « tractionnaire », employée par les professionnels sans qu'elle renvoie à aucune définition légale. Elle désigne celui qui met un tracteur à la disposition d'un client pour tirer une remorque remise par ce client. L'opération s'analyse comme un contrat de transport au regard des marchandises chargées dans la remorque : le tractionnaire est un transporteur qui déplace ces marchandises.

Plus à la mode, la notion de prestation logistique où s'entremêlent plusieurs opérations : transport, entreposage ou dépôt, groupage, transbordement, manutention, stockage, préparation de commande et conditionnement qui correspondent à une réalité économique ignorant les catégories juridiques. Le juriste, dans sa tâche de qualification, sera obligé d'appliquer tantôt les règles du droit des transports, tantôt celles du contrat d'entreprise.

c. La location ou l'affrètement

C'est le contrat par lequel le fréteur ou loueur (l'armateur) s'engage à mettre un véhicule à la disposition de l'affréteur (le locataire) moyennant le paiement d'une somme d'argent appelée fret. Alors que le transporteur a pour obligation principale d'assurer lui-même l'acheminement de la marchandise, le loueur n'est qu'un fournisseur de moyen de transport (avec ou sans personnel). Il est différent du louage de services où l'indépendance du voiturier est exclusive de la subordination que connaît un salarié.

Le mot affrètement est réservé à la location d'avions, de bateaux et de navires tandis que la location concerne les autres modes de transports : véhicules, rames, wagons, etc. Dans les milieux maritimes, le contrat est appelé charte-partie. C'est un écrit en double original, constatant l'engagement des parties. En pratique et selon les modalités convenues, l'affrètement peut être à coque nue, au voyage et à temps ou *time charter*.

1° L'affrètement à coque nue

Dans ce type d'affrètement, le fréteur s'engage, contre le paiement d'un loyer, à mettre, pour un temps défini, à la disposition d'un affréteur un navire déterminé, sans armement ni équipement ou avec un équipage incomplet. L'affréteur est maître de la gestion nautique et commerciale du navire et est responsable des dommages subis par le navire au cours de son exploitation. En revanche, le fréteur est responsable des dommages subis par la marchandise du fait du défaut de navigabilité initiale ou du vice propre du navire.

2° L'affrètement au voyage

Le fréteur met un navire spécifié à la disposition de l'affréteur dans un port défini. L'affréteur doit indiquer la cargaison à transporter. Le fréteur exécute le voyage et a la gestion technique et commerciale du navire qui doit être en bon état de navigabilité. Le temps court contre le fréteur pour l'affréteur.

3° L'affrètement à temps ou *time charter*

La mise à disposition du navire désigné, équipé et armé se fait « pour un temps défini ». L'affréteur endosse la gestion commerciale du navire alors que le fréteur conserve la gestion nautique. L'affréteur use comme il l'entend du navire pendant la durée de la charte. Le temps court contre lui pour le fréteur. La charte ne mentionne ni les cargaisons ni les ports de chargement et de déchargement.

B. Le transport de voyageurs

À la différence du contrat de transport de marchandises, celui-ci vise le déplacement d'une personne vivante. Il s'apparente à certaines opérations, mais en diffère sur beaucoup d'aspects.

1. Les baptêmes de l'air ou vols d'initiation

Ce sont des activités de loisirs qui ont pour but le déplacement de personnes. Toutefois, lorsqu'elles sont rémunérées (cotisation, contribution, participation, paiement d'une somme modique, etc.), elles sont considérées comme de véritables contrats de transport.

2. Les vols d'essai

Ils sont effectués par un pilote professionnel pour le compte d'un constructeur d'aéronefs ou d'un acheteur. Il s'agit de contrats de travail et le transport est bénévole.

3. Les leçons (cours) de pilotage aérien, de conduite automobile, d'équitation (balade à cheval), etc.

Il s'agit de contrats d'entreprise, le déplacement n'étant pas l'obligation essentielle. Il en est de même pour la conduite d'un client à la gare ou à l'aéroport par l'hôtelier. En revanche, le transport à dos d'âne est un contrat de transport, car le déplacement est l'obligation essentielle.

4. L'utilisation des téléskis ou remonte-pentes, ascenseurs, téléphériques, etc.

Ils présentent bien les traits caractéristiques d'un contrat de transport à savoir le professionnalisme, le déplacement des personnes ou des choses, la maîtrise de l'opération. Mais ils ne sont pas considérés comme des contrats de transport.

5. L'utilisation de wagons-lits et de wagons-restaurants

La prestation de ces genres de services par les chemins de fer conduit à observer une superposition de deux contrats : un contrat de transport et un contrat d'hôtellerie ou de restauration. Ainsi, en cas de déraillement, on invoquera la responsabilité du transporteur et en d'intoxication alimentaire celle de l'hôtelier.

Cette analyse introductive révèle des règles communes à tous les contrats de transport ainsi que des règles les distinguant d'autres contrats avec lesquels ils s'apparentent. Elle suggère qu'on peut affirmer à la suite du doyen Rodière que le droit du transport est un droit mixte qui organise le déplacement des personnes et des marchandises. Il intéresse autant le droit public que le droit privé. Le droit public s'intéresse à l'organisation des transports et à la gestion des infrastructures, aux problèmes économiques, sociaux et environnementaux en lien avec le transport. La place du droit privé y est prépondérante, car les principales activités se nouent à travers les contrats que concluent les personnes privées, véritables acteurs du transport. Cela a donné naissance à des règles strictes et assez diversifiées comme la théorie de l'obligation de sécurité, la théorie du contrat d'adhésion, la notion de sécurité publique, l'assurance transport, etc. D'autres règles s'appliquent aux activités transnationales.

À la suite de ces précisions, cet ouvrage est construit en deux parties :

- la première partie traite de l'organisation des transports tant administrative que professionnelle ;
- la seconde partie porte sur le contrat de transport dans ses spécificités : marchandises, personnes et assurance.

PREMIÈRE PARTIE : L'ORGANISATION GÉNÉRALE DES TRANSPORTS AU MALI

Par Docteur d'État Gaoussou DIARRAH
Enseignant-chercheur

Du même auteur
La Problématique du connaissement maritime, Éd. SODEM (Société malienne d'édition).
Préface du professeur Pierre Bonassies de l'Université de droit, d'économie et des sciences d'Aix-Marseille-III.
Président honoraire de l'Association française de droit maritime.

Cet ouvrage se veut un « futur classique » aussi bien pour l'enseignement, la recherche que pour les praticiens.

Aux lecteurs, cette pensée d'André Malraux « *la force d'un penseur n'est ni dans son approbation, ni dans sa protestation, elle est dans son explication* ».

Pour la primauté du droit

Introduction

Le droit des transports et de la logistique a été, est et restera une matière extrêmement vivante au Mali. Du fait de son enclavement, le Mali a eu une longue tradition de vie maritime. Déjà en 1965, la jeune république du Mali était représentée à la conférence des Nations unies à New York relative au commerce de transit des pays sans littoral.

Le président Modibo Keïta, premier président de la république du Mali, dans son discours du 25 mai 1963, lors de la création de l'Organisation de l'Unité africaine (OUA), préconisait de mettre en place une organisation d'aviation civile qui pourrait convoquer une conférence en vue de la création d'une compagnie africaine de navigation.

Au plan institutionnel, la législation malienne a fait montre d'une remarquable évolution alors même qu'elle n'a pas d'héritage et de vocation maritime. Dans le cadre de sa politique de diversification de ses voies d'accès à la mer, le Mali a signé un accord exemplaire de transport et de transit maritimes avec le Sénégal en 1963.

Premier du genre, dans la sous-région, une telle initiative inédite et innovante sera suivie à l'époque par les autres États. Sur le plan international, le Mali adoptera, trois ans après son accession à l'indépendance, la principale convention internationale dans le domaine aérien. Adoptée le 12 octobre 1929, la convention de Varsovie est entrée en vigueur le 13 février 1933. Elle entrera en vigueur au Mali trente un (31) ans plus tard, soit le 29 mars 1964.

Le 22 septembre 1960, les manifestations de souveraineté et de patriotisme s'exprimaient ardemment, au plus haut point et conservaient toute leur force. L'amour de la patrie commandait les actions politiques et le choix des orientations. À cet effet, soudain l'émergence d'Air Mali, créée en mai 1961, avec ses dix-huit (18) flottes aériennes brillait de mille feux. Toutefois, la bonne gestion de ce joyau n'a pas été la qualité première, de performance en contre-performance. C'est sacrément humain. Par ailleurs, nous avons assisté en 1960 à l'apparition de la Régie des chemins de fer du Mali

(RCFM), la Régie des Transports du Mali (RTM) et la Compagnie Malienne de Navigation (COMANAV) entre autres. Ces dites sociétés nationales étatiques, pourtant en position de cartel, ont tenu la dragée haute. Et, de ce fait, l'État intervenait dans le champ du transport, non seulement pour définir et déterminer le cadre de l'activité, mais souvent au sein de cet encadrement comme acteur. Les interventions de l'État prenaient des formes diverses, multiformes conduisant à un État de marche du secteur très distant de l'économie de marché. Par exemple, la RCFM, constituée en société nationale, était en situation de monopole, tout comme la RTM.

Le transport routier de marchandises et de voyageurs fonctionnait selon les règles d'une économie administrée avec contrôle de l'offre et tarifs prescrits.
Un mouvement de libéralisation venu tardivement, qui brandit à la clé « compétitivité » qui commence à rouiller, expose aujourd'hui ces dites sociétés étatiques à de virulentes critiques : l'air du temps.

Le droit des transports de façon générale est la partie du droit qui s'applique aux transporteurs (les compagnies maritimes, aériennes, transports routiers, transports ferroviaires, transports fluviaux et aux autocaristes), aux clients et utilisateurs de moyens de transport, voire aux intermédiaires tels que les commissionnaires de transport, agences de voyages et revendeurs de billets.

Le droit des transports peut se résumer ainsi qu'il suit :
Selon qu'il s'agit de transport national à la législation interne du pays considéré ou du transport international régi par des conventions internationales entre autres la convention de Varsovie et celle de Montréal pour le transport aérien, convention relative au Contrat de transport des marchandises par route (CMR) ou la convention de Berne pour le transport ferroviaire et la convention Transit international routier (TIR).

L'organisation générale des transports au Mali se résume comme suit :
Sous la tutelle du ministère des Transports et des Infrastructures, la direction générale des Transports a pour mission d'élaborer des éléments de la politique nationale en matière de transports routier, ferroviaire, maritime et fluvial, de veiller à en assurer l'exécution et

d'assurer la coordination et le contrôle technique des services extérieurs, régionaux, subrégionaux, rattachés et des organismes publics et privés qui concourent à la mise en œuvre de ladite politique.

À cet effet, elle est chargée d'élaborer les stratégies et plans pour assurer la mobilité urbaine ; d'assurer le suivi de l'application des conventions et accords en matière de transport et de transit routiers, ferroviaires, maritimes et fluviaux et la coordination et le suivi des activités de transport et de transit des marchandises en provenance ou à destination du Mali, d'assurer la facilitation des transports sur les corridors routiers internationaux, de participer au contrôle des documents de transport et de l'état des véhicules sur le réseau routier, en relation avec les services de sécurité ; de participer à la constatation des infractions ou dispositions du code de la route.
(Ordonnance n°2022-0028/PT-RM du 11 mars 2022).
Le décret n°2023-0047/PT-RM du 27 janvier 2023 fixe l'organisation et les modalités de fonctionnement des entrepôts maliens dans les ports de transit.
Les entrepôts maliens dans les ports de transit sont chargés de l'administration des entrepôts et assurent à ce titre :

- le suivi des accords de coopération en matière de transport et de transit ;
- la gestion des installations portuaires mises à la disposition du Mali par le pays de transit et le contrôle de leur exploitation ;
- la coordination des activités de transport et de transit de marchandises en provenance ou à destination du Mali ;
- la facilitation et l'assistance des opérateurs économiques maliens ;
- la préparation et le suivi de l'exécution du budget des entrepôts ;
- l'émission des titres et recettes ;
- la gestion des contentieux.

Par ailleurs, deux établissements paraétatiques « excentrés » viennent relayer professionnellement l'État dans ses missions régaliennes. À ce titre, il est créé deux établissements publics nationaux à caractère professionnel, dotés de la personnalité morale et de l'autonomie financière, dénommés : Conseil malien des chargeurs (CMC) ; Conseil malien des transporteurs routiers (CMTR).

TITRE I :
L'ORGANISATION ADMINISTRATIVE ET PROFESSIONNELLE DES TRANSPORTS AU MALI

CHAPITRE I :
LE CONSEIL MALIEN DES CHARGEURS

Le CMC a été créé suivant l'ordonnance n°99-036/PT-RM du 23 septembre 1999, modifiée par la loi n°05/036/ du 08 juillet 2005. Il a pour mission l'organisation et la représentation professionnelle des chargeurs maliens. À cet effet, il est chargé de :

- donner son avis à la demande des pouvoirs publics et formuler des suggestions de sa propre initiative sur toutes les questions relatives au transport et au transit des marchandises ;
- défendre et représenter les intérêts des chargeurs tout le long de la chaîne des transports ;
- mener des consultations et des négociations avec les intervenants de la chaîne des transports en vue de réduire les coûts et les délais d'acheminement des marchandises ;
- contribuer à la mise en œuvre des mesures de facilitations et de simplification des formalités, de procédures et de documents administratifs et douaniers ;
- suivre l'évolution des tarifs, des coûts et de la qualité des services tout au long de la chaîne de transport ;
- contribuer à la réalisation des magasins, entrepôts, réels sous douane, ports secs ou toutes autres infrastructures en vue d'améliorer la fluidité du trafic et les conditions de stockage des marchandises.

Section 1 : Le cadre juridique du Conseil malien des transporteurs routiers

La loi n°040 du 31 août 2004 crée le CMTR.
Il a pour mission l'organisation et la représentation professionnelle des transporteurs routiers maliens.
À ce titre, il est chargé de :

- donner son avis à la demande des pouvoirs publics ou formuler des suggestions, de sa propre initiative, sur toutes les questions relatives au transport routier ;
- défendre les intérêts des transporteurs routiers sur tous les corridors routiers de la sous-région ;
- assurer la formation et l'information des transports routiers.

Au plan de l'organisation de l'aviation civile, l'Agence nationale de l'aviation civile (ANAC) constitue la pièce maîtresse.
L'ANAC a été créée suivant l'ordonnance n°05024/P-RM du 27 septembre 2005.
Il est créé un établissement public national à caractère administratif, doté de la personnalité morale et de l'autonomie financière, dénommé ANAC.

Article 2 : L'Agence nationale de l'aviation civile (ANAC) a pour mission de participer à l'élaboration des éléments de la politique nationale en matière d'aviation civile et d'en assurer la mise en œuvre et le suivi. À ce titre, elle est chargée :

- de participer à l'élaboration de la réglementation de l'aviation civile, conformément aux normes de l'Organisation de l'aviation civile internationale et aux dispositions communautaires, et suivre l'application de cette réglementation ;
- de contrôler l'application des règles de sécurité et de sûreté de l'aviation civile ;
- de planifier, coordonner et superviser l'ensemble des activités de l'aviation civile ;
- de superviser les services de la navigation aérienne ;
- d'élaborer, mettre en œuvre et suivre la politique en matière de formation en aéronautique.

Article 3 :
Les ressources de l'Agence nationale de l'aviation civile sont constituées par :

- les redevances aéronautiques ;
- les produits des prestations pour services rendus ;
- les produits des redevances de concession ;
- les subventions de l'État ;
- les emprunts ;
- les dons et legs ;
- les concours financiers des organismes nationaux et étrangers ;
- les recettes diverses.

Le Conseil d'administration est l'organe d'administration et de gestion.

Article 4 du décret n°05-511/P-RM du 15 novembre 2005.
Le Conseil d'administration est chargé de :

- définir les orientations de la politique générale de l'Agence ;
- approuver les projets et programmes de développement général de l'Agence ;
- approuver le manuel de procédures administratives, financières et comptables ;
- approuver le programme annuel d'activités de l'Agence ;
- examiner et approuver le rapport annuel d'activités du directeur général ;
- faire réaliser les audits sur la gestion de l'Agence ;
- délibérer sur l'acquisition et l'aliénation de biens meubles et immeubles appartenant à l'Agence.

Section 2 : Le rôle de l'ASECNA dans le transport aérien

Par ailleurs, toutefois, on ne saurait passer sous silence le rôle fondamental que joue l'Agence pour la sécurité de la navigation aérienne en Afrique et à Madagascar (ASECNA) dans un cadre d'intégration africaine, au service du développement et de la sécurité du transport aérien par la volonté renouvelée des États membres.

À cet effet, l'ASECNA regroupe dix-huit (18) États membres dont le Mali.
Les États parties conviennent de constituer un établissement public international dénommé ASECNA.

L'Agence est dotée de la personnalité juridique et jouit de l'autonomie financière (art. 1).

L'Agence accomplit la fonction de fournisseur des services de navigation aérienne destinés à garantir la sécurité et la régularité des vols, la circulation aérienne générale dans les espaces aériens qui lui sont confiés par les États parties.

En résumé, l'Agence est chargée d'assurer la sécurité de la circulation aérienne par la conception, la réalisation, la gestion et l'entretien des installations et services civils de navigation aérienne en route ainsi que les aides terminales civiles sur les aéroports.

La convention prévoit également que l'Agence pourra se voir confier, par chacun des États signataires, la gestion et l'entretien de toute exploitation d'utilité aéronautique ou météorologique, en vertu des contrats particuliers.

Les services de l'Agence pourront concourir, dans les conditions définies par des conventions conclues entre tous les États ou organismes et les États bénéficiaires, à l'exécution d'opération d'aide et de coopération technique en matière aéronautique ou météorologique.

En octobre 1974, la convention de Saint-Louis a été remplacée par la convention de Dakar, consacrant l'Africanisation de l'Agence, l'émergence d'un organe politique, le Comité des ministres de tutelle. Les instances de l'Agence ont pris l'option dès 1995 d'assurer une autonomie financière de celle-ci, ce qui lui a permis de se passer des subventions qu'elle recevait des États membres et de couvrir la totalité de ses charges par ses recettes propres, lui donnant ainsi la possibilité d'élaborer et de mettre en œuvre ses plans de services et d'équipements (PSE) sur la base des plans Afrique-Océan Indien sur la sécurité de l'aviation (AFI).

TITRE II : LE TRANSPORT MARITIME

L'histoire de la mer

L'Egypte des Pharaons a su supplanter ses adversaires par voie maritime et s'adonner à un puissant commerce. La première grande bataille navale dont nous gardons le souvenir vers 1191 avant Jésus Christ voit Ramsès III utiliser des navires pour repousser des envahisseurs venus du nord qualifiés de « peuples de mer ».

La mer a été au fil de l'histoire le catalyseur de la prospérité. Aujourd'hui 90 à 95% du commerce mondial s'effectue par la mer. Dès lors, on comprend très aisément l'importance économique et commerciale des océans et qui justifie la mise en œuvre de règles juridiques à organiser les activités humaines qui ont la mer comme cadre et les contrats maritimes comme fondement juridique.

CHAPITRE PRÉLIMINAIRE

L'histoire du droit de la mer voire du droit maritime est marquée par les noms des célèbres navires perdus en mer : le Titanic en 1912, le Torrey Canyon en 1967, l'Amoco Cadiz en 1978, le Tanio en 1980, le Joola le 26 septembre 2002.

Le Titanic : 1912
Véritable ville flottante, histoire et naufrage d'un paquebot légende ;
Dans la nuit du 14 au 15 avril 1912, pour une traversée inaugurale, le Titanic percutait un iceberg dans l'atlantique nord au large de terre neuve et sombrait en quelques heures emportant avec lui dans les eaux glacées la majeure partie de ses passagers, 1 500 personnes mortes. Le naufrage a constitué un choc à travers le monde.

Le Torrey Canyon : 1967
Le 18 mars 1967, le pétrolier libérien Torrey Canyon, armé par une filiale américaine de l'Union Oil Compagny of California, s'échoue dans les îles Sorlingues et la côte britannique. L'échouage du Torrey Canyon fut l'une des fortunes de mer les plus célèbres du XXe siècle.

Amoco Cadiz : 1978
Le 16 mars 1978, le supertanker américain à destination de Rotterdam se brise sur les roches de Portsall. L'échouage de l'Amoco Cadiz à quelques encablures de Portsall, dans le Finistère avec à son bord 220 000 t de pétrole, fut la pire marée noire de l'histoire européenne.

Le Joola : 2002
Le Joola est le ferry qui assurait la navette entre la capitale sénégalaise et la région naturelle de Casamance. Il sombre le 26 septembre 2002, ce qui cause 1 863 morts et disparus selon le bilan officiel.
Le naufrage du Joola est l'un des plus graves naufrages civils connus et jamais enregistrés dans l'histoire contemporaine du continent africain.

Il faut rappeler que ces naufrages détruisent non seulement des vies humaines, mais les navires et la flore sous-marine, les plages et leur environnement (écosystème).

CHAPITRE I :
LE TRANSPORT MARITIME

Le droit maritime se distingue par son caractère international. Le droit maritime s'est toujours inscrit dans une dimension internationale caractérisée par le rôle plus que prépondérant joué en la matière par les institutions internationales.

Les sources internationales du droit maritime sont constituées des conventions internationales, notamment la convention de Bruxelles de 1924, première convention internationale applicable au transport maritime, a été élaborée au lendemain de la première guerre mondiale et plus exactement en 1924 : c'est la convention de Bruxelles du 25 août 1924 pour l'unification de certaines règles en matière de connaissement. Cette convention a été modifiée par un premier protocole du 23 février 1968 « règles de Visby » qui modifie notamment les conditions et les plafonds de réparation afin de mieux tenir compte des chargements en conteneurs ; elle a ensuite été modifiée pour un second protocole du 21 décembre 1979, qui a introduit les droits de tirage spéciaux (DTS) fondamentalement, la convention de 1924 prévoit de s'appliquer au déchargement des marchandises. Cette disposition pose quelques inconvénients, étant donné que les transporteurs maritimes ont une propension à retarder au maximum la période de chargement et d'anticiper au maximum la période de chargement et prévoir tout au plus la période de déchargement dans le but d'atténuer leur responsabilité.

C'est dans ce cadre que les transporteurs ont institué des clauses (contractuelles) ; contractuelles telles que la clause à quai qui implique que le chargement est à quai, la clause sous-palan qui implique que le chargement commence dès que la marchandise sera saisie par l'engin de manutention ou encore la clause à bord qui implique que le chargement commencera quand la marchandise sera à bord. La convention de 1924, à l'instar de toutes les conventions de transport, institue une limitation de réparation due par le transporteur.

Autrement dit, le transporteur n'indemnise pas intégralement les dommages subis puisqu'il est prévu un système de plafonnement de la réparation : ce plafond est fixé ici à 666,67 DTS par colis ou unité de chargement ou 2,5 DTS par kilogramme de marchandise endommagée.

La convention prévoit un système de responsabilité du transporteur maritime en ce sens que la responsabilité est automatique et qu'en conséquence les victimes n'ont pas besoin de preuves. La faute du transporteur, contrairement au système de présomption de faute, le transporteur peut s'exonérer en apportant la preuve de l'existence d'une cause d'exonération prévue par les textes.

Par ailleurs, les États-Unis vont récuser la convention de 1924 en l'accusant d'être trop favorable aux transporteurs et défavorable pour les chargeurs.

En résumé, sans tarder les pays en voie de développement vont soutenir les thèses américaines et se regrouper au sein du groupe dit des « 77 » visant à faire pression au sein des Nations unies pour l'élaboration d'une nouvelle convention internationale.

Ce désaveu et cette pression continue conduiront à l'élaboration et à l'adoption de la convention internationale des Nations unies du 30 mars 1978 sur le transport des marchandises par mer, plus connue sous l'appellation des « règles de Hambourg ». Elle est entrée en vigueur le 1er novembre 1992 et a été ratifiée par un grand nombre d'États africains dont le Burkina Faso et le Cameroun, mais aussi par quelques autres pays en voie de développement asiatiques et sud-américains.

En contrepartie, cette convention a été boycottée par les pays européens et les pays développés en général.

Nous pouvons dire que présentement on assiste à une bipolarisation juridique internationale étant donné que les pays développés restent attachés à la vieille convention de 1924 modifiée (règles de La Haye-Visby), tandis que les pays en voie de développement sont liés par les règles de Hambourg. Cette situation engendre de nombreuses difficultés et révèle d'un contentieux délicat. Eu égard à tous ces problèmes et questions contentieuses, la communauté internationale a adopté le 23 septembre 2009 la convention des Nations unies sur le contrat de transport international de marchandises, effectué entièrement ou partiellement par mer, sous l'appellation des « règles de Rotterdam ». Elle n'est pas encore entrée en vigueur, elle entrera en vigueur le premier jour du mois suivant l'expiration d'un délai d'un an à compter de la date de dépôt du vingtième instrument de ratification.

Section 1 : Analyse critique du Pr Pierre Bonassies

Analyse critique du Pr Pierre Bonassies (professeur à la faculté de droit et de science politique d'AIX-Marseille-III) sur les règles de Hambourg (1978)

Le 31 mars 1978, la conférence des Nations unies sur les transports par mer, réunie en Hambourg, adoptait le texte d'une nouvelle convention sur le transport de marchandises par mer, destinée à remplacer la convention de 1924.

Comme il en est de tout texte juridique, les règles de Hambourg ne peuvent toutefois se comprendre que si on les situe dans l'histoire par rapport aux textes qui les ont précédées, la convention de 1924 et le protocole de 1968, textes dont tout à la fois elles s'inspirent et se distancent. D'une manière générale, la convention de 1924 marquait un progrès considérable par rapport au droit antérieur. Avant 1924, en effet, bien qu'en théorie responsables de droit du dommage causé aux marchandises les transporteurs se protégeaient par de très larges clauses de responsabilité, lesquelles étaient reconnues comme valables par les tribunaux de la plupart des pays maritimes. Un petit nombre d'États seulement étaient intervenus pour protéger leurs chargeurs, les États-Unis par le Harter Act en 1890, le Canada en 1912, le Maroc en 1919. Texte de progrès, la convention de 1924 avait malgré tout quelques faiblesses, et le temps allait de surcroît exercer sur elle son pouvoir d'usure. La nouvelle convention se distingue d'abord de la convention de 1924 par son titre, la modification traduisant une évolution plus apparente que réelle. Le texte de 1924 portait « convention internationale pour l'unification de certaines règles en matière de connaissement », les règles de Hambourg portaient « convention sur le transport de marchandises par mer », c'est-à-dire qu'à l'instar de la loi française du 18 juin 1966 elles s'appliquent à tout transport maritime de marchandises, même non couvert par un connaissement.

Cependant, comme la convention de 1924, le nouveau texte maintient la distinction classique entre transports de marchandises et contrats d'affrètements, lesquels demeurent en dehors de son domaine. Par ailleurs, il n'ignore pas l'importance des connaissements dans le transport maritime, énonçant, dans son article 14, que le transporteur doit émettre les connaissements chaque fois que le chargeur le demande.
Au fond, les règles de Hambourg limitent d'abord leur domaine d'application aux seuls transports internationaux. Leur texte ici s'inspire directement du protocole de 1968, décidant que le régime qu'il institue s'appliquera quelle que soit la nationalité du navire, celle du transporteur, du chargeur, du destinataire ou de toute autre personne intéressée à tout contrat de transport par mer entre deux États différents, lorsque le port de chargement ou le port de déchargement est situé dans un État contractant, lorsque le connaissement fait référence au texte de la convention ou d'une législation nationale leur donnant effet.
Aussi, le professeur Bonassies avance que, malgré son titre, mais également son ampleur si on la compare avec celle de la convention de 1924, 34 articles au lieu de 16, la convention nouvelle n'est pas un véritable statut des transports maritimes.
Elle ne dit rien des obligations réciproques du chargeur, sauf pour ce qui est des règles particulières concernant les marchandises dangereuses, qui sont assez largement développées dans son article 13. Elle ne dit rien des problèmes posés par le paiement du fret.

§ 1. Le principe régissant la responsabilité du transporteur

Au niveau des principes même de la responsabilité du transporteur, les règles de Hambourg semblent d'abord avoir considérablement aggravé cette responsabilité, en éliminant la plupart des cas exceptés qui étaient antérieurement ouverts aux transporteurs.
Cependant, on peut se demander si l'on peut parler d'aggravation lorsqu'on constate que si elles suppriment les exceptions spécifiques dont pouvait bénéficier le transporteur, les règles de Hambourg lui ouvrent largement une exception générale, dont la portée paraît devoir

être accrue par l'analyse théorique que les rédacteurs ont curieusement fait de leur texte.

Au regard de la convention de 1924, le transporteur ne peut s'exonérer que s'il fait la preuve de l'un des 16 cas exceptés spécifiques qu'elle énumère. En revanche, dans son article 5.1, les règles de Hambourg dans son principe de responsabilité de droit n'ont conservé de la longue liste de la convention de Bruxelles que deux cas exceptés qui exonèrent le transporteur. Le premier est celui de l'incendie. Aux termes du texte nouveau (art. 5.4), le transporteur est responsable des dommages causés aux marchandises par l'incendie, mais seulement dans le cas où le demandeur fait la preuve soit de l'incendie, d'une faute ou négligence du transporteur ou de l'un de ses préposés, soit qu'une faute du même ordre a été commise en ce qui concerne les mesures qui peuvent être raisonnablement exigées pour éteindre l'incendie et éviter ou atténuer ses conséquences.

Pareillement, le transporteur est déchargé de la responsabilité pour les dommages résultant des mesures prises pour sauver des vies en mer ou, s'il s'agit d'assistance aux biens, des mesures raisonnablement prises à cet effet (art. 5.6).
En la forme, les dispositions nouvelles ont été empruntées à la convention de Varsovie de 1929, dont l'article 20 énonce que le transporteur de marchandises n'est pas responsable s'il prouve que le dommage provient d'une faute de pilotage et que, « à tous autres égards, lui et ses préposés ont pris toutes les mesures nécessaires pour éviter le dommage ». Cet emprunt apparaît d'ailleurs fort curieux, si l'on sait que la convention de Varsovie n'a ici donné satisfaction ni aux chargeurs ni aux transporteurs, et le protocole de Montréal de 1975 a prévu sa modification, et le remplacement de l'article 20 par un nouveau texte, qui retrouvait la structure classique, n'admet que des cas exceptés précis.

§ 2. La limitation de responsabilité

En ce qui concerne la limitation de responsabilité du transporteur, les règles de Hambourg reprennent, pour l'essentiel, les dispositions du protocole de 1968, n'apportant de modifications sensibles qu'au mode de calcul et au montant des taux de base de limitation. Comme le protocole de 1968, les règles de Hambourg instituent ainsi une double limitation

par kilogramme et par colis, la limitation la plus favorable au chargeur devant être appliquée. Et le professeur Bonassies d'observer que, comme le fait le protocole de 1968, les règles de Hambourg décident que la limitation de responsabilité du transporteur bénéficie aussi au préposé ou au mandataire du transporteur qui prouvent avoir agi dans l'exercice de leurs fonctions (sauf cas de faute intentionnelle ou inexcusable). Et le montant total des réparations dues par le transporteur et ses préposés mandataires ne peut dépasser les limites de responsabilité prévues par les Règles (art. 7).
À propos des règles de Hambourg, en guise de conclusion, le professeur Bonassies nous édifie.
À travers l'analyse que nous avons donnée, le lecteur a pu percevoir dans notre opinion que les règles de Hambourg sont loin d'être le texte à la fois novateur et équilibré que chacun pouvait souhaiter et que chacun pouvait attendre après six ans de travaux. Aussi, notre premier mouvement serait-il de penser que la France ne doit pas ratifier le texte nouveau. Il faut, cependant, à la fois se garder de tout excès dans la critique et prendre conscience qu'en matière de transport maritime plus qu'en toute autre matière un pays ne peut agir dans l'isolement. Ambigu, confus, voire contradictoire dans ses intentions et leur réalisation, le texte nouveau marque un progrès sur certains points parfois importants, comme en matière de clause attributive de compétence et de lettres de garantie.
D'autre part, s'il est ratifié par nombre de grandes nations, la France pourra difficilement ne pas y adhérer. Il est donc souhaitable que très vite les négociations soient engagées au niveau d'abord régional, celui de la Communauté économique européenne, puis international, pour parfaire l'œuvre de 1978. Alors, les règles de Hambourg pourront apparaître comme une étape utile dans la réalisation d'un droit international respectant les légitimes intérêts de chacun. Aussi, pour terminer en ce qui concerne le domaine de la responsabilité du transporteur, pour ce qui est du principe de responsabilité du transporteur, il conclut en ces termes : les rédacteurs des règles de Hambourg ont eu des intentions louables ; ils ont concrétisé ces intentions dans des dispositions complexes, ambiguës et susceptibles de conduire non à un progrès mais à un retour en arrière par rapport à la convention de 1924.

Source : Cahier de documentation chambre de commerce et d'industrie de Marseille.

CHAPITRE II :
LE DROIT D'ACCÈS DES ÉTATS SANS LITTORAL À LA MER ET DEPUIS LA MER ET LIBERTÉ DE TRANSIT ET L'ENSEMBLE DES RÈGLES RELATIVES À L'UTILISATION DES ESPACES MARITIMES (LES DROITS ET LES DEVOIRS DES ÉTATS DANS CES ESPACES)

La desserte portuaire des pays sans littoral

Les dispositions conventionnelles des Nations unies relatives au droit d'accès à la mer et du commerce de transit des pays sans littoral : convention de Genève sur la haute mer d'avril 1958 ; convention de New York du 8 juillet 1965 relative au commerce de transit des pays sans littoral ; la convention de Montego Bay (Jamaïque) de 1982 relative au droit d'accès à la mer des pays sans littoral.

L'une des caractéristiques majeures de la société internationale demeure dans son pluralisme, c'est-à-dire la grande inégalité géographique. Les États qui la composent sont petits ou grands, riches ou dits pauvres, industriels ou non. On y trouve aussi des États côtiers, riverains de la mer et des pays enclavés privés de façade maritime.

Comment la desserte portuaire des pays sans littoral est organisée ?
La desserte portuaire des pays sans littoral est régie par des conventions multilatérales ; celles-ci affichent un objectif précis : éviter que l'absence d'accès territorial direct à la mer des pays enclavés, leur éloignement et leur isolement par rapport aux marchés mondiaux constituent un handicap, un obstacle à leur développement. En effet, c'est du côté de la mer et par la mer que se développent les échanges commerciaux, les communications avec les pays lointains et l'activité économique internationale. Ainsi, le libre accès à la mer que consacrent ces conventions constitue le correctif nécessaire à l'inégalité juridique qu'entraîne pour ces États leur situation juridique particulière. Cela signifie concrètement que les pays enclavés, plus exactement les personnes et les biens qui en relèvent ou en proviennent, doivent pouvoir traverser sans entraves le territoire des États qui les séparent de la mer, accéder aux ports maritimes de ces États et les utiliser d'une façon non discriminatoire, et jouir du droit du pavillon pour leurs navires. Ici notre présentation engendrera une

double démarche : en premier lieu, nous étudierons le principe que consacrent les conventions multilatérales, ensuite nous aborderons leur mise en œuvre.
La desserte portuaire des pays sans littoral est régie par des conventions multilatérales.
Les principales conventions multilatérales relatives à la desserte portuaire des pays sans littoral sont :

- la convention de Genève sur la haute mer du 20 avril 1958 ;
- la convention relative au commerce de transit des États sans littoral, signée à New York, le 8 juillet 1965 ;
- la convention des Nation unies sur le droit de la mer, en date du 10 décembre 1982 à Montego Bay.

L'étude de ces conventions montre qu'elles posent deux principes fondamentaux, s'agissant de la desserte portuaire des États sans littoral.
D'abord le droit d'accès à la mer des pays sans littoral et l'égalité de traitement.

Section 1 : <u>Le droit d'accès à la mer des pays sans littoral</u>

Le droit d'accès à la mer, c'est le droit pour un pays sans littoral d'arriver, de parvenir à la mer en traversant pour l'atteindre le territoire d'un autre État qui s'interpose entre elle et lui : c'est le transit.
Le droit d'accès à la mer, c'est aussi le droit pour un État sans littoral de jouir et d'user des mêmes libertés de la mer que les États riverains de celle-ci.

La convention relative au commerce de transit des États sans littoral de 1965, ayant repris dans son préambule l'article 3 de la convention sur la haute mer de 1958, déclare que : « pour jouir des libertés de la mer à l'égal des États riverains de la mer, les États dépourvus de littoral devraient accéder librement à la mer.
À cet effet, les États situés entre la mer et un État dépourvu de littoral accorderont à l'État dépourvu de littoral le libre transit à travers leur territoire ».
Cet article distingue entre les libertés de la mer et le libre transit.
L'article 125 est assez éloquent, « Droit d'accès à la mer et depuis la mer et liberté de transit ». L'alinéa 1 dispose : « les États sans littoral

ont le droit d'accès à la mer pour l'exercice des droits prévus dans la convention, y compris ceux relatifs à la liberté de la haute mer et au patrimoine commun de l'humanité. À cette fin, ils jouissent de la liberté de transit à travers le territoire des États de transit par tous les moyens de transport ».
Le droit d'accès au port des navires des États sans littoral a été visé par les dispositions conventionnelles des Nations unies de 1958, 1965 et 1982. Mais, on ne peut occulter la convention de Genève du 9 décembre 1923 sur le régime international des ports maritimes qui consacre la faculté pour les navires des États enclavés d'accéder aux ports de mer, de l'utiliser et de jouir des commodités à la navigation. Autrement dit, elle prône un droit égalitaire de tous les navires, y compris les États qui n'ont pas de port, de rentrer dans les ports maritimes.
Quant à la liberté de transit, elle implique un véritable droit du passage permanent reconnu à l'État enclavé à travers le territoire de l'État côtier. Les personnes et les biens de l'État sans littoral doivent pouvoir traverser librement le territoire des États le séparant de la mer ; une voie de passage est en effet, tout ce qui est nécessaire à l'État dépourvu de façade maritime. À juste titre, on peut parler de concession d'une servitude de passage. Elle implique la permission d'utiliser le territoire de l'État dominant.

La convention de Montego Bay de 1982 consacre le droit d'accès à la mer des États sans littoral en l'affirmant au temps présent ; il ne s'agit de la recommandation au mode conditionnel de la convention de Genève sur la haute mer ; les États sans littoral ont le droit d'accès et à cette fin, ils jouissent de la mer liberté de transit déclare l'article 125 alinéa 1 de la convention visée.
« L'article 3 de la convention de Genève sur la haute mer de 1958 est un article très discutable pour les États africains parce qu'il dispose que les pays sans littoral "devraient" accéder à la mer, comme si c'était une faculté, comme si ce n'était pas un besoin urgent, utile et impératif ».
De ce qui suit, nous sommes en droit d'affirmer que la convention de 1958 sur la haute mer proclamait un droit moral en faveur des États sans littoral, pendant que celle de 1982 reconnaît un véritable droit sur le plan juridique dans l'article 125 alinéa 1.

Le second principe consacré par les conventions multilatérales est l'inégalité de traitement. Que signifie-t-il ?

Section 2 : L'égalité de traitement

L'objet du transit, revendiqué par les États sans littoral, doit les mettre en mesure de jouir, à l'égal des États côtiers, des avantages découlant du principe de la liberté des mers.
En d'autres termes, les conventions multilatérales visent l'égalité de traitement de tous les États en ce que la liberté de la mer et l'exploitation des richesses maritimes ont été juridiquement reconnues aux États sans littoral.

C'est parce que les États côtiers ou sans littoral appartiennent tous à la société internationale, qu'ils devraient être traités sur un pied d'égalité des États. Le principe d'égalité de traitement est donc corollaire du principe de l'égalité des États.

On peut se demander si les pays sans littoral et pays côtiers ont des droits égaux. En d'autres termes, les conventions multilatérales sur les droits et les obligations des pays enclavés et des pays côtiers traduisent-elles un vrai règne de l'égalité ?

Pour répondre à cette question, il convient de tenir compte, d'abord des négociations entre États côtiers et États enclavés, ensuite des conventions issues de ces négociations.

Pendant les négociations, l'État sans littoral, qui cherche le désenclavement, n'est pas sur un pied d'égalité avec l'État côtier. L'État sans littoral sollicite la « générosité » de l'État côtier, et ce dernier, en position de domination, « accorde » des concessions.

Il est loisible de rappeler que lorsqu'en 1864 la Suisse voulut procéder à la reconnaissance de son droit à un pavillon maritime, elle rencontra des réserves de la part de certains États, notamment la France et la Prusse, qui avaient fait valoir qu'elles ne reconnaissaient à la Suisse le droit d'avoir un pavillon maritime que sa situation géographique ne lui permettait ni de protéger ni de surveiller.

Certes, les choses ont beaucoup évolué depuis ce temps ; mais ce que nous voulons montrer, c'est que toutes les négociations entre États sans littoral et États riverains de la mer sont marquées par « l'emprise maritime de l'État côtier ».

À titre d'illustration, lors des négociations de la troisième conférence des Nations unies sur le droit de la mer, les États sans littoral n'ont pu faire aboutir leurs propositions visant à admettre le traitement de la nation la plus favorisée et encore moins un traitement préférentiel.
Ils voulaient aussi la reconnaissance d'un droit de transit conventionnel indépendamment de tout accord bilatéral : ils ne l'ont pas eu.

La convention n'est que le reflet de l'esprit des négociations ; elle masque difficilement la position de domination des États côtiers.

Ainsi, l'article 3 de la convention de Genève sur la haute mer, en soumettant le droit d'accès à la mer des États sans littoral à l'observation des conventions en vigueur, à la conclusion d'accords bilatéraux et au respect de la réciprocité, ne fait que mettre en exergue la primauté du principe de la souveraineté territoriale d'une part, et l'absence de tout traitement spécifique au transit des États enclavés, d'autre part.

Même si à Montego Bay, on a apporté beaucoup d'améliorations aux rapports États de transit/États dépourvus de littoral, la convention de 1982 reste elle aussi assez respectueuse de la souveraineté territoriale de l'État côtier.

Le compromis a été trouvé dans un ensemble de principes généraux devant satisfaire aux exigences du « droit de l'emprise » et aux impératifs du « droit du mouvement ».

Droit d'équité, la convention de Montego Bay veut instaurer une justice impartiale là où la géographie n'a établi que l'injustice.
Pour *Lucchini et Voelckel* à propos de « la convention de Montego Bay qui, sans aller jusqu'à satisfaire toutes les revendications des États sans littoral, constitue certainement un compromis amélioré pour ceux-ci, compte tenu des droits et intérêts des États côtiers. Ce point

de vue plus modéré est aussi celui de plusieurs États sans littoral qui ont déclaré qu'ils n'étaient pas entièrement satisfaits, mais qu'il s'agissait du meilleur compromis ».

Les conventions multilatérales, en posant le double principe de la liberté de transit des États sans littoral et du respect de la souveraineté des États de transit, reconnaissent les enjeux en présence. Si elles sont parvenues non sans peine à la reconnaissance de la liberté de transit des États sans littoral, il leur incombait d'en garantir la mise en œuvre.

CHAPITRE III :
LA MISE EN ŒUVRE DU DROIT DE TRANSIT DES PAYS SANS LITTORAL : LES ACCORDS BILATERAUX

Les accords bilatéraux et sous-régionaux entre les pays sans littoral et les pays côtiers concernés sont très importants dans la mise en œuvre du droit de transit des États enclavés, dans la mesure où ce sont ces accords qui définissent les conditions d'exercice du transit.

Par la mise en œuvre du droit de transit, il faut entendre les conditions et les modalités de l'exercice du droit de transit de l'État privé de littoral. La conclusion des accords bilatéraux ou régionaux est un véritable droit que reconnaît la convention de Montego Bay aux États enclavés. Ces accords reflètent la spécificité des problèmes de transit d'un État enclavé par rapport à ceux d'un autre. Ces accords rendent mieux compte des particularités du problème d'enclavement. Par exemple, la Suisse et le Mali sont tous deux États sans littoral ; ils ont tous deux ratifié la convention de Montego Bay ; cependant, la Suisse et le Mali n'ont pas les mêmes problèmes d'enclavement.

Comme exemple encore, tandis que le Burkina Faso fait transiter ses marchandises par le Togo ou le Bénin, le Mali pour faire transiter ses marchandises par le Bénin ou le Togo doit passer par le Burkina Faso, lui-même enclavé.

En nous fondant sur les accords bilatéraux entre les États sans littoral (Mali, Niger et Burkina Faso) et les États côtiers (Bénin, Côte d'Ivoire, Togo et Ghana), nous examinons trois (3) points dans cette deuxième partie.

En premier lieu, nous montrerons que lesdits accords bilatéraux sont des accords de facilitation.

En deuxième lieu, nous considérerons la route et le rail comme des éléments fondamentaux de la desserte portuaire des pays sans littoral.

En troisième lieu, nous nous préoccuperons des problèmes spécifiques de transit et de desserte portuaire et des solutions à y apporter.

Section 1 : Les accords bilatéraux entre pays sans littoral et pays côtiers sont des accords de facilitation

L'objectif fondamental de ces accords, c'est d'aider les pays enclavés à surmonter leurs difficultés liées à l'éloignement de la mer
Les accords ont été signés entre un État sans littoral et un État côtier. On peut citer par exemple :

- le protocole d'accord de coopération entre la république du Mali et le Gouvernement de la république du Sénégal concernant les modalités d'utilisations de transit de la république du Mali ;
- le protocole d'accord de coopération entre la république du Mali et la république du Bénin en matière de transport et de transit maritimes ;
- l'accord de coopération entre la république du Mali et la République togolaise en matière de transport et de transit maritimes ;
- le Burkina Faso et le Niger ont signé des accords similaires avec les mêmes États côtiers de la sous-région. Les éléments primordiaux de ces accords sont l'utilisation et la jouissance des installations portuaires, et les facilités et avantages offerts au trafic des pays sans littoral.

LES ENTREPÔTS ET TERRE-PLEINS DES PAYS SANS LITTORAL DANS LES PORTS DES PAYS CÔTIERS

Les pays côtiers accordent dans leurs domaines portuaires, aux pays sans littoral, des espaces nécessaires à la construction d'entrepôts et de terre-pleins.
L'entrepôt est un bâtiment servant d'abri, de lieu de dépôt des marchandises. Selon le manuel de gestion portuaire de la CNUCED, « il sert de stock tampon entre le déchargement des navires et la livraison des marchandises, et entre la réception des marchandises et le chargement des navires ».

L'entrepôt facilite donc les opérations commerciales et le transit des pays sans littoral.

Les entrepôts et terre-pleins des pays sans littoral dans les domaines portuaires des États côtiers sont gérés par les organismes (Conseil des chargeurs, chambres de commerce et organismes d'État) des pays enclavés. Ils jouissent des installations portuaires du pays de transit.

On peut dire que ces accords entre pays côtiers et pays sans littoral s'inspirent d'une façon globale de la clause de la nation la plus favorisée. Que dit la clause de la nation la plus favorisée ? On attend par clause la nation la plus favorisée, une clause par laquelle un État s'engage à étendre à son cocontractant les avantages qu'il viendrait à accorder conventionnellement par la suite à d'autres États. Cette clause, qui permet d'étendre les effets d'un traité à un État tiers, est une exception au principe de la relativité des traités.

LES FACILITÉS ET AVANTAGES OFFERTS AU TRAFIC DES PAYS SANS LITTORAL PAR LES PORTS DES PAYS CÔTIERS

Ils varient selon les États côtiers et concernent le délai de franchise portuaire. Il est illimité au port de Cotonou tandis qu'il est de trente (30) jours au port autonome d'Abidjan et de vingt-cinq (25) jours au port de Lomé, où on commence à calculer la taxe de stationnement à partir du vingt sixième (26e) jour du départ du navire ayant transporté les marchandises. Le calcul de taxe de stationnement varie selon la nature de la marchandise. Le port de Lomé consent un abattement de 20 % sur le montant total de la taxe de stationnement.

LA ROUTE ET LE RAIL ÉLÉMENTS FONDAMENTAUX DE LA DESSERTE PORTUAIRE DES PAYS SANS LITTORAL

Selon le dictionnaire de la géographie, le désenclavement est l'action par laquelle est rompu l'isolement matériel, économique, moral des zones vouées, par l'évolution des techniques ou par les circonstances de leur histoire, à la stagnation, voire à la sécession. C'est une action avant tout économique.

Elle peut résulter, le plus souvent, de grands travaux d'infrastructure de communication (voie d'eau, chemin de fer, aérodromes, routes...), mais elle peut être obtenue aussi par une politique tarifaire appropriée

en matière de transport : l'abaissement du coût ou du prix des transports est le moyen fondamental du désenclavement.
Toute l'œuvre de désenclavement des pays sans littoral serait vaine s'il n'y avait pas de route. Ainsi, comme le port, la route vient donc prolonger la mer et faire comme si les pays sans littoral étaient dotés de façade maritime.

À côté de la route, moyen de transport à la fois le plus ancien et l'un des plus modernes, il y a le chemin de fer, dont le rôle dans la desserte des pays sans littoral est non négligeable (ex. : le chemin de fer Dakar–Bamako [Mali] ; le chemin de fer Abidjan–Bouaké–Bobo-Dioulasso et Ouagadougou [Burkina Faso]).

Le choix des corridors de transport de désenclavement dépend de l'état des routes et des rails, de l'élimination des contraintes et des tracasseries administratives, policières et douanières, et de la fluidité du transport et de sa rentabilité économique. Il va de soi que, là aussi, une rude concurrence existe entre les corridors.

Section 2 : Les problèmes spécifiques de la desserte des pays sans littoral et approches de solutions

Les obstacles à la desserte des pays sans littoral sont des entraves au bon déroulement du trafic de transit de ces États. Ils sont nombreux ; on peut en répertorier quelques-uns auxquels on proposera des remèdes.

Ce sont des procédures douanières, des tracasseries administratives et policières longues et fastidieuses.

Elles concernent par exemple la non-utilisation du document douanier TRIE (Transit routier inter-États) dans tous les pays membres de la CEDEAO. Le TRIE permet aux marchandises en transit de passer les frontières en régime suspensif de droits, sans autres formalités.

Les marchandises traversent par exemple les corridors togolais ou béninois sous le couvert du TRIE, tandis que le passage à travers le Burkina Faso exige l'établissement d'un autre document douanier, le carnet de transit (CTR), il en résulte que le trafic de transit dans la sous-région ouest-africaine, en dépit du régime TRIE, ne permet pas l'utilisation d'un document douanier unique pendant tout le trajet de la marchandise jusqu'à son point de dédouanement à l'arrivée.

Notre proposition ici, c'est que la simplification des formalités douanières passe nécessairement par la mise en vigueur du régime TRIE et son application effective dans tous les États concernés. Cette schématisation des procédures douanières est hautement considérée comme instrument de désenclavement.

Par ailleurs, l'état des routes est une préoccupation majeure. Pour assurer efficacement la desserte portuaire de pays sans littoral, les routes du désenclavement doivent être entretenues. Des entretiens périodiques doivent être envisagés. D'où la création du règlement n°14 dans l'espace UEMOA (Règlement n°14/2005/CM/UEMOA). Il a été créé à cet effet par les pays de la CEDEAO le 16 décembre 2005. Le règlement n°14 est relatif à la préservation ou protection des infrastructures routières, qui a pour but de lutter ou de combattre la dégradation de chaussées due à la surcharge estimée à 40 milliards de francs CFA par an (espace UEMOA).

Le règlement n°14, caractérisé par la libre circulation des personnes et des biens, est une politique pour le développement d'axes de communication entre les principaux ports et principales villes de la sous-région ainsi qu'à la suppression des barrières douanières. En vérité, le règlement n°14 vise à harmoniser entre les États membres les normes et les procédures de contrôle en matière de limitation de gabarit, de poids et de charge à l'essieu. Il a été autorisé la charge maximale de 11,5 t dans l'espace UEMOA.

Cette disposition est importante pour la maintenance des réseaux de transport terrestre tant routiers que ferroviaires et fait généralement l'objet de réglementation.

La desserte portuaire des pays sans littoral est régie par des conventions multilatérales qui stipulent que la mise œuvre des principes qu'elles posent fera l'objet d'accords bilatéraux entre les États enclavés et les États de transit.

En dépit des dispositions très généreuses contenues dans ces accords, le transit des pays privés de façade maritime rencontre d'évidentes difficultés. Des solutions ont été proposées : elles vont de la suppression des engorgements certains pour une meilleure fluidité du transport de désenclavement à l'entretien routier ainsi que la lutte contre la surcharge. Leur prise en compte contribuera à l'amélioration et l'efficacité de la desserte des pays sans littoral.

TITRE III :

LE TRANSPORT AÉRIEN

« *Le déplacement dans les airs ne peut être l'œuvre que de divinité. Seul Dieu a le privilège de s'élever de terre par son propre pouvoir* » (Bible, Ancien Testament, Évangile de Luc, 24, 51).

Le droit aérien :

CHAPITRE PRÉLIMINAIRE

CONCEPTS ET GÉNÉRALITÉS

CONCEPTS

Le transporteur aérien

Le certificat de transporteur aérien est défini par le règlement 1008/2008, article 2 comme « un certificat délivré à une entreprise attestant que le transporteur aérien possède les capacités professionnelles et l'organisation nécessaires pour assumer la sécurité des types d'exploitation autres que celle de la surface de la terre.

L'aéronef :

Selon l'article 3-4 de la loi du 24 juillet 2013 portant régime de l'aviation civile au Cameroun, l'aéronef désigne « tout appareil qui peut se soutenir dans l'atmosphère grâce à des réactions de l'air » autres que celles de l'air sur la surface de la terre ». L'aéronef, comme le navire, est un bien original. Par nature, bien meuble, son statut juridiquement le rapproche du statut de l'immeuble. L'aeronef doit être immatriculé, il peut être l'objet de garantie et il peut faire l'objet de certaines conventions.

L'immatriculation de l'aéronef :

Il n'y a pas de cloison étanche entre la nationalité et l'immatriculation d'un aéronef aux termes de l'article 21 de la loi (camerounaise) du 24 juillet 2013 : « Tout aéronef inscrit au registre aéronautique camerounais à la nationalité camerounaise. Il doit porter les marques de nationalité et d'immatriculation. »
L'article 17 de la convention de Chicago pose une règle similaire en indiquant que « les aéronefs ont la nationalité de l'État dans lequel ils sont immatriculés », les aéronefs ne peuvent avoir qu'une seule nationalité (art. 23-1) ; ils peuvent en changer, l'article 22 (2) de la loi prévoit la possibilité d'une perte de la nationalité camerounaise.
Comme effets de l'immatriculation des aéronefs, celle-ci est attributive à titre de nationalité.

L'immatriculation a un rôle important en matière de propriété. Selon l'article 22, un aéronef ne peut être immatriculé au Cameroun que s'il appartient à une personne physique ou morale de nationalité camerounaise.
Par voie de conséquence, l'immatriculation au registre aéronautique camerounais vaut titre de propriété.
La cession de propriété doit être constatée par écrit et elle ne produit d'effet à l'égard des tiers que par son inscription au registre aéronautique camerounais.

L'aéronef objet d'hypothèque

L'article 26 portant régime de l'aviation civile au Cameroun prévoit que « les aéronefs et toutes les parties prises séparément sont considérés comme des immeubles et peuvent faire l'objet d'une hypothèque », l'alinéa 2 dudit article précise que cette hypothèque des aéronefs peut être légale, conventionnelle en judiciaire.

L'hypothèque doit être publiée sur le registre d'immatriculation pour être opposable aux tiers (art. 32). La publication conserve l'hypothèque pendant dix ans (art. 34), elle peut être renouvelée. Elle garantit le capital et trois années d'intérêts.

Les privilèges

L'article 41 de la loi dispose que sont seuls privilégiés sur aéronef, par préférence aux hypothèques : les frais de justice exposés pour passer à la vente de l'aéronef et à la distribution de son prix, dans l'intérêt commun des créanciers, les salaires superprivilégiés ; les rémunérations dues pour sauvetage de l'aéronef ; les frais indispensables engagés pour sa conservation ; les impôts et taxes dus ; les redevances d'utilisation des dispositifs et des aides à la navigation et à l'atterrissage. Ces privilèges grèvent l'aéronef ou les indemnités d'assurance. Ils confèrent à leur titulaire un droit de suite leur permettant d'appréhender l'aéronef en quelques mains qu'il passe (art. 42). Les privilèges s'éteignent trois mois après l'événement qui leur a donné naissance, à moins que, auparavant, le créancier n'ait fait inscrire sa créance sur le registre d'immatriculation de l'aéronef, après avoir fait reconnaître amiablement son montant ou à défaut avoir introduit une action en justice à son sujet.

Le personnel du transport aérien

Le personnel navigant du transport aérien est responsable de la sécurité des passagers qu'il transporte. Il est permis, voire légal que l'on exige de lui certaines compétences professionnelles.

L'article 32 de la convention de Chicago stipule que :

« Le pilote de tout aéronef et autres mentions de l'équipage de conduite de tout aéronef employé à la navigation internationale doivent être munis de brevets d'aptitudes et de licences délivrés et validés par l'État dans lequel l'aéronef est immatriculé ». le brevet d'aptitude démontre les connaissances théoriques, techniques et pratiques.

Les licences prouvent la force physique et la compétence professionnelle.

Les aéroports

L'aéroport, point de départ et d'arrivée terrestre de la navigation aérienne, ne doit pas être confondu ni avec l'aérodrome ni avec l'aérogare. L'aérodrome désigne un terrain ou un plan d'eau spécialement aménagé pour l'atterrissage, le décollage, les manœuvres des aéronefs, y compris les installations annexes qu'il peut comporter pour les besoins du trafic. L'aérogare désigne le lieu de transit des passagers et des marchandises. L'aéroport regroupe l'aérodrome, l'aérogare ainsi que les ateliers, hangars, les parkings automobiles. D'un point de vue juridique, l'aéroport désigne l'entité qui gère l'ouvrage et les activités.
Le rôle des aéroports est fondamental dans le transport aérien. Ils sont nécessaires pour réguler la circulation aérienne. Les aéroports sont en effet ouverts à la circulation aérienne. L'article 68 de la convention de Chicago prévoit « Chaque État contractant peut désigner les aéroports qu'un service aérien international peut utiliser », chaque État est tenu de faire connaître publiquement quels sont ceux de ses aéroports qui sont ouverts à la navigation internationale. Tout aéroport situé dans un

État contractant et ouvert aux aéronefs de cet État aux fins d'usage public est aussi ouvert dans des conditions similaires aux aéronefs de tous les autres États contractants.

Les aéroports jouent un rôle prépondérant pour la gestion des créneaux horaires, à savoir l'autorisation d'atterrir ou de décoller à une date et à une heure donnée dans un aéroport saturé, qui constitue un élément essentiel des opérations aériennes. Pour une compagnie aérienne, l'obtention d'un créneau horaire dans un aéroport signifie qu'elle peut utiliser l'ensemble des infrastructures nécessaires pour l'exploitation d'un vol à un moment donné, qu'il s'agisse des pistes, des voies de circulation, des postes de stationnement et, pour les vols passagers, des terminaux.

CHAPITRE I : GÉNÉRALITÉS SUR LE DROIT DES TRANSPORTS AÉRIENS

Le droit aérien s'analyse comme l'ensemble des règles liées à l'utilisation d'un aéronef. D'une manière générale, le transport aérien international devient de plus en plus transcontinental. Le transport aérien considéré comme international présente un élément d'extranéité et plus expressément lorsque la situation comporte un conflit de lois.

La convention pour l'unification de certaines règles relatives au transport aérien international est signée à Varsovie le 12 octobre 1929. Elle a constitué des textes de base, un référent du transport aérien pendant des années. Elle unifie en matière de transport aérien de personnes, de bagages comme de marchandises, les règles relatives aux titres de transport et à la responsabilité civile du transport.

Le véritable essor de l'aviation s'effectue à partir de la première guerre mondiale. L'aviation devient un élément incontournable du conflit. À partir de 1918, les premières conférences internationales se réunissent. La convention de Paris est signée le 13 octobre 1919 et entrera en vigueur en 1922 entre 27 États. Elle pose une règle fondamentale, celle en vertu de laquelle chaque État est souverain sur son espace aérien. De là, la conséquence suivante : pour traverser ou plutôt survoler le territoire d'un État, il faut une autorisation.

Après la deuxième guerre mondiale, le transport aérien devient un concurrent sérieux du train ou surtout du paquebot pour les passagers fortunés, ensuite pour le commun des mortels. L'évolution technologique révolutionne le monde aérien, à la construction de nouveaux avions très performants, rapides comme des avions supersoniques à plus grand rayon d'action.

Par ailleurs, le développement touristique de masse conduit à l'apparition des transports par charter à la fin des années 1960. La technique de l'affrètement est fréquemment usitée. Elle consiste à vendre un vol complet à une date et à une destination donnée. Ce vol est généralement acheté par des organisations de voyages (agence de voyages), qui le revendent souvent accessoirement avec d'autres

prestations comme l'hôtellerie ou un circuit touristique. Le passager achète moins cher le billet que sur une compagnie régulière, avec l'inconvénient qu'il ignore totalement sur quelles compagnies il effectuera son trajet.
En effet, l'époque contemporaine se caractérise par les regroupements et le développement des compagnies dites *low cost.*

Section 1 : Les sources du droit des transports aériens internationaux

En raison du développement prodigieux du commerce entre États, beaucoup de transports recouvrent un caractère international. Et on ne saurait concrètement les soumettre sous le régime des lois nationales, et à cette fin les conventions internationales sont venues suppléer les lois internes pour réaliser l'unification du droit. L'avantage de recourir à une loi uniforme est d'écarter les nombreux conflits de lois pouvant résulter de l'exécution d'un transport aérien international.

§ 1. La Convention de Chicago

La convention de Chicago a été signée le 7 décembre 1944 à Chicago par cinquante-deux (52) pays. Elle est entrée en vigueur le 4 avril 1947. Elle a été révisée à maintes reprises et constitue depuis lors l'un des piliers de l'ordre juridique international de droit aérien. La convention a un caractère quasi universel, dans la mesure où elle a été ratifiée par 188 États. La convention édicte un principe de souveraineté et institue de l'existence de libertés l'air.

A) <u>Le principe de souveraineté</u>

L'article 1er de la convention pose le principe de souveraineté. Selon cette disposition : « Les États contractants reconnaissent que chaque État a la souveraineté complète et exclusive sur l'espace aérien au-dessus de son territoire. »
Tout État est libre de limiter l'accès à son territoire exigeant des aéronefs étrangers qu'ils demandent son autorisation préalable pour survoler son territoire et de réglementer certaines activités

concomitantes au survol de son territoire, par exemple le transport des matières dangereuses.

L'État peut aussi désigner l'itinéraire aérien et les altitudes que les aéronefs doivent respecter. L'État doit voir sa souveraineté respectée.

La limite de l'espace aérien doit être précisée par territoire, il faut entendre les régions terrestres et les eaux territoriales qui y sont adjacentes, qui se trouvent sous la souveraineté, la suzeraineté, la protection ou le mandat dudit État.

B) Les libertés de l'air

La convention de Chicago établit les « cinq libertés de l'air » qui ne sont pas de droit, mais peuvent être accordées par un État à un autre État. Selon le *Manuel de réglementation du transport aérien international* publié par l'Organisation de l'aviation civile internationale (OACI), elles sont les suivantes :

- Première liberté de l'air : droit de survoler un État sans y atterrir.
- Deuxième liberté de l'air : droit d'atterrir dans un État pour des raisons non commerciales).
- Troisième liberté de l'air : droit de débarquer dans un État du trafic en provenance de l'État dont le transporteur à la nationalité.
- Quatrième liberté de l'air : droit d'embarquer dans un État du trafic à destination de l'État dont le transporteur a la nationalité.
- Cinquième liberté de l'air : droit de débarquer et d'embarquer du trafic dans un État, en provenance ou à destination de l'État dont le transporteur a la nationalité.

Les deux premières libertés sont de nature technique, les trois suivantes sont de nature commerciale.
À ces libertés conventionnelles, le manuel de la réglementation de l'OACI en a rajouté quatre supplémentaires :

- Sixième liberté de l'air : droit de transporter du trafic entre deux autres États, en passant par l'État dont le transporteur a la nationalité.

- Septième liberté de l'air : droit de transporter du trafic entre l'État qui accorde ce droit et un troisième État quelconque sans obligation d'inclure dans cette opération un point du territoire de l'État bénéficiaire.
- Huitième liberté de l'air : droit de transporter du trafic entre deux points de l'État qui accorde le droit, au moyen d'un service qui commence ou se termine à l'extérieur de ce territoire.
- Neuvième liberté de l'air : droit de transporter du trafic entre deux points de l'État qui accorde le droit de cabotage.

§ 2. Les autres conventions

A) La convention de Varsovie

Du 12 octobre 1929 modifiée en 1955. La convention de Varsovie qui a fait l'objet de nombreuses modifications est entrée en vigueur le 13 février 1933 entre six États qui l'avaient ratifiée. In fine, elle a été appliquée par plus de cent cinquante (150) États.

Quant à son domaine d'application son article 1er dispose que « la présente convention s'applique à tout transport international de personnes, bagages en marchandise, effectué pour aéronef contre rémunération. Elle s'applique également aux transports gratuits effectués par aéronef par une entreprise de transports aériens ». Et, par « transport international », il faut entendre « tout transport dans lequel, d'après les stipulations des parties, le point de départ et le point de destination, qu'il y ait ou non interruption de transport ou transbordement, sont situés soit sur le territoire de deux hautes parties contractantes, soit sur le territoire d'une seule haute partie contractante, si une escale est prévue dans un territoire soumis à la souveraineté, à la suzeraineté, au mandat ou à l'autorité d'une autre puissance même non contractante.

Le transport sans escale entre les territoires soumis à la souveraineté, à la suzeraineté, au mandat ou à l'autorité de la même haute partie contractante n'est pas considéré comme international au sens de la présente Convention.

En résumé, la convention de Varsovie ne réglemente pas l intégralité de la question du transport aérien, elle réglemente seulement certains de ses aspects.
Elle unifie les règles relatives au titre de transport et réglemente de manière complète la responsabilité contractuelle du transport aérien international.

B) **La convention de Montréal**

En raison du fait que les différents protocoles modificatifs ont montré leur limite, en vue de racheter les insuffisances de la convention de Varsovie, le droit aérien est devenu à cet effet un droit éclaté et confus.
Aussi, dans le but d'uniformiser et d'harmoniser la matière, la communauté internationale convoquera une conférence diplomatique à Montréal connue sous le nom de conférence de Montréal, entrée en vigueur le 28 mai 1999.

La convention de Montréal ambitionne de se substituer à l'ensemble des éléments du régime varsovien qu'elle regroupe en un texte unique. Elle concilie les acquis de ce système varsovien, les exigences contemporaines de l'industrie du transport aérien et une meilleure prise en compte des intérêts des passagers.

La convention de Montréal institue un régime fondé sur le principe d'une présomption de responsabilité, puisque selon l'article 18 « le transporteur est responsable du dommage survenu en cas de destruction, perte ou avarie de la marchandise par le fait de celui… »
Il s'agit d'une présomption simple, susceptible de preuve contraire. Le transporteur peut s'exonérer en établissant que les dommages résultant de la faute de la victime ou d'un cas excepté ou, en cas de retard, que les mesures soient prises afin de l'éviter ont été pris ou ont pu l'être.

Elle comporte d'autres modifications importantes de fond, comme la suppression de toute limite de réparation en cas de mort ou de lésion corporelle.

Section 2 : Le cadre juridique international du transport aérien

Principe du plafonnement de la réparation due pour le transporteur. Sous l'égide de la convention de Varsovie, le principe de plafonnement de la réparation due par le transporteur, ou autrement clause limitative de responsabilité, s'applique indistinctement au transporteur aérien et à ses préposés, sous réserve de certains cas de déplafonnement.

Les plafonds de réparation ne s'appliquent pas en cas d'absence ou d'irrégularité du titre (Conv. Varsovie, art. 3-2 ; 4-2 et 9), en cas de faute inexcusable (art. 25) et en cas de déclaration spéciale d'intérêt à la livraison pour les bagages et les marchandises (art. 22-2).
En cas de mort ou de lésion subie par un passager, l'article 22 de la convention de Varsovie prévoit une limite de 250 000 francs or, les protocoles de Montréal 1975, numéros 1 et 2, entrés en vigueur en 1996 ont converti les plafonds à 8 300 DTS dans la version initiale de la convention de Varsovie amendée de La Haye.

Sous l'égide de la convention de Montréal, une des caractéristiques majeures de la convention de Montréal réside dans la notion de « responsabilité illimitée » du transporteur.

En vérité, elle établit un système de responsabilité à deux niveaux. Pour tous les dommages résultant de mort ou de lésion conventionnelle d'un passager ne dépassant pas 119 100 DTS, la convention internationale interdit au transporteur d'exclure ou de limiter sa responsabilité (art. 21-1), sauf si le transporteur apporte la preuve de la faute de la victime (art. 20). En revanche, au-delà du seuil, le transporteur peut s'exonérer de sa responsabilité en cas d'absence de faute de sa part ou du fait d'un tiers (art. 21-2) et bien sûr en cas de faute de la victime, qui est une cause générale d'exonération.

Par ailleurs, on ne pouvait conclure ce chapitre sans évoquer une troisième réforme relative au protocole du Guatemala City signé le 8 mars 1971. Ce texte était plus ambitieux. Son objectif était de réformer le régime de Varsovie modifié à La Haye pour améliorer la protection des victimes et faciliter le règlement des litiges. Au régime de responsabilité pour faute présumée, le nouveau substituait un régime de responsabilité objective de plein droit du transporteur.

En résumé, il ne relevait pas fortement le montant des réparations dues aux victimes. Faute de ratifications suffisantes, il n'est pas entré en vigueur.

§ 1. Le principe de responsabilité dans le transport aérien

La responsabilité du transporteur aérien en matière de bagages
Une distinction est-elle possible entre les bagages remis au transporteur et les autres bagages, notamment les bagages à main.
Pour chaque mode de transport, il convient en principe de distinguer selon que le bagage est enregistré, donc confié au transporteur, ou selon qu'il reste avec le passager ; on parle dans ce dernier cas de bagage à main ou bagage de cabine.

- ✓ **Obligation du transporteur pour les bagages enregistrés**

On attend par bagages enregistrés ceux qui sont remis par le passager au transporteur et pris en charge par celui-ci. En droit français, il n'existe pas de réglementation spécifique concernant le transport de bagages enregistrés.

Le transporteur assume à l'égard des bagages enregistrés une obligation contractuelle de résultat, assortie d'une présomption de responsabilité qui trouve son fondement dans l'article 133-1 du code de commerce français.

Le transporteur est tenu de les restituer dans l'état ou il les a pris en charge, c'est-à-dire en bon état s'il n'a pas formulé de réserves lors de l'enregistrement, et sa responsabilité se trouve automatiquement engagée du seul fait de la constatation d'une perte, de détérioration, sans qu'il soit besoin de prouver sa faute.

- ✓ **Obligation du transporteur pour les bagages non enregistrés**

Pour ce qu'on appelle communément les bagages à main, faute d'un contrat adapté, la jurisprudence a pendant longtemps retenu le principe de responsabilité délictuelle du transporteur. La solution a été retenue dans le transport ferroviaire en cas de vol ou de dégradation, les tarifs de la Société nationale de chemin de fer français (SNCF), prévoyant du reste explicitement que seuls sont pris en charge les bagages enregistrés, à la différence des bagages à main.

Les bagages peuvent également être conservés par le voyageur : il s'agit des bagages à main. Le transporteur en principe ne saurait être déclaré contractuellement responsable de la perte de bagage qu'il n'a pas pris en charge (Cass. civ., 22 juin 1954 : Bull. 1954. II. 172) et sa responsabilité n'est engagée que si sa faute est établie (Cass. req. 2 décembre 1911 : D. 1912. I. 231).

Les bagages à main sont des effets personnels que le voyageur emporte et garde près de lui. Étant donné cette faculté pour le voyageur de conserver certains effets qui seront transportés gratuitement, la question se pose de savoir si la perte ou le vol de ces effets engage la responsabilité du transporteur et dans quelle mesure ?

Aux termes de l'article 17-2 de la convention de Montréal, la responsabilité du transporteur à l'égard des bagages à main n'est engagée que « si le dommage résulte de sa faute ou de celle de ses préposés ou mandataires ».

En outre, quant aux bagages à main non enregistrés, une jurisprudence saisissante du 3 juin 1998 de la Cour de cassation (ch. civ. 1) nous enseigne : la société GEP Vidal qui assurait le transport en autocar des membres de l'Amicale des cadres retraités de Perpignan, suite à un voyage organisé en Italie (qu'au cours d'une escale), a été condamnée à réparer le préjudice subi par les époux X... dont les bagages contenaient des bijoux.
À cette fin, la Cour de cassation a retenu que l'agence de voyages est tenue d'une obligation contractuelle de résultat envers les voyageurs qui assure l'entière prestation du voyage. À cet effet, les bagages à main non enregistrés font l'objet d'un contrat accessoire pour en déduire que leur vol ou perte engage la responsabilité contractuelle du transporteur, pour méconnaissance d'une obligation de résultat, bien que le vol de bagages à main non enregistrés ne puisse engager que sa responsabilité délictuelle.

À la lumière de cet arrêt de la Cour de cassation française du 3 juin 1998 (ch. civ. 1), nous retenons que le transport de bagages obéit à un statut demi-teinte, peu affirmé puisqu'il porte sur des biens, mais qui sont accessoires à un transport de personne. Il faut dire qu'il ressort fondamentalement en substance de l'arrêt de la Cour de cassation du 3 juin 1998 le caractère accessoire. « Les bagages à main font l'objet d'un contrat accessoire au transport de passagers. »
De ce qui suit, nous déduisons que l'accessoire est accroché au contrat principal comme une moule au rocher.

§ 2. La responsabilité du transporteur pour les bagages soumis à enregistrement

A) La responsabilité du transporteur pour les bagages soumis à enregistrement

Les bagages qui sont les objets personnels à l'usage du voyageur peuvent être remis au transporteur et sont dits alors bagages enregistrés. Ils sont transportés en exécution d'un contrat accessoire au contrat de transport de personnes (Cass., 17 octobre 1945 : D. 1946, 165 notes Roger), et la responsabilité du transporteur obéit aux règles générales applicables dans le transport des marchandises.
Par ailleurs, les bagages enregistrés font l'objet d'un véritable contrat de transport.
L'article 3-3 de la convention de Montréal dispose à cet effet que « le transporteur délivrera au passager une fiche d'identification pour chaque article de bagage enregistré », comme le transporteur de marchandises, le transporteur de bagages enregistrés doit délivrer à l'arrivée les objets qui lui ont été confiés dans l'état où il les a pris en charge et il est responsable dans les mêmes conditions. Il est donc présumé responsable des pertes et avaries survenues aux bagages ; à moins qu'il ne rapporte la preuve que ces dommages sont dus à un événement de force majeure, à la faute exclusive d'un tiers ou du voyageur, ou un vice propre de la chose.

B) **Litiges aériens pertes et bagages au Mali**

Lors d'un trajet en avion, il existe un risque que votre bagage enregistré (qui voyage en soute) soit perdu, détérioré ou vous soit délivré avec du retard. Dans de telles circonstances, vous pouvez bénéficier de certaines compensations en fonction du préjudice que vous avez subi. La responsabilité du transporteur en cas de perte, avarie ou retard de bagage est régie par des conventions internationales : la convention de Varsovie de 1929 et la convention de Montréal de 1999.

CHAPITRE II : LE DROIT DES TRANSPORTS AERIENS A L'AUNE DE LA PRATIQUE JUDICIAIRE AU MALI

Section 1 : L'absence de limitation de responsabilité

Au cours de la dernière décennie, sur l'ensemble des dommages enregistrés, les pertes de bagages constituent la proportion la plus élevée avec 73 %. Au Mali, le transport aérien est par excellence propice au transport d'objets de valeur ou de bagages, la voie routière quant à elle se prête tout particulièrement au transport de marchandises[2].

Par ailleurs, c'est principalement en matière de transport de marchandises et de bagages que l'on peut relever un plus grand nombre de décisions de justice maliennes qui récusent de retenir la limitation de responsabilité du transporteur aérien au sens de l'article 22 des conventions de Varsovie et de Montréal. À cet effet, des exemples jurisprudentiels sont édifiants au regard des jugements du tribunal de commerce de Bamako[3].

- ✓ Cas n°1 : Le 25 juin 1995, Mme Diadji Diawara fait transporter par Air Ivoire des bagages et des marchandises contenant 40 basins riches brodés (un tissu très prisé au Mali et en Afrique de l'Ouest) de Bamako à Abidjan qui ne sont jamais arrivés à destination. Le tribunal présidé par Mme Aminata Malle (ancienne ministre de la Justice, garde des Sceaux) ne s'en tient qu'au droit commun en prononçant une réparation intégrale conformément à la valeur des biens perdus en l'absence de toute déclaration spéciale d'intérêt.
- Attendu qu'aux termes de l'article 1185 du code de commerce : « le transporteur est garant de la sécurité des voyageurs et de leurs bagages » ; qu'il a donc failli à ses obligations telles que définies par l'article 1140 du code de

---

[2] DIARRA S., *La Responsabilité contractuelle du transporteur aérien en droit malien*, Éd. L'Harmattan 2021, p. 76.

[3] *Ibid.*

commerce qui dispose que : « le transporteur doit veiller à la conservation de la chose et d'en conserver la garde…

Attendu qu'il ressort de la facture n°086/HO/95 en date du 18 juin 1995 que les 40 basins riches brodés ont coûté trois millions six cent mille (3 600 000) francs CFA, qu'il convient de condamner Air Ivoire à lui payer ce montant.

Attendu que, par ailleurs, la perte des bagages a causé un préjudice certain et direct à la dame Diadji Diawara qui a subi un préjudice commercial important découlant du manque à gagner ; qu'il y a lieu de condamner Air Ivoire à payer à la requérante la somme de quatre cent mille (400 000) francs CFA à titre de dommages intérêts… »

- ✓ Cas n°2 : Une décennie plus tard, le 28 février 2007, le juge commercial persiste dans son refus de faire appliquer les exigences des traités aériens dans une espèce de perte de marchandises. Moussa N'Diaye a voyagé avec la compagnie Ethiopian Airlines de Dubaï à Bamako en embarquant 13 colis de marchandises. À l'arrivée, neuf (9) lui ont été remis, mais quatre (4) sont restés introuvables et évalués à neuf cent mille (900 000) francs CFA.

La compagnie invoque l'application de la convention de Varsovie qui indemnise selon le poids de la marchandise. Comme à son accoutumé, le tribunal de commerce a autorisé le remboursement intégral des frais de marchandises perdues sur la base du droit interne notamment l'article 1144 du code de commerce (Mali).

« … en cas de perte, il (le transporteur) est tenu de réparer le préjudice subi par le propriétaire. La valeur des objets perdus s'appréciera à partir de justifications fournies… Condamne la défenderesse au paiement des sommes de quatre millions sept cent quatre-vingt-quinze mille cinq cent (4 795 500) francs CFA en principal et de cinq cent mille (500 000) francs CFA de dommages intérêts…. Nulle part, on ne parle de DTS ni de poids de marchandises. Le juge commercial ne se préoccupe guère du régime particulier du transport aérien » (Souleymane DIARRA, *La Responsabilité contractuelle du transporteur aérien en droit malien*, Éd. L'Harmattan).

- ✓ Cas n°3 : 6 ans après, la constante est maintenue, la cadence continue et semble atteindre son paroxysme en 2013 dans une espèce déconcertante. Kadiatou Soucko, de retour du pèlerinage 2011, avait remis un excédent de quatre (4) bagages à « l'Agence AlMadina » organisatrice de voyage pour les acheminer de la Mecque à Bamako. Mais plus d'un an après son retour, ses objets personnels n'ont pas été retrouvés. Il s'agissait de : trois (3) bagues en or, une (1) chaîne en or, deux (2) boucles en or dont un contient cinq (5) points en diamant, le tout évalué par la requérante à deux millions six cent mille (2 600 000) francs CFA.

Sur quelle base faut-il évaluer la valeur des objets perdus ? Contre toute attente, sur la base du droit commun, le tribunal de commerce avec à sa tête le président Fatoma Thera ordonne le remboursement intégral de la valeur des objets perdus, conformément, dit-il, à la jurisprudence de la Cour suprême. Or, l'article 22 de la convention de Varsovie qui détermine le principe de la réparation en fonction du poids des objets perdus a été soulevé en vain par le Conseil de la défenderesse. Et le tribunal de commerce condamne l'agence de voyages AlMadina SARL à payer à Mme Kadiatou Soucko la somme de deux millions six cent cinquante-deux mille sept cent cinquante (2 652 750) francs CFA au titre de la valeur de ses objets perdus et celle de cinq cent mille (500 000) francs CFA à titre de dommages-intérêts. Le juge commercial se perd dans une double interprétation déformante : d'abord la convention de Montréal ensuite de l'arrêt de la Cour suprême. Faut-il rappeler qu'à défaut d'une déclaration spéciale d'intérêt à la livraison la convention de Varsovie dit qu'il faut peser les bagages en raison de 17 DTS par kilogramme. Et la convention de Montréal a fixé désormais un plafond de 1 000 DTS par passager (art. 22, § 2).
En d'autres termes, il existe un désir ardent chez le juge malien de favoriser les victimes en faisant fi d'assurer fondamentalement l'unification du droit du transport aérien à l'échelle internationale. En effet, le juge malien peut ou doit faire en sorte qu'il existe une cohabitation harmonieuse de ces conventions internationales avec les règles internes.

À cet effet, les juges doivent garder à l'esprit le caractère supra-législatif de ces conventions consacrées par l'article 116 de la constitution malienne ainsi que les principes d'interprétation de la règle de droit.

Section 2 : Les conséquences de l'absence de limitation de responsabilité

Le tempérament du juge malien d'ignorer délibérément d'appliquer le principe de plafonnement des systèmes varsovien et montréalais équivaut à un déni de justice. La non-application et la mauvaise interprétation du droit conventionnel ont eu pour conséquence la consécration des dommages et intérêts punitifs, et le tout couronné par des *« coups de forces judiciaires »* contre ces instruments internationaux[4].

Une étude approfondie de la jurisprudence malienne révèle la « générosité » des tribunaux à l'égard des victimes.

En effet, une telle pratique présente des avantages certains pour les passagers qui sont confrontés à de « puissantes compagnies aériennes très souvent contrôlées par les États ».

Le juge malien dans sa difficile et délicate mission, en matière du contentieux aérien, emprunte des schémas de raisonnement non conformes aux normes internationales. Ce qui fait dire au professeur N'Diaye que le juge malien dans ce cas précis procède à une *« interprétation confuse et maladroite »*.

Autrement dit, « un coup de force judiciaire contre les traités aériens[5] ».

De ce qui précède, nous sommes en droit de dire que le mouvement actuel est à l'unification, c'est-à-dire un corps de règles unifiées qui s'applique quel que soit le mode utilisé.

Nous concluons à une interprétation des décisions de justice conformes à la pratique internationalement admise. Et les conventions internationales viennent souvent à la rescousse du droit commun.

En outre, nous suggérons vivement d'arrimer nos juges aux meilleures pratiques en matière de conventions internationales, autrement dit, qu'ils procèdent à une appropriation, voire une domestication impeccable de ces textes universels.

---

[4] *Ibidem.*

[5] *Ibidem.*

TITRE IV :

LE TRANSPORT ROUTIER

MODE PRINCIPAL DE TRANSPORT TERRESTRE

Transport routier

En régime international, une convention internationale a été signée à Genève le 19 mai 1956 concernant les transports de marchandises, il s'agit de la CMR.

Champ d'application de la CMR

Pour s'appliquer aux transports de marchandises, trois conditions doivent être réunies :

1- il s'agit d'un transport à titre onéreux ;
2- ce transport est effectué par véhicules automobiles simples ou articulés, par remorques ou semi-remorques ;
3- le lieu de prise en charge et le lieu de destination sont situés dans deux pays différents, dont l'un au moins est un État contractant (art. 1er).

CHAPITRE I :
LE DROIT DES TRANSPORTS ROUTIERS

Introduction :

Le droit des transports est la partie du droit qui s'applique aux transporteurs (comme les compagnies de transporteurs aériens, les transports routiers, les sociétés de chemin de fer ou encore les compagnies de navigation), aux clients et utilisateurs de ces moyens de transport ainsi qu'aux intermédiaires. Son contenu diffère quelque peu, selon que le transport vise des passagers ou des marchandises.

1- Définition :

Le contrat de transport est une convention par laquelle un transporteur professionnel s'engage moyennant un prix à transporter d'un lieu à un autre par un mode déterminé, soit une personne, soit une ou plusieurs choses. La formation du contrat de transport routier de marchandises ou de personnes s'effectue par un simple échange des consentements des parties au contrat.

Section 1 : La formation du contrat de transport routier

§ 1. Les parties au contrat de transport :

Le contrat de transport se forme initialement entre l'expéditeur, le transporteur et éventuellement le commissionnaire de transport, trait d'union entre les deux modes de transport. Le destinataire, théoriquement absent lors de la conclusion du contrat, peut toutefois lui aussi s'en prévaloir par stipulation pour autrui (application de dispositions légales).

§ 2. Le transport de marchandises

A. Législation applicable :

L'article 26 de l'acte uniforme (OHADA) relatif aux contrats de transport de marchandises par route définit le contrat comme étant celui par lequel une personne physique ou morale, le transporteur, s'engage principalement et moyennant rémunération à déplacer par route, d'un lieu à un autre et par le moyen d'un véhicule, la marchandise qui lui est remise par une personne appelée l'expéditeur concernant le champ d'application ; l'acte uniforme s'applique à tout contrat de transport de marchandises par route lorsque le lieu de prise en charge de la marchandise et le lieu prévu pour la livraison, tels qu'ils sont indiqués au contrat, sont situés soit sur le territoire de deux États différents dont l'un au moins est membre de l'OHADA.

L'acte uniforme s'applique quels que soient le domicile et la nationalité des parties au contrat de transport.

B. Exécution du contrat de transport :

L'exécution du contrat de transport routier de marchandises passe par plusieurs phases : la préparation du transporteur, le chargement, le déplacement et la livraison (déchargement et le paiement du prix de transport).

Les obligations de chacune des parties lors de ces différentes phases sont encadrées par le droit. À cet effet, on peut noter trois types d'obligations à la charge des parties selon l'article 32-224 du code des transports ; le contractant de l'entreprise de transport est tenu, préalablement à la présentation du véhicule au chargement, de transmettre à celle-ci par écrit ou tout procédé permettant la mémorisation les informations nécessaires à l'exécution du contrat.

1) **Le contrat de transport des personnes** :

Le contrat de transport consiste en l'engagement d'un transporteur professionnel à acheminer saine et sauve une personne déterminée d'un lieu défini à un autre moyennant le paiement d'un prix. C'est un contrat de louage d'ouvrage.

La jurisprudence et la doctrine française se sont accordées pour le considérer comme l'engagement d'un transporteur professionnel, moyennant le paiement d'un prix, à acheminer une personne déterminée (ou un groupe de personnes) d'un lieu défini à destination d'un autre lieu précis. Par ailleurs, le consentement du voyageur demeure un principe fondamental dans le transport de personnes. Il se manifeste clairement par l'accès du voyageur au moyen de transport. Dans la mesure où aucune disposition n'impose la rédaction d'un écrit, en conséquence, le contrat de transport est parfait entre les parties par leur consentement, et l'embarquement du voyageur dans le moyen de transport. Par extension, le mode de formation de contrat diffère suivant le mode de transport. Mais en général, la plupart des transporteurs sont en état d'offres permanentes au public. Il suffit en conséquence du consentement de l'expéditeur de la marchandise ou du voyageur pour que le contrat se forme. L'expéditeur manifeste son consentement en remettant la marchandise qui doit être prise en charge par un agent qualifié du transporteur (CA Caen, 7 juin 1905 : D 1908. II 364).

Quant aux voyageurs, il le manifeste soit en prenant un lieu de parcours (Cass. civ., 27 janvier 1913 : S-1913, I, p. 177, concl. Sarrut, note Lyon–Caen), soit, lorsque l'accès aux voitures est libre comme dans les autobus, en usant du véhicule (Cass. civ., 7 mai 1955 : DH. 1935, 348 ; Cass. civ., 22 février 1955 : *D.* 1955, 306 ; *JCP* 1953. II 8620 – note Rodière ; *RTDC* 1955, 522, obs. Carbonnier).
La même règle est appliquée dans les transports par taxis.
Le contrat de transport se forme lors du premier contact avec le véhicule en vue du transport. C'est notamment le cas de certaines villes où les taxis en stationnement sont en état d'offre permanente ; il suffit d'un geste non équivoque de la part du voyageur, comme l'ouverture d'une portière, pour conclure le contrat (Cass. civ., 2 décembre 1969 : *D.* 1970, 104, notes G. C. M. ; *BT.* 1970, 43).

Toutefois, il n'y a pas contrat de transport si une personne s'introduit clandestinement dans un véhicule (T. civ. Seine, 16 mai 1961 : *JCP* II. 12 224, note P. Esmein), ce fait constitue d'ailleurs un délit pénal, la filouterie.

Section 2 : Conditions juridiques des parties :

§ 1. Les obligations des parties

A. Les obligations du voyageur

Elles concernent le respect du règlement intérieur et plus particulièrement le paiement du prix de voyage et ses compléments.
Avant la condition du paiement du prix, le code de commerce soumet une obligation générale de discipline. On peut la considérer comme une règle préalable supérieure à l'accord des parties. L'article 476 du

code de commerce décide que le voyageur est tenu de se conformer au règlement intérieur établi par l'autorité compétente.
Le voyageur doit payer le prix du voyage excepté le cas ou ce prix obéit à une réglementation de tarification.

B. Les obligations du transporteur

On observera préalablement que le transporteur est aujourd'hui comme hier tenu d'obligations transversales issues du droit commun des obligations, à l'exemple de l'obligation de bonne foi (C. civ. art. 1104) (Pr Philippe Delebecque, Dalloz 2018, 2e édition).
En règle générale, les transporteurs sont soumis aux obligations de résultat : acheminer à bon port les voyageurs sains et saufs dans les délais convenus.
Il ne peut se libérer de cette obligation que dans le cas de force majeure. Il peut, toutefois, limiter sa responsabilité par convention. Une limitation de responsabilité à plafond légal.

§ 2. L'accès à la profession de transporteur routier

Pour éviter que les transports publics ne soient camouflés en transport pour compte propre, une définition est observée.
La distinction entre les transports pour compte propre (transports privés) et les transports pour compte d'autrui (transports publics) est essentielle, mais n'est pas étanche, c'est-à-dire imperméable.

Les transporteurs publics sont des professionnels dont le métier consiste à exécuter des transports contre rémunération pour des clients qui sont des entreprises industrielles ou commerciales, des entreprises de services, des administrations ou encore des particuliers (*Droit des transports*, Dalloz, 2e éd., 2018, p. 29).

Par opposition, le transport pour compte propre n'est pas assuré par des professionnels du transport, mais par des entreprises industrielles ou commerciales qui disposent de leurs propres parcs de véhicules (par exemple la CMDT) et de leurs conducteurs pour réaliser des transports liés à leur activité principale. Il s'agit par exemple de transports entre établissements d'une même entreprise, de transports entre un fournisseur et une usine de l'entreprise, de transports de cette usine jusqu'au client *(Droit des transports*, Dalloz, 2e éd., 2018, p. 30).

En résumé, pour qu'un transport soit pour compte propre, il faut que le transport apparaisse comme accessoire ou complémentaire des activités principales d'un agriculteur, d'un industriel ou d'un commerçant.

Aussi, l'article 3 du décret n°2020-0096/P-RM du 19 février 2020, fixant les modalités d'application de la loi régissant la profession de transporteur routier, stipule qu'il est institué deux catégories d'agréments de transporteur routier :

- l'agrément de catégorie C1 qui correspond au transport pour compte d'autrui ;
- l'agrément de catégorie C2 qui correspond au transport pour compte propre.

Le transport pour compte d'autrui est le transport effectué à but lucratif par des personnes physiques ou morales.

Le transport pour compte propre est le service de transport effectué par des personnes ou morales pour leurs exclusifs.

Par ailleurs « *sont considérés comme des transports publics tous les transports de personnes ou de marchandises à l'exception des transports qu'organisent pour leur propre compte des personnes publiques ou privées* ». Elle pose en conséquence le principe, « *que tout ce qui n'est pas transport pour compte propre est du domaine du transport public* », la LOTI du 30 décembre 1982 dans le dernier alinéa de l'article 5.

1) **Loi n°0043/du 7 juin 2000 régissant la profession de transporteur routier**.

Au Mali, la profession de transporteur routier est régie par la loi n°00-43 du 7 juin 2000.

Les éléments constitutifs de l'exercice de la profession de transporteur routier se résument comme suit :

Est considérée comme transporteur routier toute personne physique ou morale qui assure, à titre d'activité principale, le déplacement des personnes ou de marchandises, au moyen de véhicule routier contre rémunération (art. 2).

La présente loi s'applique au même titre aux :

- personnes physiques ou morales qui effectuent pour leur propre compte des opérations de transport dans le cadre de leurs activités industrielles et commerciales ;
- locataires de véhicules qui utilisent pour leur compte propre ou pour autrui des véhicules loués :
  - ✓ sociétés coopératives de transport et d'entreprises de transport routier de marchandises (art. 3).

Aussi, nul ne peut exercer les activités de transporteur routier, s'il n'est agréé et ne remplit les conditions suivantes.

2) **Pour les personnes physiques** :

a- Être âgé de 21 ans ;
b- Être de nationalité malienne ou ressortissant d'un pays accordant la réciprocité ;
c- Justifier d'un domicile professionnel au Mali ;
d- Justifier d'une capacité professionnelle ;
e- Jouir de ses droits civiques ;
f- Être inscrit au registre des transporteurs routiers.

3) **Pour les personnes morales** :

a- Être constitué en société de droit malien ;
b- Être dirigé par un responsable justifiant d'une bonne moralité et jouissant de ses droits civiques ;
c- Être inscrit au registre des transporteurs routiers (art. 4).

L'exercice de la profession de transporteur est interdit aux :

- faillis et liquidés judiciaires non réhabilités ;
- personnes ayant subi une condamnation définitive à une peine afflictive et infamante (art. 5).

Au chapitre des obligations à l'égard du transporteur, le transporteur routier garantit l'arrivée à destination des passagers et des marchandises dans les conditions de sécurité (art. 6).

Le transporteur routier doit assurer aux clients un traitement légal (art. 7). Par ailleurs, au chapitre des sanctions et aux termes de l'article 11 « sera puni d'une amende de cent mille (100 000) francs CFA et d'un emprisonnement de deux mois à un an ou de l'une de ces deux peines quiconque aura :

a- exercé l'activité de transporteur routier sans être agrée ;
b- irrégulièrement cédé à un tiers ou partie de ses véhicules sans avoir informé la Direction nationale des transports et entrepris

la mutation du véhicule ; cette disposition est valable pour tous les véhicules mis hors de service ;

c- donne à l'occasion de la délivrance des documents administratifs de bord du véhicule, des informations fausses ou falsifiées ces documents.

4) L'action en responsabilité contre le transporteur

Pour que l'action en responsabilité contre le transporteur soit déclarée recevable, il faut qu'elle ne soit pas encore forclose (1) ou prescrite (2).

a) La forclusion de l'action

C'est une cause d'extinction de l'action en responsabilité qui intervient lorsque le destinateur n'a pas manifesté dans un certain délai suivant la réception de la marchandise que le transport ne l'a pas satisfait.

La forclusion s'analyse sur le plan procédural comme une fin de non-recevoir, c'est-à-dire un moyen de défense qui tend à faire déclarer l'adversaire irrecevable en sa demande sans examen de fond. L'article 105 du code de commerce stipule à cet effet :

« La réception des objets transportés éteint toute action contre le transporteur pour avarie ou perte partielle si dans les trois jours non compris les jours fériés qui suivent celui de cette réception, le destinataire n'a pas notifié au transporteur par acte extra-judiciaire ou par lettre recommandée sa protestation motivée. »

La fin de non-recevoir peut être opposée en tout état de cause, c'est-à-dire à n'importe quel moment du procès.

Quoique très contestée par les praticiens, il n'y a qu'à se référer à l'abondante jurisprudence en matière du contentieux.

La forclusion est avantageuse pour deux raisons.

En premier lieu, les transporteurs ont intérêt à être vite renseignés sur la qualité de leur prestation, afin de prendre au plus tôt les mesures propres à assurer leur défense.

En second lieu, la forclusion a pour but de faire en sorte que l'on soit sûr que le dommage est dû à une mauvaise exécution du transport. Aussi, oblige-t-on le destinataire à faire sa contestation très vite ; s'il retarde, le crédit de cette contestation s'amenuise. La contestation doit être ainsi faite le plus rapidement possible.

b) La prescription de l'action

C'est une cause d'extinction de l'action en responsabilité contre le transporteur par suite de l'écoulement du temps nécessaire pour agir. La prescription est aussi une fin de non-recevoir.

La prescription en matière de transport est en fait une faveur pour le transporteur. Le transporteur n'aura pratiquement besoin d'invoquer la prescription que si la forclusion n'a pas pu jouer. Les actions auxquelles on peut donner lieu tant contre le transporteur ou le commissionnaire que contre l'expéditeur ou le destinataire sont prescrites dans le délai d'un an.

Le délai d'un an est compté, en cas de perte totale, du jour où la livraison aurait dû être effectuée et, dans tous les autres cas, du jour où la marchandise a été remise ou offerte au destinataire.

TITRE V :
LE TRANSPORT FERROVIAIRE

1- Historique : (1881–1904) construction de la ligne Kayes–Bamako–Koulikoro appelée Kayes–Niger.

Le chemin de fer Dakar–Niger (DN) est la première voie de pénétration de l'Afrique occidentale au sud du Sahara. Le trajet Dakar–Koulikoro (1 228 km) constitue la plus importante relation ferroviaire de l'Afrique noire française. Le chemin de fer Dakar–Niger date de 1924 et a généré un impact économique et social.

CHAPITRE I :

LE RESEAU FERROVIAIRE ET LES CONTRAINTES DU TRANSPORT FERROVIAIRE

Section I : Le réseau ferroviaire :

Le Mali dispose d'un réseau ferroviaire de 728 km de voie métrique ferrée, allant de Koulikoro à Diboli (frontière du Sénégal).
Cette voie ferrée se prolonge sur le territoire sénégalais jusqu'au port de Dakar. En 1960, l'éclatement de la fédération du Mali consacre la création de deux réseaux de chemins de fer : la Régie des chemins de fer du Sénégal (RCFS) qui deviendra le 12 octobre 1989, la Société nationale des chemins de fer du Sénégal (SNCS) et la Régie des chemins de fer du Mali (RCFM). Ces deux entités ont assuré l'exploitation de deux réseaux (1 285 km) jusqu'à leur mise en concession.

Les deux entités, c'est-à-dire la RCFM (1960–2003) et la SNCS, déjà très confrontées à d'évidentes difficultés de gestion font l'objet de pression par les institutions financières internationales, notamment la Banque mondiale et l'Agence française de développement (AFD) à la privatisation de ce secteur. Elles préconisent principalement un partenariat public–privé de cette liaison ferroviaire binationale.
À cet effet, sous la forme d'un appel à « manifestation d'intérêt » pour une « concession intégrale », quatre consortiums ont été retenus pour participer à l'appel d'offre technique et financier.
Le 11 février 2003, la concession est attribuée, à titre provisoire, au groupement CANAC-GETMA mieux disant avec quinze milliards (15) de francs CFA.
La concession définitive, d'une durée de 25 ans, est prononcée le 5 mars 2003.
Au regard des accords, CANAC-GETMA crée la société anonyme Transrail SA et détient 51 % par intermédiaire de Transrail investissement.
Le capital en actions est réparti ainsi qu'il suit : les États du Mali et du Sénégal (10 % chacun), les actionnaires privés des deux pays (20 %) et les employés de Transrail par l'intermédiaire d'un fond commun de placement (9 %). Par voie de conséquence, la nouvelle société a

commencé son activité le 1er octobre 2003. En décembre 2015, malheureusement le contrat de concession ferroviaire de la ligne Dakar–Bamako, qui a fait long feu, est résilié et confié à Dakar–Bamako ferroviaire.
Le système de concession de l'exploitation de la ligne ferroviaire Dakar–Bamako sombre et s'enfonce dans une crise profonde.
Les États du Mali et du Sénégal ne parviennent pas à un modus vivendi sur un schéma de sortie de crise. À l'épreuve des faits, face à cet échec, des ex-cheminots élèvent la voix et ne sont pas restés inertes.
« La Régie du chemin de fer du Mali (RCFM), dont le patrimoine a été évalué à plus de cent cinquante-quatre (154) milliards de francs CFA, a été “bradée” à moins de sept (7) milliards de francs CFA, payables en sept (7) ans. Cette opération, qui a heurté les milieux les plus divers, s'est traduite par des conséquences incommensurables pour des populations dont la vie était rythmée par le sifflement du train. »
« La mise en concession du train a conduit à une importante saignée des ressources nationales. », Sidiki dit Youssouf Dembélé, *Les Échos*, n°2383 du 10 octobre 2004.

La gestion du chemin de fer plus de 5 ans, reliant la capitale du Sénégal, Dakar, et celle du Mali, Bamako, cédée au consortium Transrail a été un insuccès retentissant et le réseau en ruine. C'est la population qui paie le prix d'une privatisation.
En conclusion, la tentative de mise en concession ferroviaire n'a pas été concluante.

Section II : Les contraintes du transport ferroviaire

Principales questions et mesures proposées
Le chemin de fer est économiquement fondamental pour le Mali (minier et enclavement). Le potentiel existe mais il passe inévitablement par la réhabilitation de l'infrastructure. Le transport ferroviaire pourrait bénéficier d'un vaste marché et d'un fort avantage compétitif dans le contexte actuel notamment en matière d'augmentation des prix de l'énergie, surtout si les projets d'interconnexion de réseaux d'Afrique de l'Ouest se matérialisent, mais l'infrastructure de la ligne existante est en très mauvais état et ne

permet pas au transport ferroviaire de véritablement concurrencer la route, la vitesse moyenne est inférieure à 20 km/h et le taux de déraillement important (203 en 2011).

À cet égard, en ce qui concerne le contrat de concession, disons que les gouvernements du Sénégal et du Mali n'ont pas eu la compétence et l'expérience nécessaires de la gestion d'un contrat de concession. Ils ont de plus pris, vis-à-vis du concessionnaire actuel, des engagements financiers qu'ils ont eu du mal à honorer.

Par ailleurs, le projet de réhabilitation de la ligne ferroviaire Dakar–Bamako a pour objectifs :

- d'accroître la capacité de la ligne et leur propriété opérationnelle ;
- de faire jouer au transport ferroviaire un rôle beaucoup plus important dans la satisfaction de la demande de transport de voyageurs et de marchandises ;
- de mettre en place un système d'exploitation rationnel et performant, impliquant dans la mesure du possible l'initiative privée, tant en termes économiques, environnementaux que financiers ;
- de réduire la dépendance du système d'approvisionnement du Mali par rapport au transport routier ;
- de réduire les nuisances du secteur transport, en diminuant les encombrements et les émissions de gaz à effet de serre.

Source : Notes sur le secteur de transport groupe de la Banque africaine de développement (BAD).

On peut conclure que le chemin de fer, malgré son état vétuste, aujourd'hui claudicant, constitue toujours un axe majeur du désenclavement extérieur et intérieur du Mali.

La banqueroute de Transrail a été la conséquence majeure de la création de la Société de patrimoine ferroviaire du Mali (SOPAFER-Mali SA).

La politique de transport ferroviaire prend une tout autre dimension avec l'adoption de l'ordonnance n°2017-015 /P-RM du 13 mars 2017 portant création de la SOPAFER-Mali SA.

L'affirmation du principe de la SOPAFER-Mali SA constitue une innovation majeure.

L'ordonnance n°2017-015/P-RM du 13 mars 2017 résume en son article 2 la mission fondamentale allouée à la SOPAFER-Mali SA.
À cet effet, l'article 2 de ladite ordonnance stipule : « *la société de patrimoine ferroviaire du Mali a pour mission la construction, la réhabilitation, le renouvèlement, l'extension et la gestion comptable et financière des infrastructures ferroviaires de l'État.*
À cet effet, elle est chargée :

- *de gérer le patrimoine ferroviaire et d'en assurer sa mise en valeur ;*
- *d'élaborer et de suivre le programme d'investissement, les travaux de réhabilitation, de renouvellement et de développement de l'infrastructure ferroviaire ;*
- *de rechercher et de lever des fonds en étroite coordination avec l'organe de régulation, d'assurer l'amortissement et le service de la dette ;*
- *d'assurer la maîtrise d'ouvrage et la maîtrise d'œuvre des travaux neufs et d'extension de l'infrastructure ;*
- *de s'assurer de la performance de l'opérateur ;*
- *de sensibiliser le public notamment sur les aspects d'infrastructures ayant une incidence sur l'environnement des riverains de la voie* ».

CHAPITRE II :
MISE EN CONCESSION DE L'EXPLOITATION FERROVIAIRE

I- Concept :

La concession ferroviaire est une forme de partenariat entre l'État et un opérateur privé « le concessionnaire » dans laquelle l'exploitation de l'activité ferroviaire est transférée au concessionnaire dans des conditions spécifiées dans la convention de concession.

Section I : Les grandes caractéristiques et les objectifs de la concession ferroviaire

§ 1. Les grandes caractéristiques de la concession ferroviaire

Les caractéristiques sont les suivantes :
- L'État conserve la propriété des infrastructures ferroviaires.
- L'activité ferroviaire est exploitée par le concessionnaire à titre d'activité à caractère commercial, aux risques du concessionnaire.

La concession ferroviaire sera en général un amalgame de deux formes juridiques :
- la concession stricto sensu dans laquelle le financement des investissements est effectué par le concessionnaire par opposition à l'affermage dans lequel le financement des investissements est effectué par l'État. Exemple topique : décision n°2015-0689/GR-SIK-CAB-3 portant dévolution de l'aire de repos de Koumantou au conseil régional de Sikasso ;
- la concession est une formule différente de la privatisation pure (vente des actifs ferroviaires).

§ 2. Les objectifs de la concession ferroviaire

La mise en concession de l'activité ferroviaire a pour principaux objectifs :
- d'accroître l'efficacité des transports ferroviaires grâce à une gestion de l'activité de type résolument commercial, orientée vers la satisfaction des besoins du marché ;

- de clarifier les relations entre l'État et le chemin de fer en redéfinissant les rôles et responsabilités d'une part de l'État (régulateur du marché des transports) et, d'autre part, de l'opérateur des services ferroviaires ;
- de libérer l'activité ferroviaire *« des péchés du passé »* (*surendettement, sureffectifs du personnel entre autres)* ;
- de supprimer les déficits de l'activité ferroviaire, qui pèsent lourdement sur les finances publiques.

Section 2 : Le champ de la concession et cadre réglementaire

§ 1. Le champ de la concession

Le concessionnaire sera habituellement responsable de :

- l'exploitation technique et commerciale des services de transport ferroviaire de marchandises et de voyageurs, et des activités annexes au transport ;
- l'exploitation, la maintenance, le renouvellement et l'aménagement des infrastructures ferroviaires ;
- la gestion courante du domaine public ferroviaire.

§ 2. Le cadre réglementaire de l'activité ferroviaire

Le cadre réglementaire de l'activité ferroviaire (qui est défini par la convention) doit encourager le concessionnaire à adopter un comportement commercial, être incitatif à la concurrence avec les autres modes de transport et permettre la « contestabilité » au sein du mode de l'activité ferroviaire.

1- Gestion des infrastructures ferroviaires

La propriété des infrastructures est conservée par l'État. La gestion et l'entretien des infrastructures sont effectués sous la responsabilité unique du concessionnaire, entièrement à la charge du concessionnaire.

2- Redevance de concession

Le concessionnaire versera à l'État une « redevance de concession » en contrepartie de la mise à disposition des infrastructures existantes et du droit d'exploiter les services ferroviaires.

3- Durée de la concession

La concession devrait avoir une longue durée pour permettre au concessionnaire de concevoir et de mettre en œuvre une politique adéquate dans le domaine des investissements, du personnel, du marketing (la durée de la concession de Transrail s'inscrivait sur une durée de 25 ans).

4- Questions fiscales

Le régime fiscal applicable au concessionnaire doit être de régime applicable aux entreprises privées du secteur des transports.

5- Contrôle de la concession par l'État et arbitrage

Le contrôle de la concession par l'État doit être conçu de manière à éviter toute interférence de l'État dans la gestion de la société concessionnaire.
Dans la pratique, le contrôle devrait se limiter :

- au contrôle de la sécurité des opérations ferroviaires et de la protection de l'environnement ;
- à la transmission régulière par le concessionnaire d'informations sur son activité par l'intermédiaire de documents dont le contenu et la périodicité seront définis dans la convention de concession.

Un audit annuel de la concession devrait être effectué par un auditeur indépendant.
Les litiges relatifs à la convention de concession devraient de préférence être résolus par voie d'arbitrage (par exemple les règles d'arbitrage de la chambre de commerce international).

Par ailleurs, pour conclure la société concessionnaire devrait comporter « un actionnaire de référence » pour garantir une gestion efficace de l'activité. L'actionnaire de référence devrait notamment détenir la majorité au Conseil d'Administration et nommer le Directeur Général de la société.

La participation de l'État au capital de la société concessionnaire n'est vraiment pas souhaitable, mais peut être acceptable si cette participation est minoritaire et est conçue de manière à ne pas ouvrir la porte à l'ingérence de l'État dans la gestion de l'entreprise.

Présentation préparée pour l'université d'été sur les transports en Afrique subsaharienne (Laboratoire d'économie des transports, Lyon-II, France, 8 septembre 1995).

TITRE VI :
LE TRANSPORT FLUVIAL

CHAPITRE I :
LE CADRE JURIDIQUE ET LES MODALITÉS DE FONCTIONNEMENT DU TRANSPORT FLUVIAL AU MALI

Section 1 : Le cadre juridique

Trois textes majeurs régissent le transport fluvial en république du Mali.
La loi n°2017-035 du 14 juillet 2017 portant code de la navigation et des transports sur les voies navigables en république du Mali.
Décret n°2023-0380/PT-RM du 11 juillet 2023 fixant l'organisation et les modalités de fonctionnement de la COMANAF.
Décret n°2019-0590/P-RM du 31 juillet 2019 fixant les règles applicables à la navigation et aux transports sur les voies navigables en république du Mali.
Ledit décret fixe les règles applicables à la navigation et aux transports sur les voies navigables en république du Mali.

Section 2 : Les modalités de fonctionnement du transport fluvial

Au Mali, il y a deux modes de transport fluvial. Le mode formel et le mode informel. Le mode formel régi par la loi n°2017-035 du 14 juillet 2017 portant code de la navigation et des transports sur les voies navigables en république du Mali et le décret n°2023-0380/PT-RM du 11 juillet 2023 fixant l'organisation et les modalités de fonctionnement de la COMANAF et le mode de transport fluvial informel dont les pirogues et les pinasses qui selon la politique nationale des transports, des infrastructures de transport et du désenclavement transportaient chaque année environ 100 000 t de marchandises et 100 000 passagers, soit 10 fois plus que la COMANAV, l'actuelle COMANAF.

La création de la COMANAV remonte à l'époque coloniale sous la dénomination de « Messageries africaines ».
À l'indépendance en 1960, les « Messageries africaines » disparaissent pour donner naissance à une société d'État dénommée « Compagnie malienne de navigation » (CMN).
En 1968, la COMANAV a été créée par la loi n°68-37 du 20 juin 1968.

Elle a pour objet le désenclavement du pays par voie fluviale. Cette activité est saisonnière. La COMANAV devient la COMANAF par la loi n°2023-035 du 4 juillet 2023 sous le statut juridique d'établissement public à caractère industriel et commercial (EPIC).
La COMANAF, semblablement à la COMANAV, exploite les fleuves Niger et Sénégal.

1- Le fleuve Niger.

La partie navigable du fleuve Niger est constituée de deux biefs :

a- Le bief sud : Bamako–Kankan (république de Guinée) sur une distance de 385 km.
b- Le bief nord : Koulikoro–Gao sur une distance de 1 308 km.

La période de navigation se situe en période normale à partir de Koulikoro d'août à octobre et se prolonge jusqu'en décembre à partir de Mopti.

2- Le fleuve Sénégal.

Le cours navigable de ce fleuve va de Kayes au Mali à Saint-Louis en république du Sénégal.

Par ailleurs, la mise en eaux des barrages de Diama et de Manantali, entreprise par les États membres de l'OMVS (Mali, Mauritanie et Sénégal), permet actuellement d'espérer pour la reprise de la navigation sur ce fleuve. Il est prévu une durée de navigation de 8 à 10 mois dans l'année selon des études.
Les infrastructures fluviales et portuaires sont confrontées principalement à l'ensablement du chenal navigable du Niger, la faible pluviométrie. Ceci a pour conséquences :

- la fréquence des échouages des bateaux ;
- l'écourtement continu de la période de navigation ;
- l'accroissement des coûts d'exploitation.

Pour son activité de navigation, la COMANAV dispose de :

- trois bateaux courriers pour le transport mixte de passagers et de marchandises ;
- deux bateaux express pour le transport de passagers ;
- un pétrolier d'une capacité de 330 m^3 ;
- un remorqueur et un automoteur ;
- un pousseur de 600 CV poussant jusqu'à 1 200 t ;

- dix-huit (18) barges d'une capacité de 200 t chacune, soit un total d'environ 3 600 t de port en lourd, 1 000 places de passagers.

Par ailleurs, il serait judicieux de mettre en place une politique de stratégie nationale en vue de développer la voie d'eau dans une perspective d'élargir la multimodalité, c'est-à-dire accroître davantage les différents modes de transport dans le district de Bamako. À cet effet, nous proposerons de petits bateaux à fonds plats urbains et interurbains dénommés « trois caïmans » qui transporteront des passagers à l'entour du district de Bamako.

Dans le cadre des perspectives à moyen terme, la COMANAV assurera un trafic saisonnier avec ses bateaux, il faudra envisager à cet effet un projet d'acquisition de bateaux à fonds plats, véritables éléments de prévention et de lutte contre l'ensablement, ce qui permettrait le prolongement de la période de navigabilité.

MISSION DE LA COMANAF

La COMANAF a pour mission principale le désenclavement intérieur et extérieur du pays par la voie fluviale.

TITRE VII :
LES SYSTÈMES DE TRANSPORT INTELLIGENT (STI)

CHAPITRE I :
LES SYSTÈMES DE TRANSPORT INTELLIGENTS (STI)

Section 1 : Le cadre général

La pénétration des technologies de l'information et de la communication (TIC) dans le secteur des transports se fait plus lentement qu'on ne l'avait escompté, malgré les gains importants de productivité que les entreprises (transporteurs et chargeurs) en retirent et le concours qu'elles peuvent apporter à la mise en œuvre des politiques publiques. En effet, un certain nombre de difficultés structurelles sont apparues, qui compliquent le jeu des acteurs qui se sont dotés de leurs propres systèmes informatiques : l'intégration des transports et de la logistique, l'intermodalité et la multimodalité, les interactions avec les gestionnaires d'infrastructures. En tant que cadre formalisé, l'architecture des systèmes d'information (SI) des acteurs privés et publics du système du transport (et de la logistique) contribue à l'émergence de standards indispensables pour l'interopéralité de ces systèmes, qui doivent nécessairement interagir entre eux par la possibilité de recevoir des données mais aussi d'en émettre. En tant que méthode, elle facilite le décloisonnement des métiers et de la construction collective de systèmes d'information, ce qui aura nécessairement des impacts sur les relations contractuelles du début jusqu'à la fin du déplacement des personnes (ou voyageurs) ou de l'approvisionnement des marchandises (ou fret) : achat ou commande transport ou déplacement livraison ou arrivée à destination paiement.

Un rappel historique de la mise en place de transports intelligents aide à mieux comprendre la pénétration des TIC.

Il faut entendre ici le terme intelligent comme la possibilité d'échanger, de croiser et de traiter des informations massives (Open et Big Data), par exemple dans l'acronyme américain CIA (Central Intelligence Agency). Les TIC dans les transports (Intelligent Transport Systems and Services en anglais) ont commencé à se développer il y a plus de 40 ans (gestion centralisée des carrefours, information trafic…) en même temps que des TIC se sont à la fois améliorées et ont été largement diffusées par les offreurs de solutions et les intégrateurs et que les utilisateurs finals (chargeurs, transporteurs, usagers, autorités de contrôle et prestataires de services) se sont appropriés ces nouvelles technologies et que les formats des données se sont uniformisés grâce à l'équipement de l'entreprise et de particuliers outils informatiques performants (PC, portables, lecteurs, tablettes…). La mise à disposition par les États-Unis d'Amérique du Web (toile d'araignée ou internet), l'émergence des grandes plateformes d'échanges électroniques (GAFAM pour Google, Apple, Facebook, Amazon et Microsoft) et le développement de moteurs de recherche d'accès à des services multiples ainsi que le rôle de plus en plus grand des opérateurs de télécommunications ont fait évoluer les STI ainsi :

- première génération : automatisation pour un contrôle centralisé des feux aux carrefours, gestion des trafics pour adapter la capacité ou l'offre à la demande de transport public ;
- deuxième génération : gestion des réseaux pour une aide à l'exploitation et à l'information des usagers : information trafic, paiement électronique (télépéage autoroutier ou cartes à puces et billettique), standards industriels sur les équipements mais avec une interopéralité limitée :
- troisième génération de systèmes intelligents, pour la mise en œuvre des politiques publiques : sécurité routière, chronotachygraphe électronique, contrôle automatisé des limites de vitesse (« radars »), péages urbains, éco-redevances pour la tarification de l'usage des infrastructures routières, sécurité des systèmes d'information et acceptabilité dans les professions concernées et le public sous le contrôle de l'autorité publique ;
- quatrième génération : internet, téléphones mobiles, usagers intelligents, communications, machine-à-machine (M2M), puces RFID et NFC, codes-barres et QR codes, frets intelligents, lesquels demandent des standards de services pour assurer la continuité entre les territoires et les opérateurs, le plus souvent dans un cadre régional devenu indispensable.

Nous vivons actuellement une phase d'accélération, avec de nouveaux acteurs, de nouveaux outils et de nouvelles attentes de services destinés à un grand nombre d'usagers.

Beaucoup de services aux usagers fondés sur les systèmes d'information et de communication dans les transports sont mis à disposition pour le développement au quotidien des transports intelligents. Les projets actuels (billettique et information pour la mobilité sur téléphone portable et véhicules communicants) reposent sur la coopération entre des systèmes publics mis en place sur des territoires limités et des objets intelligents fabriqués par l'industrie pour des marchés mondiaux. En effet, les initiatives prises récemment pour l'information des émissions de carbone liées aux prestations de transport, les poids lourds communicants, les ports intelligents répondent aux défis de l'organisation du transport en s'appuyant sur les nouvelles technologies.

L'interopérabilité entre les systèmes d'information est la question principale à résoudre pour obtenir un déploiement rapide, sachant qu'il faut nécessairement procéder pas à pas en adossant les systèmes nouveaux (rupture) sur ceux existants (incrémentation).

Ainsi, la coordination européenne (directive 2010-40 du 7 juillet 2010) définissant un cadre pour le déploiement de systèmes de transport intelligents dans le domaine du transport routier et d'interfaces avec les autres modes de transport est nécessaire, de même que la mise en place de l'Alliance africaine pour le commerce électronique (AACE), en 2009, accompagne la création de systèmes nationaux pour atteindre un niveau de services répondant aux attentes des usagers et pour maintenir des capacités de conception et de réalisation qui puissent être valorisées à l'international.
Par ailleurs, l'État est attendu pour faciliter la création et garantir la pérennité d'un système alliant public et privé afin de limiter les nuisances liées au transport (pollution, bruit et accidents) et les échanges entre les promoteurs de chaque pays de ces techniques susceptibles d'améliorer les déplacements quotidiens, donc la vie de tous les jours, et occasionnels de tous. Un focus particulier sera fait sur les nouvelles offres de mobilité multiservices ainsi que sur le fret intelligent sur toute la chaîne logistique du lieu d'expédition jusqu'à la livraison.

Section 2 : L'impact des STI sur le déplacement des personnes et des biens

§ 1. La mobilité intermodale

L'approche multimodale (avion, bateau, train, autocar, autobus, voiture, taxi, vélo et trottinette) des voyages ou des déplacements porte-à-porte implique un échange d'informations en temps réel mais aussi la coexistence de plusieurs contrats et de règles de responsabilité différentes. Tel un agent de voyages, une plateforme numérique va offrir un service complet de transport mais aussi de location de voiture, voire d'hébergement.

Il s'agit d'une combinaison de différents modes de transport pour rendre un service de mobilité sur mesure à un particulier ou à une entreprise. La plateforme électronique assure l'organisation du transport d'une ou de plusieurs personnes d'un point A à un point B, à l'image d'une agence de voyages qui, en plus du voyage lui-même, organise le séjour à destination (hôtels ou location de résidences, déplacements locaux, safaris, spectacles, rendez-vous professionnels…). En anglais on parle de la Mobility as a Service (MaaS).
Du point de vue juridique, plusieurs contrats seront passés par un mandataire virtuel pour des réservations de places et des paiements avec différentes compagnies de transport. Or, selon les pays et surtout selon les modes de transport, les dispositions contractuelles et la responsabilité (clauses pénales), voire la compétence juridictionnelle, en cas de défaillance d'un des transporteurs, peuvent entraîner des conflits de compétences.

Dans le domaine de la sous-traitance, un haut niveau de protection du consommateur, surtout de l'usager de transport, est requis par des règles d'indemnisation comparables quelle que soit la nationalité de l'entreprise de transport sous-traitante. Une compagnie d'assurances pourra le plus souvent intervenir en cas de dommages sur la personne ou sur les biens. Cette multiplication des acteurs pour la prestation d'un service de transport passée sur une plateforme électronique à travers un contrat unique avec une obligation de résultat, puisqu'il s'agit d'un transport, laisse entrevoir des difficultés potentielles dans son exécution.

§ 2. Le fret intelligent

Les grands domaines d'applications possibles peuvent être classés de la façon suivante :

- concernant les conducteurs : temps de conduite et de repos, affectation des missions ;
- concernant les véhicules : surveillance technique, organisation de la maintenance et des visites périodiques ;
- concernant les flux : gestion de la flotte, organisation de l'intermodalité et des rendez-vous dans les zones logistiques (ports maritimes et fluviaux, aéroports, gares ferroviaires et routières…), gestion des conteneurs (pleins et vides), gestion des entrepôts et activités logistiques, gestion des tournées de livraisons ;
- concernant la marchandise : surveillance des conditions de transport et de stockage, traçabilité, information des chargeurs, contraintes liées aux matières dangereuses ;
- concernant les infrastructures : application du code de la route (vitesses, poids et dimensions, stationnement…), restrictions et interdictions d'accès et d'usage, paiement des péages et droits d'usage des infrastructures de transport.

Un tel découpage permet d'appréhender la très grande variété des acteurs et des situations dans lesquelles ils ont à communiquer, de manière contractuelle ou obligatoire.
L'évolution du commerce et de la distribution amène les chargeurs (le plus souvent les commissionnaires des transports) à intervenir dans l'ensemble de la chaîne de transport et des opérations logistiques.
Les entreprises de transport doivent adapter leur organisation pour répondre à ce nouveau contexte. En particulier, elles ont à répondre à une demande d'information permanente et détaillée sur les conditions d'exécution de leurs prestations et, dans certains cas, à des exigences de traçabilité.

En effet, l'accent sera mis ici sur la traçabilité. Un certain nombre de catégories de produits font l'objet de règlements exigeant une traçabilité. C'est une chaîne qui va des sites de production aux magasins en passant par les entrepôts et les transports dans le but de déterminer de façon certaine la provenance d'un produit. Sont dès à présent concernés les matières dangereuses, les déchets, les produits agro-alimentaires, les médicaments, mais aussi les produits à forte valeur ajoutée… Les considérations de sûreté conduiront certainement à élargir cette liste à l'avenir.

Il y a heureusement une certaine continuité dans les technologies.

L'intégrité des colis et des conteneurs fait appel aux différents systèmes de contrôle d'accès et d'anti-intrusion, ainsi que des détecteurs d'évolutions anormales de températures ou des chocs qu'auraient subis certaines unités de transport. Dans un but de sûreté des transports maritimes, plusieurs expérimentations sont en cours pour tester des procédés de scellement électronique de conteneurs. La logistique utilise pour le suivi des objets individuels les techniques d'identification automatique. Au contraire du code à barres qui est limité en quantité d'information, les étiquettes électroniques peuvent contenir autant de données qu'on le souhaite. Des applications se développent dans le domaine médical et pour la gestion de composants électroniques mais aussi pour les articles du luxe et du prêt-à-porter.

Du point de vue des systèmes d'information, il faudra non seulement fournir au transporteur la localisation de son véhicule, mais aussi lui permettre d'indiquer au chargeur où est sa marchandise et éventuellement une prévision sur la suite du déroulement de la chaîne, principalement l'heure estimée d'arrivée (Estimated Time of Arrival [ETA]) au port ou à destination. Ceci n'est possible que si le transporteur intègre la gestion de la flotte avec d'autres éléments comme les temps de travail, les prévisions de trafic, les contraintes horaires des plateformes de fret et des entrepôts, etc. La nécessité des échanges entre les différents acteurs de la chaîne apparaît clairement. Des services permettent aux entreprises qui ne peuvent pas developper elles-mêmes ces fonctions de les assurer par l'intermédiaire d'un prestataire externe, fournisseur de solutions.
Il est en tout cas impossible aujourd'hui de concevoir une architecture pour les systèmes d'information dans les transports sans y inclure

d'une certaine manière les activités logistiques. L'un des objectifs aujourd'hui est de faire le lien entre les systèmes de transport intelligents et ceux du commerce électronique (architecture technique, processus commerciaux, dictionnaire de données élémentaires et dématérialisation des documents).

Section 3 : Le Guichet unique du commerce et des transports (GUECT)

C'est dans les ports maritimes que l'on a pris conscience en premier de l'intérêt d'échanger des informations standardisées pour que les opérations de manutention et de routage se déroulent rapidement et sans erreur. Depuis une trentaine d'années se sont constitués des systèmes d'information portuaires qui fournissent aux différents intervenants d'une place portuaire des moyens de dialogue organisés. En Afrique de l'Ouest, on a pu constater la convergence des systèmes d'information portuaire.

Dans la compétition entre les grands ports, la qualité de ces systèmes joue maintenant un rôle important. Le renforcement des exigences de sûreté conduit en outre à des procédures de reconnaissance de la fiabilité de ces systèmes au niveau international. Les enjeux actuels se situent dans la continuité entre les systèmes de place portuaire et les chaînes terrestres amont et aval, avec pour objectif la dématérialisation des documents et le développement des télé-procédures entre les entreprises et les administrations (douanes, contrôles vétérinaires et matières dangereuses).

Pour les pays enclavés, comme le Mali, il est primordial d'avoir des systèmes facilitant le transit des marchandises sur la chaîne d'approvisionnement complète. En effet, les opérateurs économiques sont contraints de fournir de nombreux documents et informations pour réaliser les opérations d'importation et d'exportation. Ces multiples formalités constituent une charge pour les pouvoirs publics et les milieux des affaires en termes de coût et de temps dans les opérations du commerce extérieur.
Les objectifs du Guichet pour faciliter les échanges commerciaux sont les suivants :

- rassembler les acteurs publics (principalement la douane) et privés (importateurs, commissionnaires agréés en douane et agents de fret) du commerce sur une même plateforme ;
- simplifier et automatiser les procédures et les formalités, interconnecter les systèmes d'information des parties prenantes, afin d'accélérer le contrôle et la transmission des données entre les acteurs ;
- dématérialiser les procédures du commerce et du transport.

Expert international de haut niveau, Professeur Eric Louette, a enseigné à l'ENA de Bamako (ex-ENA).

TITRE VIII :
LE TRANSPORT URBAIN OU COLLECTIF DANS LE DISTRICT DE BAMAKO

CHAPITRE I : LA PROBLÉMATIQUE DE LA MOBILITÉ URBAINE DANS LE DISTRICT DE BAMAKO

La ville de Bamako, avec son système de transport urbain, constitue un cas intéressant, voire un cas d'école. Aujourd'hui, circuler dans le district de Bamako relève de l'aventure, un casse-tête comme un perpétuel puzzle.

Parmi les capitales d'Afrique de l'Ouest, le district de Bamako s'est toujours distingué par un système de transport collectif au sein duquel les entreprises structurées n'ont jamais pu survivre durablement. L'offre de transport en commun relève principalement d'un grand nombre de petites entreprises avec des propriétaires possédant dans la majorité des cas un seul véhicule.

Le système de transport collectif est en vérité contrôlé de fait par le syndicat des chauffeurs et propriétaires non chauffeurs à la recherche de complément de « revenus ».
Par ailleurs, il faut souligner que les syndicats des chauffeurs sont les « burgraves » (les princes) du monde des transports d'autrui (transports publics).

Ils font usurpation voire un rapt des prérogatives des pouvoirs publics. Bamako est un cas spécial comparativement à d'autres villes d'Afrique de l'Ouest, étant entendu que le secteur artisanal occupe une place de choix et, à cet égard, la prépondérance du système artisanal est manifeste. De plus, de l'indépendance à nos jours, un secteur artisanal inorganisé coexiste avec un secteur public et privé.

Section 1 : Les principales causes du dysfonctionnement et de l'échec répété des sociétés de transport

Le système actuel de transport collectif se distingue par sa facilité d'accès et son organisation délaissée par les pouvoirs publics, c'est-à-dire « l'autorité régulatrice » au profit des associations de chauffeurs.
Les conditions d'accès à la profession ne sont nullement contraignantes, autrement dit totalement libres, et n'obéissent à aucun critère de professionnalisme ou de compétence ni de saturation de

ligne à prendre en compte. Il suffit d'avoir un véhicule approprié, de payer les taxes et d'avoir un chauffeur disposé à conduire le véhicule.

En vérité, les transporteurs ne sont pas réellement des professionnels du secteur. Ils sont dans leur grande majorité des commerçants, des salariés de l'État ou du secteur privé ou encore des mécaniciens ou garagistes. L'investissement dans le domaine se justifie, dans le plus grand nombre des cas, par le placement d'une épargne dans le but d'acquérir un revenu supplémentaire. On y trouve rarement un prêt bancaire à l'origine de l'investissement.

L'accès à la profession est libre voire « désinvolte ». Il n'y a pas de limite à la délivrance de la carte de transport ou de la carte de stationnement. Tout véhicule répondant aux normes de gabarit et peint en vert ou en jaune et admis au contrôle technique peut faire du transport public. Toutefois, il faut s'adresser au comité de gestion (syndicat de chauffeurs) pour « intégrer une ligne ».

Les propriétaires confient les véhicules aux chauffeurs qui leurs versent un montant quotidien appelé « recette ». À cet effet, ils n'apportent aucune valeur ajoutée dans l'organisation du secteur. Par ailleurs, les mototaxis et les tricycles sont une offre récente autorisée par la mairie du District, en dépit de la forte réticence des experts de la direction des transports. L'apparition des mototaxis et tricycles dans le paysage urbain vient alourdir, voire engourdir le fonctionnement et la régulation du système de transport. À cet effet, nous pouvons conclure que le professionnalisme (en matière de transport collectif) n'est pas la qualité principale dans le district de Bamako. Il a existé des sociétés de transport structurées en dépit de leur déficit. Par exemples, Transport urbain de Bamako (TUB) dans les années 1960, Bamabus, Tababus, les années 1990.

Sur un tout autre registre, le fonctionnement du système est plombé par une absence de culture, de billetterie, un receveur assis à l'entrée, sortie de passagers est chargé de négocier et de recouvrer les montants payés par les passagers et de les remettre au chauffeur à l'arrivée du terminus. Une autre particularité du système est le non-respect des arrêts fixes pour l'embarquement et le débarquement des passagers. Les arrêts au pifomètre se font à la demande des clients, ce qui fait perdre considérablement de temps sur le parcours et provoque souvent des collisions avec les deux roues. Dès qu'un chauffeur aperçoit un client au bord de la route, il s'arrête pour le prendre avant qu'un autre minibus qui le suit ne le fasse.

L'étude Sitrass a recueilli l'avis des chauffeurs sur cette pratique d'arrêt à la demande. Pour certains d'entre eux, établir ces points d'arrêts fixes le long des lignes réduit les encombrements et les risques d'accidents aux arrêts fixes, mais pour d'autres il permet d'avoir plus de clients.

Section 2 : Recommandations et suggestions

Changeons de paradigme pour faire face aux déséquilibres et montrons une possibilité de réexaminer les dogmes.
Plusieurs projets de modernisation de transports collectifs ont été initiés ces dernières années, mais aucun ne semblent trouver un dénouement concret. Le plus souvent ces projets ont été présentés par un investisseur potentiel qui a fini par abandonner pour des raisons diverses. Ces projets ont tous l'avantage d'inclure un volet de bus de grande capacité permettant de résoudre le problème du confort et de l'insuffisance de l'offre aux heures de pointes.

Faire de la relance de ces projets une des missions prioritaires de l'autorité organisatrice dont la création est suggérée.

- Suggestions :

L'intermodalité serait le meilleur remède à la problématique de la mobilité urbaine dans le district de Bamako. À cet effet, il ne faudrait plus se focaliser absolument sur le réseau routier. Permettre l'utilisation d'au moins deux modes de transports intégrés dans la chaîne de déplacement. Des exemples récents sont édifiants dans la sous-région et ont connu probablement un succès manifeste. Aussi existent présentement les grands trains du Sénégal. Le projet de métro de la ville d'Abidjan est en chantier. Le train express régional (TER) sénégalais (Dakar) dont l'exploitation commerciale a débuté le 18 janvier 2022, a transporté plus de seize (16) millions de voyageurs, générant plus de treize (13) milliards de francs CFA de recettes (journal indépendant n°5622 du jeudi 29 décembre 2022). De la même manière, semblablement, Lagos vient d'inaugurer son train urbain pour réduire ses bouchons.

Par ailleurs, le projet de création de tramway dans le district de Bamako a fait long feu, ça été une passade, une bluette.
Au regard nécessairement critique des causes principales du mal fonctionnement, l'échec récurrent des sociétés de transport, des pistes de solutions sont préconisées par l'adoption du décret n°2020-0096/P-RM du 19 février 2020 fixant les modalités d'application de la loi régissant la profession de transporteur routier. Cette réforme est destinée à mettre fin au laisser-faire et décrète de relever les défis redoutables pour une résolution durable de toutes ces traverses.

Ledit décret privilégie dans le domaine des transports publics ou collectifs le professionnalisme qui fera émerger à cet effet des sociétés de transport structurées issues de prêt bancaire à l'origine auprès des banques d'investissement. Cette réforme pourrait mettre fin aux imperfections des pratiques antérieures, ce qui permettrait de faire face aux disharmonies actuelles.

Parmi les dispositions du nouveau texte, beaucoup plus originales, des aspects essentiels sont abordés avec une clarté approfondie. Il s'agit entre autres des dispositions relatives aux conditions d'exercice de la profession de transporteur routier, la capacité professionnelle et aux catégories d'agrément de transporteur routier.

Pour conclure, nous pouvons affirmer, tout en se gardant de tout excès d'optimisme, que ledit décret apparaît novateur et équilibré.
Ce texte pourrait apparaître comme une étape utile dans la résolution de la problématique du transport urbain ou collectif notamment dans le district de Bamako.

Aujourd'hui, dans l'état actuel des choses, le bilan au cœur de la politique de la mobilité urbaine dans le district de Bamako est atterrant.
Les Bamakois capitalement périphériques et mal reliés à la ville dépendent essentiellement de leurs voitures.
Leurs véhicules sont considérés comme un outil de travail, un symbole d'autonomie comme ceux qui nous relient aux commerces,

aux loisirs, aux hôpitaux, aux administrations et aux sociaux, c'est-à-dire notre lien avec le monde réel.
À cet effet, les exemples de pistes de solution avérés à la manière de certains pays voisins, autour de nous, nous permettraient de rattraper le temps perdu.

La mobilité urbaine dans le district de Bamako a pris le coup d'un choc psychologique intense : embouteillages, accidents graves de circulation, voire une insécurité grandissante et indescriptible.
Il faudrait prendre le bon risque de se réinventer dans un système ambitieux et novateur afin de prévenir un chaos d'ici l'horizon 2050.
Il s'agirait de planifier et de configurer une politique de mobilité urbaine plus durable.

TITRE IX :
LES PROFESSIONS AUXILIAIRES ET INTERMÉDIAIRES DES TRANSPORTS

CHAPITRE I :
LES AUXILIAIRES ET LES PROFESSIONS INTERMÉDIAIRES DES TRANSPORTS

Section 1 : Les auxiliaires de transport

Ici, il s'agit de présenter les contrats des intermédiaires et auxiliaires de transport, transitaire, commissionnaire, représentant en douane, manutentionnaires, loueurs, et de clarifier ainsi les différents métiers de la chaîne des transports.
En outre, le déplacement peut s'effectuer au moyen de plusieurs transporteurs, de différents modes de transports, nécessitant parfois des ruptures de charges, de la manutention et des moments de stockage. Bref, le passage des points de frontière impose l'accomplissement des formalités administratives particulières.

§ 1. Le transitaire

Toute importation de marchandises ou de véhicules ou tout autre s'accompagne, à l'entrée ou à la sortie, de formalités administratives et douanières que l'importateur ou l'exportateur est rarement à même d'accomplir personnellement. C'est là qu'un intermédiaire spécialisé entre en lice, sous la dénomination juridique du transitaire. Le transitaire opère à la charnière de deux transports. Le transitaire est une interface qui assure la liaison entre deux modes de transport en conformité avec les instructions qu'il a reçues ; s'il se limite à ce rôle, il n'est juridiquement qu'un simple mandataire, tenu en laisse.

Les services qu'un transitaire sérieux, bon père de famille, peut rendre à son client, importateur ou exportateur, peuvent se résumer comme suit :

- il recherche et offre les meilleures conditions de transport ;
- il le conseille sur la meilleure façon d'organiser le transport ;
- il le renseigne, le cas échéant, sur les formalités exigées par les différentes administrations. Étant généralement commissionnaire en douane, il assure lui-même ces formalités (visas, domiciliations et dédouanement), et il intervient, s'il y a lieu, pour aplanir les difficultés qui pourraient se présenter ;

- il réceptionne les marchandises au port ou au point frontière et, en cas de perte ou d'avarie, il réserve les droits de son client contre le transporteur ;
- il assure l'entreposage et la réexpédition des marchandises dans les meilleures conditions de prix et de délai.

En matière de responsabilité, le transitaire n'est pas garant de la bonne fin du transport.
Sa responsabilité n'est engagée que s'il commet une faute personnelle dans l'accomplissement de son mandat (René Rodière, *Traité général de droit maritime*, t. III, n°919).

La faute lourde du transitaire

Une jurisprudence nous édifie largement sur la faute lourde du transitaire, c'est-à-dire s'il accomplit un acte regrettable ou répréhensible « faute personnelle » dans l'exercice de ses fonctions.
Constitue une telle faute le fait par le transitaire d'avoir loué un engin, qui ne comportait pas les équipements nécessaires, eu égard à la charge à manutentionner, et laissé le conducteur de cet engin opéré seul, sans aide ni instruction (CA Paris, 3 février 1976, BT 1976, p. 188).

« Ainsi a été déclaré coupable d'une faute lourde le transitaire qui avait remis les marchandises à une compagnie aérienne autre que celle imposée par le client. La faute lourde a aussi été retenue contre le transitaire ayant tardé à transmettre un document relatif au contrôle sanitaire, et le document était arrivé à une journée de retard. Les juges ont estimé qu'il y avait eu dépréciation de la marchandise. Dans certains cas, le transitaire refuse d'exécuter les instructions, lorsqu'il estime que l'exécution des instructions est impossible. Le transitaire doit à cet effet en rendre compte à son mandant, car il commet une faute lourde s'il expédie la marchandise selon sa propre inspiration. »
Les tribunaux estiment que le transitaire doit exécuter purement et simplement, car il n'a pas qualité pour apprécier le bien-fondé ou l'opportunité de la demande.

§ 2. Le commissionnaire de transport

Le commissionnaire de transport est celui qui se charge de faire exécuter un transport de marchandises en ayant libre choix des voies et moyens à utiliser dans ce but.
L'expression « commissionnaire de transport » est généralement employée et à tort pour qualifier indifféremment tout intermédiaire qui participe de près ou de loin à l'exécution du transport.

Le commissionnaire de transport ne doit être confondu avec le transporteur (voiturier) qui exécute lui-même le transport, ni avec le simple mandataire dont la mission est délimitée par les termes de son mandat, ni avec le courtier dont le rôle se borne à rapprocher l'expéditeur et le transporteur.
La distinction mérite d'être soulignée, car elle se traduit par des conséquences juridiques importantes. C'est ainsi que le commissionnaire de transport ne peut comme le transporteur invoquer la fin de non-recevoir de l'article 105 du code de commerce.
Un arrêt de la cour d'appel de Lyon du 12 novembre 1951 (BT 1952, p. 429) donne du commissionnaire de transport la définition suivante : « À l'opposé du courtier qui se borne de rapprocher les parties en vue de la conclusion d'un contrat auquel il demeurera étranger, le commissionnaire passe lui-même le contrat et, s'il agit pour le compte de son client, il traite cependant en son propre nom ; là est sa caractéristique essentielle. »

§3. Le commissionnaire agrée en douane

A) La qualité juridique du commissionnaire agrée en douane :
Bases réglementaires
Arrêté du 22 décembre 1998 relatif aux personnes habilitées à déclarer les marchandises en détails et à l'exercice de la profession de commissionnaire agréé en douane ;
Arrêté du 13 avril 2016, relatif à la représentation en douane et à l'enregistrement des représentants en douane ; circulaire du 14 juin 2018 relative aux modalités d'enregistrement et de suivi des représentants en douane enregistrés.

D'un point de vue juridique, le commissionnaire agrée en douane revêt la qualité de mandataire et la profession d'accomplir pour autrui les formalités de douane. À cet effet, la jurisprudence ne laisse planer aucun doute à cet égard « c'est en tant que commissionnaire agrée en douane et donc en tant que mandataire de son client » (CA Nancy 26 février 1987, M. Schneider c/ Mory Lexis).
Pour exercer la profession de commissionnaire en douane, il faut être immatriculé auprès de la direction générale des Douanes et Droits indirects.

Le commissionnaire en douane agréé anticipe et aplanit les difficultés qui pourraient se présenter au commerce de la marchandise en question. Les clients du commissionnaire en douane se voient ainsi décharger des questions de réglementation. Le professionnel a un rôle de conseil d'assistance à ses clients, afin de faciliter l'exportation et/ou l'importation de la marchandise échangée.

B) Les missions du commissionnaire agréé en douane

Dans le cadre de ses fonctions, le commissionnaire agréé en douane offre une prestation à son client. Celle-ci consiste notamment à :

- affréter des marchandises par la route, par la mer, par les airs ou de façon multimodale ;
- organiser logistiquement (ou physiquement) le transport de la marchandise ;
- utiliser les services idoines pour assurer la légalité du transport ;
- gérer les formalités et les opérations de manutention ;
- rédiger et obtenir les documents nécessaires : déclaration et présentation de marchandises ;
- dispenser les conseils dont le client pourrait avoir besoin.

Le commissionnaire agréé en douane : mandat direct ou indirect

a- Il faut distinguer deux façons d'accomplir les formalités douanières :

- le mandat direct en douane : le commissionnaire en douane effectue les opérations de dédouanement au nom et pour le compte d'autrui ;

- le mandat indirect en douane : le commissionnaire en douane gère, dans ce cas, les opérations en son propre nom malgré le fait qu'il réalise cette prestation pour le compte d'un client.

Section 2 : Distinction entre transitaire et commissionnaire de transport

§ 1. Distinction selon leurs missions

Le commissionnaire de transport ne doit être confondu avec le transporteur, qui exécute lui-même le transport ni avec le transitaire dont la mission est délimitée par les termes de son mandat.
À propos du commissionnaire de transport, il ressort parfaitement du sommaire d'un arrêt de la cour d'appel de Paris du 4 mai 1953 (GPL 1953, tables 2e Som.).
« *Il a l'initiative d'organiser de bout en bout, et sous sa propre responsabilité, toutes les opérations relatives au transport, et il est garant de toutes les pertes ou avaries survenues aux marchandises.* »
Le transitaire, en revanche, a seulement pour mission de recevoir les marchandises, de les entreposer et s'il y a lieu de les réexpédier.
Il est responsable que s'il commet une faute personnelle dans l'accomplissement du mandat limité par lui reçu de l'expéditeur.
Dès lors n'est pas commissionnaire de transport, mais simple transitaire, celui qui reçoit l'unique mission de prendre livraison des marchandises entre les mains de l'expéditeur et de les charger à bord du navire exportateur, après avoir délivré un certificat de réception.
« La différence entre le commissionnaire de transport et le transitaire tient au fait que le premier se charge complètement du transport de bout en bout en l'organisant à sa guise et sous sa responsabilité, tandis que le second n'a qu'une mission limitée de réception et de réexpédition des marchandises, au port et au point frontière, qu'il exécute en conformité des instructions de son mandant. »
Le commissionnaire organise le transport et le transitaire n'a qu'une mission limitée de réception et de réexpédition conformément aux missions qu'il reçoit. Autrement dit, il est tenu en laisse.
En revanche, le commissionnaire se charge d'organiser et de faire exécuter le transport de bout en bout (Cass. com, 19 et 26 février 1985), sur le terme organisé (CA Lyon, 3e chambre, 10 janvier 1980, Swissair c/ Gouterel et Flatin-Granet, inédit).

La distinction entre commissionnaire et transitaire débouche sur toute une série d'intérêts juridiques et pratiques.

a- Alors que le commissionnaire est garant de ses substitués parce qu'il les a choisis et qu'il supporte en outre une lourde présomption de responsabilité tandis que le transitaire ne répond que de sa faute personnelle prouvée.

b- La prescription annale de l'article 108 du code de commerce (français) s'applique à l'action contre le commissionnaire, alors que l'action contre le transitaire relève de la prescription de droit commun, soit 10 ans (Trib. com. Paris, 1er octobre 1980, BT 1980, p. 616)

c- Le transitaire ne bénéficie pas du privilège étendu que l'article 95 du code de commerce confère au commissionnaire de transport.

d- Contrairement à certaines activités du commissionnaire (groupage et affrètement routier, entre autres), la profession de transitaire ne tombe pas sous le coup de la coordination des transports et peut être exercée sous autorisation administrative (sauf en ce qui concerne l'accomplissement des formalités en douane) (Lamy transport, n°3011, p. 62, 1986).

§ 2. Distinction selon leurs responsabilités

Une des obligations essentielles du commissionnaire est de « soigner » le transport et, par conséquent, d'agir en toutes circonstances au mieux des intérêts de son client (CA Paris, 15 décembre 1982 et 14 mai 1984, BT 1983, p. 29).

A) Obligation de résultat et présomption de responsabilité

Le terme « garant » dans la qualification du commissionnaire le prouve nettement : c'est une obligation de résultat, avec son corollaire naturel que constitue la présomption de responsabilité (les articles 97 et 99 du code de commerce français font peser sur le commissionnaire de transport).

En définitive, cela signifie que le commissionnaire, tenu de la bonne exécution du transport de bout en bout, va endosser automatiquement la responsabilité de tout ce qui sera constaté d'anormal à l'arrivée de la marchandise, ainsi que du retard à la livraison (CA Paris, 8 juin 1982, BT. 1982, p. 515). Dans le cas d'espèce, l'on retrouve ici les trois règles de base du mécanisme de la présomption de responsabilité (t. I, n°451, Lamy transport 1986) à savoir :

1- Le commettant n'a pas à prouver la faute du commissionnaire ou de ses substitués.
2- Pour se libérer, il ne suffit pas au commissionnaire de transport de démontrer que lui-même ou ses substitués n'ont pas commis de faute. On exige de lui une explication positive du dommage, et il doit établir de façon formelle que la perte, l'avarie ou le retard provient d'une des causes d'exonération que la loi lui accorde (n°s 30 49 à 30 53).
3- Le doute joue contre le commissionnaire. Sa responsabilité demeure engagée chaque fois qu'il ne va pas jusqu'au bout de la preuve formelle exigée de lui pour sa libération.

B) La double responsabilité du commissionnaire de transport

Garant de la réussite d'une opération qu'il fait pour l'essentiel exécuter par des tiers, le commissionnaire de transport assure une double responsabilité :

– d'une part, il répond de son propre fait dans les termes des articles 97 et 98 du code de commerce français (n°s 30 43 à 30 46, Lamy transport 1986) ;
– d'autre part, il répond du fait des transporteurs et autres intermédiaires auxquels il a eu recours pour l'exécution du transport dont il est chargé (n°s 30 41 à 30 42, p. 8, Lamy transport, Pierre Brunat et Opuscule, Pr Victor-Emmanuel Bokalli, agrégé des facultés de droit, professeur titulaire à l'université de Yaoundé-II).

Par ailleurs, le commissionnaire organisateur des transports a le libre choix des voies et moyens. La liberté et l'autonomie dans l'organisation sont les caractéristiques essentielles de la commission de transport.

Dans le même ordre d'idées, nous pouvons nous référer à une définition édifiante de la jurisprudence « qui est la convention par laquelle le commissionnaire s'engage envers le commettant à accomplir pour le compte de celui-ci les actes juridiques nécessaires au déplacement de la marchandise d'un lieu à un autre, et qui se caractérise par la latitude laissée au commissionnaire d'organiser librement le transport par les voies et moyens de son choix, sous son nom et sous sa responsabilité, ainsi que par le fait que cette convention porte sur le transport de bout en bout » (Cass. com, 16 février 1988 : Bull. civ. IV, n°75, p. 52).

Statut comparé du commissionnaire de transport et du transitaire

Missions	Organise en son propre nom un transport par les voies et moyens de son choix	Agent de liaison qui exécute au nom de son mandant les instructions qu'il a reçues
Profession	Activité réglementée : inscription au registre des commissionnaires de transport	Activité libre ne nécessitant aucune inscription spéciale
Régime juridique	C. civ. : art. 1101 et s. C. com : L. 132-1 à L. 132-6	Régime du contrat de mandat : C. civ., art. 1984 et s.
Responsabilité	À l'égard du commettant : Obligation de résultat. Responsabilité pour fait personnel et pour fait d'autrui	Il ne répond que de ses fautes personnelles prouvées
Exonération	Preuve d'un cas d'exonération (force majeure, vice propre ; faute de l'ayant droit) Validité des clauses limitatives	Aucune responsabilité en cas d'absence de faute

Rémunération	Prix librement convenu ; Facturation au forfait	Remboursement des avances plus honoraires d'intervention
Privilège	Privilège spécial sur les marchandises qu'il détient en garantie de ses créances sur son commettant (art. L. 132-2 C. com.)	Aucun privilège particulier sauf pour les frais engagés pour la conservation de la chose (C. civ., art. 2332) + droit de rétention du détenteur (art. 2286)
Prescription	Prescription 1 an (C. com., art. L. 133-6)	Droit commun : 5 ans (C. com., art. 110-4)

Source : Lamy transport 1986.

TITRE X :
LES AGENCES DE VOYAGES ET LES TOUR-OPÉRATEURS

CHAPITRE I :
LA RESPONSABILITÉ DES AGENCES DE VOYAGES, DES TOUR-OPÉRATEURS ET DES HANDLING

Section 1 : Cadre juridique général

La loi n°3-040/AN-RM du 30 décembre 2003 détermine les professions d'organisateurs de voyages et de séjours et de guide de tourisme.

Le décret n°04-124/P-RM du 21 avril 2004 fixe les conditions d'exercice des professions d'organisateurs de voyages et de séjours.

1- Définition

L'agence de voyages est une entreprise qui propose et vend des offres de voyage à ses clients. Elle joue le rôle d'intermédiaire entre les consommateurs et les différents prestataires de services présents sur le marché du tourisme : tour-opérateurs, compagnies aériennes, hôteliers, loueurs de voiture et assurances voyage.

Les agences de voyages, de par leur proximité avec le client, ont également un rôle de conseil. Elles avertissent et informent les consommateurs des formalités à accomplir avant tout voyage ou séjour à l'étranger, conseillent et établissent une offre personnalisée en fonction des attentes et désirs du client.

Qualité juridique de l'agence de voyages :
L'agence de voyages est un organisateur ou vendeur de voyages ou de séjours responsable de plein droit à l'égard de la bonne exécution des obligations résultant du contrat ; que ces obligations soient à exécuter par lui-même ou par d'autres prestataires de service, sans préjudice de son recours contre ceux-ci en cas de faute prouvée commise par eux. L'agence de voyages est tenue d'indemniser le préjudice subi par son client victime d'une chute dans l'escalier où il séjournait, dès lors que, responsable de plein droit de l'exécution des obligations résultant du contrat, il n'établit ni la faute de la victime, ni le fait imprévisible et irrésistible d'un tiers étranger à la fourniture des prestations contractuelles, ni en cas de force majeure. Par ailleurs, l'agence de voyages, lorsqu'elle se charge de fournir aux voyageurs un titre de

transport, contracte l'obligation d'assurer l'efficacité du titre ainsi délivré. La responsabilité de l'agence de voyages qui se borne à délivrer des titres de transport ne peut être engagée qu'en cas de faute prouvée. Toutefois, un distinguo peut se faire généralement de la façon suivante :
« Agence de voyages » pour les agences distributrices de séjours auprès de la clientèle et « tour-opérateur (ou voyagiste) », professionnel assemblant différentes prestations fournies par des prestataires.

2- Définition du tour-opérateur et voyagiste
« Un tour-opérateur » (de l'anglais *tour operator*) ou (voyagiste) est un organisme chargé d'assembler plusieurs prestations de ses fournisseurs (compagnies aériennes, hôteliers, autocaristes, restaurateurs et guides) et de les vendre à un prix tout compris, c'est-à-dire un « forfait » ou « package ».

Il réunit les prestations qu'il achète à prix négociés en négociant lui-même ou par l'intermédiaire d'agences réceptives (agences de voyages sur place) et anticipe la demande de la clientèle en proposant ses offres de forfaits en brochure.

3- Conclusion
L'avenir des agences de voyages traditionnelles est bouleversé par l'apparition de l'internet. Le réceptif (agence qui prend en charge les clients des tour-opérateurs localement) gagne une place nouvelle, il peut établir une relation directe avec les voyageurs, produire et commercialiser de façon autonome, sans intermédiaire et donc moins chers. Cette avancée technologique s'explique notamment par l'augmentation des ventes de dernière minute, voire de dernière seconde, qui rend impossible la réservation et donc la vente d'un produit packagé comme ceux proposés par les tour-opérateurs.

Section 2 : L'agent de handling

1) Définition

Un agent de handling est un prestataire de service qui procède aux chargements et aux déchargements des marchandises, à l'avitaillement d'un avion et assiste au déplacement des aéronefs sur l'aérodrome. Son intervention est nécessaire des lors que le transporteur ne possède pas sa propre équipe dans l'aéroport.
Par ailleurs, l'agent handling couvre tous les services rendus aux avions depuis leur arrivée jusqu'à leur départ ainsi que l'assistance et la prise en charge des passagers.

Les transporteurs aériens ont habituellement recours à des entreprises spécialisées pour assurer, en amont et en aval du transport, les opérations juridiques et matérielles de réception, entreposage, manutention et dédouanement des marchandises. Il arrive même que ce rôle soit assuré par d'autres compagnies aériennes (Cour de justice de Genève, 30 octobre 1986).

Il y a lieu de souligner que Swissair est l'agent de handling pour toutes les compagnies étrangères à Genève. À noter que ce rôle « monopolistique » de certaines compagnies fait actuellement l'objet d'une plainte devant la commission de Bruxelles (Lamy transport 1998, t. 2, n°1066).

Par ailleurs, la détermination de la nature du contrat de handling est particulièrement complexe.
Il est mandat c'est-à-dire mandataire s'il s'agit d'actes juridiques pour le compte du transporteur, contrat d'entreprise pour les « prestataires de service », dépôt si la mission se borne à l'entreposage.
L'agent handling est souvent considéré comme mandataire par les tribunaux. En tant que tel, il se doit de préserver le recours du transporteur (Lamy transport 1998, t. 2, n°1066).

TITRE XI :
LES PLATEFORMES LOGISTIQUES, SUPPORT DES ACTIVITÉS PRINCIPALES : LES ENTREPÔTS ET PORTS SECS

CHAPITRE I : CONCEPT DES PLATEFORMES LOGISTIQUES ET CONTRAT D'ENTREPRISE

L'univers de la logistique est la capacité d'une structure à répondre correctement aux besoins de ses clients. Il s'agirait de préoccupations diverses en fonction de leurs offres et services. La logistique peut être définie comme étant la démarche par laquelle une entreprise met en œuvre plusieurs leviers afin d'assurer le transit, le stockage, le conditionnement ainsi que la livraison des marchandises au destinataire final. À cet effet, quels sont les différents types de logistique ?

Rôle et statut de l'entreprise de manutention :

L'entreprise de manutention, appelée dans certains ports « acconiers » ou *« stevedore »*, opère un certain nombre d'opérations matérielles de manutention des marchandises. Son rôle consiste principalement dans les opérations de chargement et de déchargement, d'arrimage et de mise à quai ou en entrepôt. L'entreprise de manutention agit tantôt pour le compte du navire, tantôt pour celui du chargeur ou du destinataire.

L'entrepreneur de manutention est chargé de toutes les opérations qui réalisent la mise à bord et le débarquement des marchandises y compris des opérations de mise et de reprise sous hangar et sur terre-plein qui en sont le préalable ou la suite nécessaire (article 50 de la loi française n°66-420 du 18 juin 1966 sur les contrats d'affrètement et de transport maritime, *JO* 24 juin 1966).

Par ailleurs, on considérera l'opération de manutention comme formant l'objet d'un contrat spécifique, en particulier lorsque les parties à l'opération de transport ont entendu les dissocier ou à défaut comme un accessoire du contrat de transport. Ainsi, il y aura contrat de manutention lorsque le chargement d'un conteneur sur un véhicule est effectué par une entreprise distincte de l'expéditeur et du transporteur.

- Définition du contrat de manutention : il peut être défini comme celui pour lequel une entreprise indépendante s'engage à effectuer, à titre principal, les opérations matérielles nécessaires au chargement et/ou au déchargement d'une marchandise, précédées ou suivies de son stockage, moyennant le paiement d'un prix (BTL 1998, 454).

Section 1 : Contrat d'entreprise

Le contrat de manutention constitue en principe un contrat d'entreprise et se distingue du contrat de transport. En effet, la qualification de contrat d'entreprise englobe, de façon générale, tous les contrats ayant pour objet l'accomplissement, de manière non subordonnée, et à titre onéreux, d'une prestation spécifique mais pas nécessairement originale. Le contrat de manutention est ainsi soumis au régime de droit commun du contrat d'entreprise (C. civ. 1787S).
La Cour de cassation a considéré que la responsabilité du manutentionnaire était engagée de plein droit par la mauvaise exécution de ses prestations matérielles et que son obligation était donc une obligation de résultat (DMF 1998.373, Rapport Rémery et obs. P. Y. Nicolas, BTL 1998.124).
La mise en œuvre de sa responsabilité obéit aux règles de droit commun, et les actions découlant du contrat sont soumises à la prescription quinquennale.

Groupage : C'est une activité de commission de transport consistant à réunir en un lot unique des envois en provenance de plusieurs expéditeurs ou à l'adresse de plusieurs destinataires et à faire exécuter le transport du lot ainsi constitué par un transporteur public (Lamy SA, 1998).
Le régime de responsabilité de l'entrepreneur de manutention est identifiable à celui du transporteur maritime. Principalement tenu d'une obligation de résultat, l'entrepreneur n'est responsable que des dommages qui lui sont imputables.

L'entrepreneur de manutention sera responsable de plein droit des dommages subis par la marchandise qu'il a sous sa garde. L'entrepreneur de manutention versera à cet effet sa responsabilité limitée dans les mêmes conditions que le transporteur maritime ; toute action contre lui se prescrit pour un an.

§ 1. Les plateformes logistiques

Dans un passé récent, les usines produisaient et stockaient sur place pour ensuite tout envoyer chez le client final. Aujourd'hui, avec des volumes toujours plus importants, l'usine n'a pas ou n'a plus la capacité de stockage nécessaire des produits à la fin de la production. L'usine doit en raison de l'augmentation sans cesse de volume pouvoir travailler en flux tendu ou prévoir un entrepôt de stockage pour pouvoir entreposer sa production. Et encore mieux qu'un entrepôt, de nombreuses entreprises font maintenant appel aux plateformes logistiques. Ces plateformes offrent de nombreux avantages : pas de stockage, rapidité dans le traitement des flux et flexibilité. En conséquence, qu'est-ce qu'une plateforme logistique ? Comment fonctionne-t-elle ? Quelle est la différence entre un entrepôt et une plateforme logistique ? Quelle est la raison d'être d'une plateforme logistique ?

A) **Définition de la plateforme** :

- Concepts : une plateforme logistique est un bâtiment dans lequel les marchandises sont rassemblées avant leur prise en charge. Cet établissement diffère d'un entrepôt de stockage. Il est aménagé de manière à pouvoir accueillir tout type de produit de plusieurs fournisseurs sur une durée maximum de 24 heures.
- Autrement dit, la plateforme logistique est définie comme un lieu où convergent les colis qui proviennent de différents fournisseurs. La marchandise est déjà emballée, et les colis ne font que transiter. Ils passent directement de la plateforme de déchargement à la plateforme d'expédition. Et cela peut se faire uniquement par l'étiquetage. Les plateformes sont donc dans un flux logistique appelé *cross docking*. En effet, les colis sont redirigés plus facilement d'une plateforme à une autre, et cela permet d'améliorer la gestion globale des flux logistiques. Cette méthode permet aussi de supprimer la préparation de la commande.

B) **Fonctionnement de la plateforme logistique** :

À la faveur de leur étiquetage, les colis sont rapidement identifiés pour être réexpédiés le jour ou le lendemain de leur arrivée. Sur la plateforme logistique, les colis ne restent pas plus de 24 heures, ce qui est extrêmement rapide. Une plateforme n'aura pas de support de stockage, les marchandises restent sur le quai de chargement/déchargement dans l'attente de leur prise en charge et de leur réexpédition. Ce système est particulièrement utilisé pour la livraison de colis urgents et il n'y a donc aucun stockage. Les plateformes logistiques se différencient à cet effet des entrepôts pour cette raison. Ces plateformes logistiques peuvent être créées par une entreprise pour mieux gérer son flux de commande ou gérer directement par des entreprises spécialisées dans la logistique.

C) **Différence entre l'entrepôt et la plateforme** :

À la différence d'une plateforme logistique, l'entrepôt est un lieu dans lequel les marchandises sont stockées plus de 24 heures. Ces entrepôts sont munis d'étagères qu'on appelle aussi « Racks » pour le rangement des matières premières, des fournitures ou des produits finis. Ils sont ensuite conditionnés en format palettes ou colis. L'entrepôt logistique est un lieu de stockage qui accueille tout type de produits. Sa taille moyenne est d'environ 18 500 m². Il est notamment conçu pour :

- la réception et le contrôle du produit ;
- la mise en place des palettes dans la zone de stockage ;
- le traitement des marchandises conditionnées sur palettes, en cartons ou à l'unité ;
- le post-manufacturing : marchandises faisant l'objet d'étiquetage et d'emballage ;
- l'opération de chargement et de déchargement des produits.

Certains bâtiments logistiques sont conçus pour être d'un côté une zone d'entrepôt, et de l'autre côté une zone de plateforme logistique. Ce cas est courant par exemple dans la grande distribution : les produits alimentaires secs sont stockés et y sont envoyés au fur et à mesure du besoin du client, alors que les produits frais sont traités dans la partie plateforme logistique du bâtiment pour être livrés dans les meilleurs délais, tout en conservant la fraîcheur des produits.

D) **Intérêts de la plateforme logistique** :
En faisant appel à une plateforme logistique, on améliore certainement sans aucun doute la fluidité des flux de logistiques. À cet effet, vous traiterez rapidement un plus gros volume de commandes et vous pouvez livrer aux clients dans un délai conséquent, à cette fin vous améliorez votre productivité en dégageant de meilleurs profits.

Section 2 : Les entrepôts et ports secs

Au Mali, le régime de l'entrepôt est réglementé par l'arrêté n°09-3015/MEF-SG du 19 octobre 2009, déterminant les conditions d'application du régime de l'entrepôt.

§ 1. Les entrepôts

Définition générale :
Bâtiment, emplacement servant d'abri, de lieu de dépôt pour les marchandises. Une interface entre fournisseur et entreprise. Une interface entre l'entreprise et le client. Autrement, un entrepôt d'un bâtiment logistique destiné au stockage et à la distribution des biens. Les entrepôts sont utilisés par les industriels, les entreprises d'import-export, les grossistes, les transporteurs et les douanes. Selon le manuel de gestion portuaire de la CNUCED, « il sert de stock tampon entre le déchargement des navires et la livraison des marchandises, et entre la réception des marchandises et le chargement des navires ».

A) **Les catégories d'entrepôts** :
- À l'importation, le groupe des entrepôts de stockage comprend quatre (4) catégories d'entrepôts :
  - l'entrepôt public ;
  - l'entrepôt privé banal ;
  - l'entrepôt privé particulier ;
  - l'entrepôt spécial.

Ces entrepôts peuvent recevoir, dans les conditions déterminées, soit des marchandises d'origine étrangère (entrepôts d'importation), soit des marchandises provenant du marché intérieur destinées à être exportées (entrepôts d'exportation).

L'entrepôt à régime national permet de bénéficier par anticipation des exonérations fiscales accordées à l'exportation.

Entrepôt public :

C'est un entrepôt d'importation destiné à recevoir des marchandises d'origine étrangère.

L'entrepôt public peut être établi partout où l'exige l'importance du trafic et l'intérêt général, notamment dans les ports et les grands centres commerciaux ou industriels des différentes régions économiques.

- Délai de séjour en entrepôt public

Le délai de séjour des marchandises en entrepôt public s'effectue selon la réglementation des pays. À l'expiration de ce délai, les marchandises restant en entrepôt sont traitées conformément aux dispositions prévues par les pays (Lamy transport 1986).

Il est stipulé généralement qu'à l'expiration du délai les marchandises doivent aussitôt être évacuées de ces entrepôts pour toutes destinations autorisées ; à défaut, sommation est faite à l'entrepositaire d'avoir à satisfaire à cette obligation, étant entendu que les marchandises non évacuées peuvent être vendues d'office aux enchères publiques par l'administration des douanes (Lamy transport 1986).

Entrepôt privé banal :

L'entrepôt banal a le statut d'entrepôt privé ; en ce sens, il est autorisé par simple décision administrative, par opposition à l'entrepôt public qui est concédé par arrêté. Il s'agit en quelque sorte d'un complément ou d'un substitut de l'entrepôt public destiné à répondre, suivant une formule plus simple et moins onéreuse, à des besoins plus limités. L'entrepôt banal est ouvert à toute personne, c'est-à-dire sans aucune condition d'appartenance à une clientèle déterminée.

L'implantation géographique de l'entrepôt privé banal sera fonction des nécessités du commerce et des possibilités de contrôle de service des douanes. Il pourrait être installé en tous points du territoire où la concentration du trafic le rendra nécessaire, et en particulier là où l'entrepôt public ne se justifie pas ou, s'il existe, ne répond pas à tous les impératifs commerciaux (Lamy transport 1986).

L'entrepôt privé particulier :

L'entrepôt privé particulier succède à l'entrepôt fictif, dont il conserve les caractères généraux traditionnels, mais sous une forme sensiblement assouplie.
Quant à la nature des marchandises, admissibles et quant à sa situation géographique : il est en effet applicable à un plus grand nombre de marchandises, et son implantation territoriale est étendue.
L'entrepôt particulier peut être autorisé en tous points du territoire où les nécessités du commerce ou de l'industrie le rendent indispensable (Lamy transport 1986).

Entrepôt fictif :
L'entrepôt fictif est le lieu où l'on met des marchandises en dépôt (en particulier).
Lieu où les marchandises peuvent être déposées jusqu'à ce qu'on les exporte ou qu'on en acquitte les droits. L'entrepôt réel est le magasin public. L'entrepôt fictif est le magasin privé où l'on entrepose des marchandises (Lamy transport 1986).

L'entrepôt spécial :
Il peut être autorisé en tous points du territoire où les besoins du commerce ou de l'industrie le rendent nécessaire.
Il peut être :
- banal : lorsqu'il est ouvert à tous entrepositaires sans contrat d'appartenance à une clientèle déterminée ;
- particulier : quand il ne doit recevoir de façon générale que des marchandises importées par le bénéficiaire de l'entrepôt.

Qu'il soit banal ou particulier, il est obligatoirement rattaché à un bureau de douane de rattachement où sont accomplies toutes les formalités d'entrée et de sortie des marchandises (Lamy 1986).

L'entrepôt d'exportation :
Les produits pris sur le marché intérieur peuvent être constitués en entrepôt de douane, en vue de leur exportation ultérieure. Lorsque lesdits produits sont en entrepôt, ils sont déjà considérés juridiquement comme exportés. En conséquence, ce régime permet d'obtenir le bénéfice total ou partiel des avantages habituellement accordés au moment de l'exportation effective, par exemple : paiement d'une restitution et décharge de taxe à caractère fiscal.

B) Les entrepôts maliens dans les ports voisins

Au plan institutionnel, la législation malienne a subi une remarquable évolution, alors même qu'elle n'a pas de tradition maritime.

La politique malienne des transports maritimes, centrée sur la diversification de ses voies d'accès à la mer, envisage de réaliser davantage des liaisons permanentes avec les pays voisins à façade maritime. Pour mener à bien sa politique de désenclavement, le Mali a entrepris de varier ses voies de communications maritimes, ce qui s'est traduit par la signature d'accords bilatéraux de transit et de transport maritimes avec les pays voisins côtiers.

Les entrepôts maliens au Sénégal (EMASE) en Côte d'Ivoire (EMACI), au Togo (EMATO), en Guinée (EMAGUI), en Mauritanie (EMAMAU), au Ghana (EMAGHA) et au Bénin (EMABE) sont des zones franches, c'est-à-dire dans lesquelles ne s'appliquent pas les droits et taxes sur les marchandises en transit. Ils gèrent l'entreposage et le stockage des produits à destination et en provenance du Mali, en faisant bénéficier les opérateurs économiques nationaux des tarifs préférentiels. Ils sont donc chargés de la gestion économique des capacités d'entreposage et assurent les intérêts du Mali auprès des autorités ivoirienne, sénégalaise, togolaise, béninoise, guinéenne, mauritanienne et ghanéenne. Ils organisent et répartissent les frets entre des transporteurs maliens, en leur qualité d'organismes publics étatiques, conformément aux directives et programmes arrêtés par la Direction nationale des transports terrestres, maritimes et fluviaux. D'une manière générale, le Mali est en passe de relever le défi d'une expérience a priori paradoxale pour un pays enclavé, situé à près de plus de 1 000 km de la mer.

Dans une large mesure, nous notons avec satisfaction la volonté des gouvernements maliens à faire du transport maritime un instrument privilégié d'élaboration et de mise en œuvre de sa politique de désenclavement : les accords bilatéraux entre pays sans littoral et pays côtiers.

Ces dits accords sont des accords de facilitation qui ont pour objectif fondamental d'aider les pays enclavés à surmonter leurs difficultés liées à l'éloignement de la mer. Les accords ont été signés entre un État sans littoral et un État côtier. On peut citer entre autres exemples :

- Le protocole d'accord de coopération entre la république du Mali et la république de Côte d'Ivoire en matière de transport et transit maritimes, fait à Abidjan le 13 janvier 1979.
- Accord de coopération entre la république du Mali et la république du Sénégal en matière de transport et de transit maritimes, fait à Dakar le 22 février 1990.
- Accord de coopération entre la république du Mali et la République togolaise en matière de transport et de transit maritimes, fait à Lomé le 26 août 1983.
- Accord de coopération entre la république du Mali et la république du Bénin en matière de transport et de transit maritimes, fait Cotonou, le 7 janvier 1983.
- Accord de coopération entre la république du Mali et la république de Mauritanie en matière de transport de transit maritimes, fait à Nouakchott, le 7 novembre 1989, ratifié par le décret n°00/036/PRM du 27 juin 2000.
- Accord de coopération entre la république du Mali et la république du Ghana en matière de transport et de transit maritimes, fait à Bamako, le 6 novembre 1986.
- Accord de coopération entre la république du Mali et la république de Guinée en matière de transport et de transit maritimes, fait à Conakry le 11 novembre 1987.

Une antenne des entrepôts maliens dans les ports de transit est créée au niveau de chacun des postes frontaliers situés dans les agglomérations ci-après :

- Zégoua pour les entrepôts maliens en Côte d'Ivoire (EMACI) ;
- Diboli pour les entrepôts maliens au Sénégal (EMASE) ;
- Kouri pour les entrepôts maliens au Togo (EMATO) ;
- Hèrèmakono pour les entrepôts maliens au Ghana (EMAGHA) ;
- Nara pour les entrepôts maliens en Mauritanie (EMAMAU) ;
- Kourémalé pour les entrepôts maliens en Guinée (EMAGUI).

Les antennes des entrepôts maliens aux postes frontaliers sont chargées de recueillir auprès des transporteurs qui n'ont pas accompli les formalités légales au niveau des entrepôts maliens dans le port de transit, les informations statistiques et d'assurer la perception sur ces transporteurs des frais des prestations des entrepôts (art. 1 et 2 de l'arrêté n°05-2193/MET-SG du 19 septembre 2005 portant création des antennes des entrepôts maliens dans le port de transit).

§ 2. Les ports secs

- Cadre général :

- Les mobiles de la création des ports secs

Les mutations profondes du commerce international, marquées entre autres par l'agrandissement de la taille des navires et le développement sans cesse de la conteneurisation, ont mis en évidence les limites des entrepôts maliens dans les ports de transit. Près de 80 à 90 % de nos marchandises transitent par les ports de nos voisins maritimes notamment le port de Dakar, dont l'engorgement des zones d'entreposage se traduit par le paiement de frais d'entreposage hors entrepôts maliens plus chers à nos opérateurs économiques.

1- Concept :

Un port sec, excroissance du port, un point avancé du port. Il a aussi pour mission d'accueillir le trop plein des ports maritimes et de servir de plaque tournante dans le processus d'intégration sous-régionale.
Une diversité des concepts nous ramène à de multiples acceptions. L'expression « port sec », aussi appelée parfois « port avancé », « port intérieur » ou « plateforme logistique multimodale » s'entend d'un lieu donné à l'intérieur des terres pour le groupage et la distribution des marchandises et connectées à un port maritime par voie routière, ferroviaire ou fluviale.

2- Objectifs d'un port sec :

De façon générale, le port sec et ses installations doivent permettre à un pays enclavé comme le Mali de rationaliser, de rentabiliser, de sécuriser le système d'approvisionnement et d'exportation et de répondre largement à la nouvelle fonction de port multifonctions.

- Objectifs macro-économiques :

Des incidences escomptées sur l'économie nationale sont entre autres :

- la régularité et l'accélération du circuit des importations et des exportations permettant une relance de l'économie par l'accroissement de la consommation ;
- la maîtrise du volume des échanges ainsi que la maîtrise des statistiques nationales qui constituent un outil stratégique de politique économique.

- Objectifs micro-économiques :

À ce titre, on peut noter :

- la disponibilité des intrants nécessaires pour l'économie ;
- la réduction des coûts et de la durée d'acheminement des produits à travers un pôle unique qui regroupe tous les intervenants ;
- une plus grande sécurité des marchandises par la mise en place des techniques et équipements appropriés pour les opérations physiques de manutention, de stockage et de livraison.

- Objectifs stratégiques :

La création d'un port sec permet :

- de disposer d'un circuit d'approvisionnement d'urgence efficace ;
- de constituer et de mobiliser rapidement un stock de sécurité (produits stratégiques comme les hydrocarbures, produits alimentaires, intrants industriels et autres produits) ;
- de contribuer à la lutte contre les fraudes fiscales à travers le mode de gestion de magasins cales ou sus douane ;
- le paiement des frais d'entreposage et de passage dans l'entrepôt aux opérateurs économiques nationaux.

B) Les fonctions et les avantages d'un port sec :

1) Les fonctions :

Un port sec est une étendue de terre aménagée et connectée à un port maritime par voie routière, ferroviaire ou fluviale pour le groupage et la distribution des marchandises. C'est une plateforme située en dehors de la zone portuaire.

Il fonctionne comme un centre de transbordement des cargaisons maritimes vers des destinations à l'intérieur des terres. En plus de leur rôle de transbordement des cargaisons, les ports secs peuvent aussi inclure des installations de stockage et de regroupement de

marchandises, des centres de maintenance pour les transporteurs routiers ou ferrés et des services de dédouanement. L'emplacement de ces installations au niveau d'un port sec permet de gagner des espaces pour le stockage et les services douaniers au niveau du port maritime lui-même.
Les missions d'un port maritime sont les mêmes que pourraient accomplir un port sec. Ce qui suppose la présence des installations pour :

- la manutention ;
- le stockage ;
- l'entreposage ;
- l'empotage et le dépotage ;
- l'entretien et la réparation des équipements.

On retrouve également dans le port sec un regroupement géographique des sociétés et d'organismes indépendants s'occupant du transport de marchandises tels que les transitaires, expéditeurs, transporteurs maritimes et terrestres, consignataires, conseils des chargeurs et de la fourniture de services connexes entre autres inspections douanières, services phytosanitaires et paiement des taxes.

2) Avantages du port sec :

Le port sec a pour vocation de désengorger la zone portuaire et ses artères.
Par ailleurs, dans les ports maritimes de congestion, l'état de saturation a un impact considérable sur le coût logistique quant à la durée d'attente des marchandises. À cet effet, le port réalise pleinement sa vocation de décongestionnement des agglomérations portuaires. Le port sec peut servir à stocker les conteneurs pleins, notamment s'ils ont pour objectif de partir où d'arriver à travers un corridor.
Le port sec, toujours dans une logique d'équilibre des flux, peut être assimilable à une plateforme spécialisée dans une matière première à l'export. Le port sec peut incarner alors un véritable port intérieur avec les mêmes missions qu'un terminal de bord à quai, la manutention verticale mise à part.
Le port sec améliore la connectivité entre les pays.
À la fois port et plateforme logistique, le vrai port sec englobe diverses compétences.

Il génère des externalités positives ; il a pour mission d'améliorer la connexion logistique avec les pays de l'hinterland, sachant que le coût pour déplacer un conteneur est estimé à deux (2) dollars le kilomètre. Le port sec permet de développer les échanges intra-africains et rend les économies moins dépendantes des chocs extérieurs.

- Description des opérations sur les ports secs :

Les marchandises arrivant en transit sont acheminées jusqu'au port sec sous le régime du transit douanier communautaire pour les échanges bilatéraux ou régionaux (TIF et TRIE), et sous le régime de transit international pour les échanges internationaux ; le port sec prend les marchandises en charge en vue de leur dédouanement et de leur mise en œuvre sur le marché malien, aussi de leur réexpédition par la voie routière, toujours sous le régime douanier ou après dédouanement selon le cas, vers d'autres destinations de la sous-région.

1) L'exportation :

Les marchandises sont réceptionnées, stockées et éventuellement conditionnées avant leur expédition à l'option des opérateurs :

- sur le régime douanier ;
- sur le moyen de transport et l'itinéraire.

Les conteneurs vides restés en stationnement sur le port sec après dépotage peuvent être :

- soit réexpédiés sans délai sur leur exploitant vers les ports maritimes ou vers d'autres dépôts ;
- soit rechargés de marchandises en attente dans les entrepôts sous douane du port sec.

Le port sec a une dimension stratégique. Il est un lieu de transit stratégique ; à l'extrémité et à la croisée des grands corridors qui relient les ports maritimes aux pays sans littoral et aux hinterlands nationaux pour le développement du commerce national et sous-régional.

Les ports secs contribuent au désenclavement de l'hinterland ouest-africain par l'activation, voire l'accélération d'une intense activité portuaire. Ces ports secs ambitionnent de faire du Mali le hub de la porte d'entrée de l'hinterland par la création de plusieurs ports secs à des points stratégiques de son territoire régional.

2) Les ports secs du Mali :

Ports secs à Kayes et à Sikasso, port sec à Ambidédi, à proximité de Kayes, port sec de Kati, la création d'un projet de construction du port sec à Narena et les Entrepôts du Sénégal au Mali (Ensema).

Ces terminaux intérieurs serviront de point de départ, de transit ou d'arrivée de flux de marchandises générées par le commerce international.

TITRE XII :
LE CADRE JURIDIQUE DES VENTES INTERNATIONALES : LES INCOTERMS ET LE CRÉDIT DOCUMENTAIRE

CHAPITRE I :
LES INCOTERMS

Depuis 1936, la Chambre de commerce internationale dont le siège est à Paris a établi une codification des règles d'interprétation des termes commerciaux, désignant des acronymes de trois lettres à l'instar des incontournables : Free on Board (FOB), coût, assurance et fret (CAF ou de l'anglais Cost, Insurance, and Freight (CIF) qui définissent les droits et obligations des parties au contrat de vente nationale ou internationale de marchandises.

Section 1 : Domaine des incoterms :

Destiné à résoudre bon nombre de problèmes résultant de la vente ou de l'achat à l'international, chaque incoterm détermine les obligations réciproques du vendeur et de l'acheteur en précisant :

- les conditions de livraison de la marchandise ;
- le moment du transfert des risques entre le vendeur et l'acheteur ;
- la répartition des frais entre le vendeur et l'acheteur ;
- les obligations tenant aux marchandises.

§ 1. Les obligations réciproques des parties et les caractéristiques

A) Les obligations réciproques du vendeur et de l'acheteur

Les obligations réciproques du vendeur et de l'acheteur se résument principalement comme suit :

- le vendeur doit fournir la marchandise conformément au contrat ;
- l'acheteur doit effectuer le paiement du prix de la marchandise.

Les règles générales de la vente CAF ont pour effet de transférer, à partir de l'embarquement, la propriété de la marchandise à l'acheteur qui supporte ainsi les risques du transport, mais elles ne dispensent pas le vendeur de son obligation de recourir aux mesures nécessaires à l'arrivée de la marchandise en bon état à destination. Le vendeur demeure donc responsable des dommages provenant de l'insuffisance d'emballage (Cass. civ., 16 févr. 1953, BT 1953, p. 489).

La vente CAF ou CIF :
La vente CAF fait peser sur le vendeur un certain nombre d'obligations, les unes concernant la marchandise, les autres relatives à l'embarquement et à l'assurance de la marchandise.

B) Les caractéristiques

La vente CAF ou CIF est une vente de marchandises dont la livraison s'effectue au port d'embarquement et dans laquelle le vendeur se charge, à ses frais, du transport et de l'assurance.

Nature :
Selon la jurisprudence et les doctrines dominantes, la vente CAF s'analyse en une vente de marchandises dans laquelle la propriété des marchandises est transférée au moment de la mise à bord à l'acquéreur aux risques duquel elles voyagent.

§ 2. Les transferts des transactions

Les transferts

1) Transfert de la propriété

Principe : En matière de vente CAF, il est de jurisprudence constante que le transfert de la propriété s'opère au moment de l'embarquement.

2) Transfert des risques

Principe : Les marchandises vendues CAF voyagent aux risques de l'acheteur. À partir de la délivrance, c'est-à-dire de la mise à bord, c'est l'acquéreur qui supporte tous les risques du voyage (DMF 1950, p. 273 ; CA Aix-en-Provence 10 janv. 1979).

3) Conséquences

Si le caractère essentiel de la vente CAF est de faire voyager la marchandise aux risques et périls de l'acheteur ; en revanche, le vendeur répond d'un certain nombre de fautes commises telles que :

- l'erreur sur la quantité ;
- le produit livré non conforme aux spécifications du contrat ;
- la non-réalisation avant l'embarquement de la « fumigation » de la marchandise, l'acheteur peut lui demander réparation du préjudice entraîné par ses fautes. Le vendeur doit non

seulement livrer une marchandise conforme à la commande, mais aussi procéder aux chargements selon les conditions prévues par la réglementation locale.

Section 2 : Nature des risques supportés et les avantages de la vente CAF ou CIF

§ 1. Nature des risques supportés

Il s'agit des risques de toute nature, dès lors qu'ils sont postérieurs à l'embarquement. On peut citer des dommages causés par l'humidité et la moisissure de la marchandise (Aix-en-Provence, 2e ch., 10 janv. 1979).

§ 2. Les avantages de la vente CAF ou CIF

La vente CAF présente l'avantage de « vendre ferme » les marchandises avant le transport, de ne pas supporter les risques du voyage, de pouvoir tirer une traite qu'il peut faire escompter sur l'acheteur et de toucher immédiatement le prix de la marchandise.
Pour l'acheteur, elle présente l'avantage de ne pas à avoir à chercher un transporteur, un assureur, de devenir propriétaire de la marchandise à l'embarquement et éventuellement elle présente l'inconvénient de l'obliger à payer le prix de la marchandise avant de l'avoir vérifiée. C'est le type de la vente maritime le plus courant. L'obligation principale de l'acheteur (acquéreur) est de payer le prix au jour et au lieu réglés par la vente. Le prix de la vente comporte trois éléments : le coût des marchandises, le fret afférent au transport et la prime d'assurance.

1) La vente FOB

Caractéristiques : La vente FOB (en français « Franco à bord ») est un contrat de vente par lequel un vendeur s'engage à délivrer une marchandise à bord d'un navire que lui désigne un acheteur lequel doit, outre le paiement du prix, assurer le transport de la marchandise et souscrire l'assurance.

2) Obligations de l'acheteur FOB

Le déplacement de la marchandise depuis le port d'embarquement jusqu'au port de destination est l'affaire de l'acheteur FOB (CA Aix-en-Provence, 26 févr. 1987, BT 1988).
Le prix est payable à la livraison, c'est-à-dire, en principe, dès que le vendeur a remis la marchandise à bord du navire au port de chargement.

CHAPITRE II : LE CRÉDIT DOCUMENTAIRE

Section 1 : Le concept du crédit documentaire

Origine : Le crédit documentaire est un moyen et une garantie de paiement, crée au XIXe siècle par la pratique bancaire. Il vise, dans le cadre de relations de commerce international, à surmonter la méfiance existante entre les contractants éloignés, ne se connaissant pas et soumis à des régimes juridiques différents.

Le système nécessite l'intervention des banques qui procèdent au paiement du vendeur contre présentation des documents représentant la marchandise. Ainsi se trouvent corriger les inconvénients liés à la durée du transport, en particulier, lorsque les biens, objets du contrat de vente, doivent voyager par mer. Par ailleurs, le crédit documentaire est généralement ouvert par une banque du pays de l'acheteur et payable aux vendeurs par une banque de son pays. Ce système permet, alors qu'acheteur et vendeur sont établis dans les pays différents, de limiter, voire de supprimer, les risques liés aux problèmes d'ordre juridique, commercial et monétaire propres à chacun des pays concernés.

Le crédit documentaire peut être défini comme l'engagement que prend la banque de l'acheteur, sur ordre de l'acheteur à qui elle consent un crédit de payer le vendeur si celui-ci, en respectant toutes les conditions de crédit, présente des documents strictement conformes aux stipulations de l'ouverture de crédit.
Le crédit documentaire est ainsi une opération triangulaire se déroulant comme suit :

- l'acheteur (donneur d'ordre) demande à sa banque d'ouvrir un crédit documentaire en faveur du vendeur ;
- la banque de l'acheteur (banque émettrice ou apéritrice) ouvre le crédit au profit du vendeur et le lui notifie ;
- le vendeur (bénéficiaire) présente alors les documents conformes à la banque pour se faire régler le montant de crédit.

À ces trois personnes s'ajoute dans la majorité des cas une quatrième : le banquier du vendeur (banque notificatrice et parfois confirmatrice).

Dans ce cas, c'est à cette banque que le vendeur présente les documents requis pour se faire régler le montant.

Section 2 : Les phasages de l'opération du crédit documentaire

Réalisation de l'opération en deux phases

Fonctionnement

Phase 1 : L'ouverture/l'émission du crédit documentaire

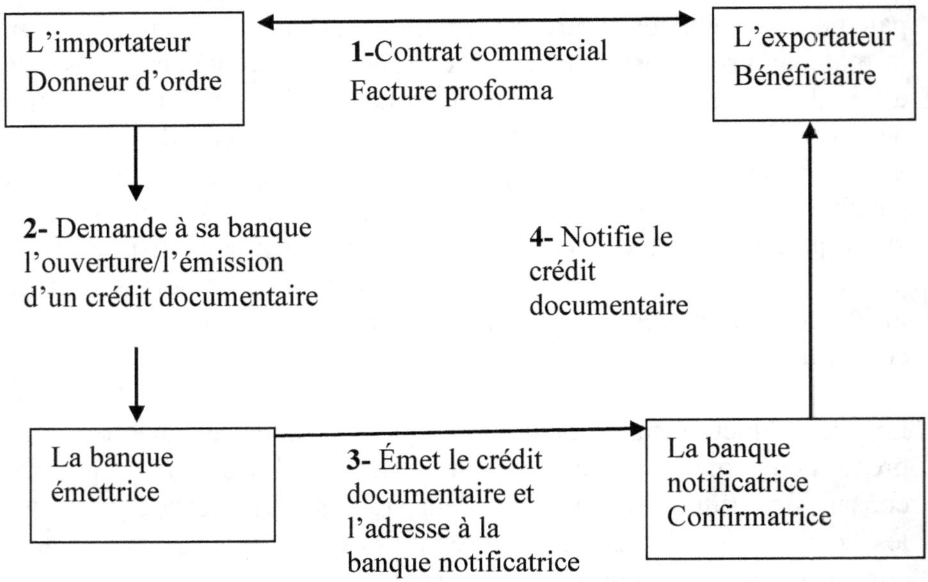

Phase 2 : La réalisation du crédit documentaire

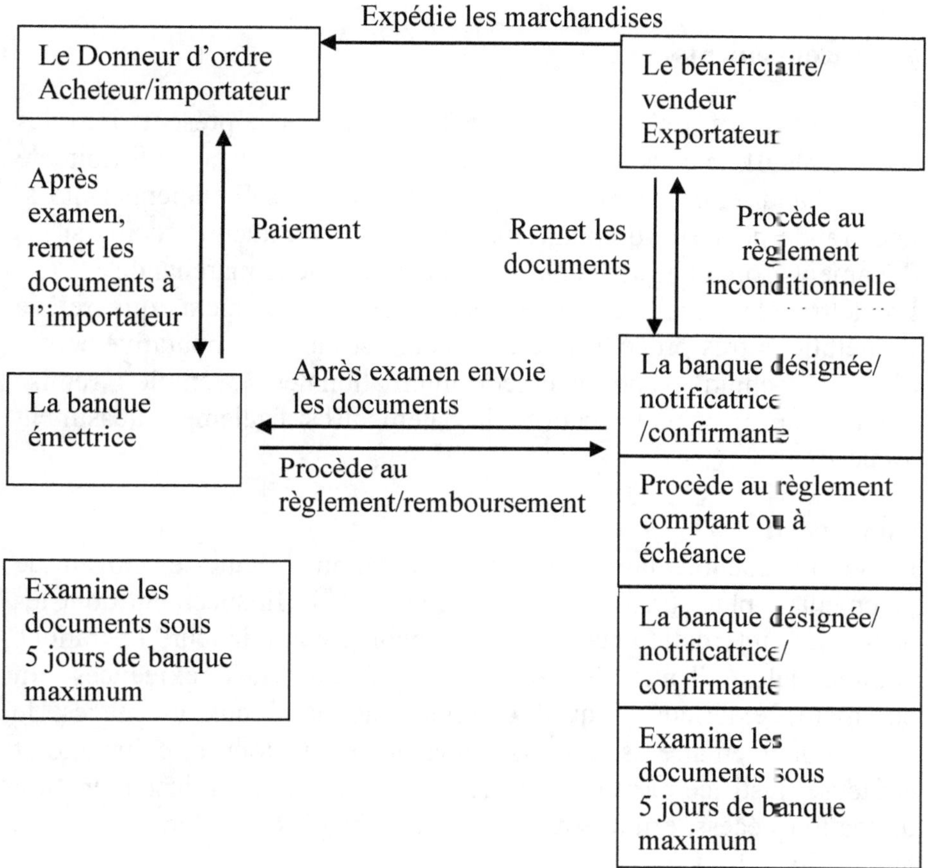

§ 1. Avantages

Le crédit documentaire sécurise les transactions, en particulier dans le cadre du commerce international. Il apporte la sécurité de la garantie d'une institution bancaire, dans un contexte où les agents, leurs pratiques et leurs solvabilités sont des facteurs de risque difficiles à appréhender par un acteur hors du pays. Le crédit documentaire apporte ainsi une garantie supplémentaire du contractant, en sus du contrat commercial.

Intérêt : Le crédit documentaire apparaît, parmi les moyens de paiement internationaux, être celui qui offre tant au vendeur qu'à l'acheteur le maximum de sécurité.

Pour l'acheteur, le crédit documentaire représente une garantie de la quasi bonne exécution par le vendeur de ses obligations.

§ 2. Inconvénients

Le crédit n'est qu'un engagement à payer sur présentation des documents. Il ne constitue en rien un engagement sur la conformité de la marchandise, car la banque ne considère que les documents (sauf si une fraude peut être démontrée). L'acheteur n'a aucun recours si les documents sont conformes mais pas la qualité de la marchandise.
La lettre de crédit est une technique de paiement qui relève d'opérations très procédurières. Le coût est élevé comparativement à d'autres techniques de paiement internationales (exemple : remise documentaire), mais la sécurité de paiement est également quasiment totale.

Conclusion

Le crédit documentaire est considéré comme étant le moyen de paiement le plus sûr, il procure la sécurité et le financement dont les négociants internationaux ont besoin pour accomplir leurs opérations commerciales. Toutefois, bien qu'il émane des exigences du commerce extérieur et qu'il comporte de nombreux avantages, le crédit documentaire est soumis à une procédure lourde, complexe et coûteuse, justifiée par l'objectif de sécurité qu'il vise à instaurer. Son utilisation nécessite une souplesse et une clarté dans l'utilisation des termes du contrat.

Lexique

Acconier : Professionnel chargé de l'embarquement et du débarquement des marchandises, de leur arrimage ou de leur entreposage ou entrepreneur de manutention dans les ports en méditerranée.

Armement : Ensemble de matériel et du personnel nécessaire à la navigation d'un bâtiment (navire).

Armateur : Propriétaire, affréteur ou gérant d'un navire qui l'équipe pour son exploitation.

Chargeur : Terme employé en droit maritime pour désigner l'expéditeur de la marchandise (qu'il soit ou non propriétaire).

Clause compromissoire : Clause par laquelle les parties s'engagent à recourir à l'arbitrage en cas de différend.

Clause paramount : Est celle par laquelle les parties soumettent volontairement leur contrat de transport à une autre loi que celle qui a normalement vocation à le régir « clause souveraine », selon le doyen Rodière.

Incoterms : C'est un terme normalisé qui sert à définir les droits et devoirs des acheteurs et vendeurs participant à des échanges nationaux et internationaux.

Stevedore : Mot anglais qui désigne dans un port le chef d'entreprise en charge du chargement et du déchargement des navires.

DEUXIÈME PARTIE : LE CONTRAT DE TRANSPORT

Par Dr Omorou Zackaria TOURÉ, LLM Pittsburgh 2003
Maître-assistant de droit privé à l'USJPB

Le transport est si familier à l'homme qu'il ne cerne pas toute la complexité. C'est le domaine par excellence de la mixité de la réglementation. Le droit public assure l'organisation des transports selon les différents modes ainsi que les rapports entre pouvoirs publics et acteurs. Les règles du droit privé régissent les rapports entre acteurs privés à travers le contrat dont les caractéristiques ont déjà été cernées. Cela implique d'axer les développements suivants sur les rapports privés tels que régis par le contrat dans le transport des marchandises (Titre I) puis dans le transport des personnes (Titre II). Une attention particulière sera accordée à l'assurance transport (Titre III), un domaine peu exploré mais qui atteste de la mixité des règles du droit public et du droit privé.

TITRE I :
LE CONTRAT DE TRANSPORT DE MARCHANDISES

Le contrat de transport de marchandises est l'acte par lequel un transporteur (ou voiturier) s'engage à livrer, dans un lieu déterminé au destinataire, une chose qui lui a été remise par un expéditeur et reçoit en contrepartie une rémunération. Les principales règles régissant ce contrat sont relatives à sa formation (chapitre I), à son exécution (chapitre II), à la responsabilité du transporteur et au contentieux (chapitre III).

CHAPITRE I :
LA FORMATION DU CONTRAT DE TRANSPORT DE MARCHANDISES

C'est l'échange de consentement des parties qui forme le contrat et non les titres de transport. Il importe donc de déterminer les conditions de fond (section 1) et les conditions de forme (section 2).

Section 1 : Les conditions de fond

Étant consensuel, le contrat de transport des marchandises suppose l'accord de volonté des parties qui met à leur charge des obligations réciproques qui forment l'objet du contrat. Selon l'article 3 de l'AUCTMR, « *le contrat de transport de marchandises existe dès lors que le donneur d'ordre et le transporteur sont d'accord pour le déplacement d'une marchandise moyennant un prix convenu* ».

§ 1. Les parties au contrat de transport

Quel que soit le mode, le contrat de transport intéresse :

1. l'expéditeur qui donne ses ordres en vue du transport ;
2. le transporteur qui se charge de l'exécution des ordres ;
3. le destinataire des marchandises transportées.

Il y a donc dans le contrat de transport de marchandises deux parties contractantes : l'expéditeur ou chargeur et le transporteur ou voiturier. Il est donc nécessaire d'attirer l'attention sur toute assimilation automatique entre transporteur et propriétaire du moyen de locomotion et entre expéditeur et propriétaire de la marchandise. En effet, le propriétaire du moyen de transport n'est pas transporteur s'il n'a fait que louer sa chose à une entreprise de transport. Le propriétaire de la marchandise peut ne pas se charger de l'expédition de la marchandise. Il en est ainsi lorsque le propriétaire de la marchandise recourt au service d'un commissionnaire conformément à l'article 204 de l'AUDCG.

On constate cependant qu'intervient le destinateur qui n'était pas à l'origine du contrat. Il peut réclamer la marchandise au voiturier avec

lequel il n'a pas contracté, peut se prévaloir du contrat à son égard en cas de retard, d'avarie, refus ou perte et peut être tenu des frais de transport.
Ainsi le contrat de transport de marchandises apparaît comme un contrat à trois personnes échappant à l'effet relatif des contrats, dès lors qu'il assure au destinataire des droits et des obligations en qualité de partie.
Le contrat de transport se forme par le seul échange de consentements. Donc, c'est une convention de caractère consensuel et non réel (la remise de la chose ne forme pas le contrat mais constitue généralement un commencement d'exécution). Il n'est pas non plus solennel, car la lettre de voiture ne forme pas le contrat, mais le constate. Selon l'article 1130 du CCM « ... *il est d'usage de constater l'opération par des écrits qui peuvent être des lettres de voiture ou des récépissés* ». [Article 5 de l'AUCTMR : « *La lettre de voiture fait foi, jusqu'à preuve du contraire, des conditions du contrat de transport et de la prise en charge de la marchandise par le transporteur* »]. *La lettre de voiture joue ainsi un rôle probatoire, mais il est convenu que « tout contrat de transport par voie de navigation intérieure est constaté par un document écrit sous peine de nullité absolue ».*

Pour la validité du consentement, il n'existe pas de règles particulières. On appliquera donc les règles courantes relatives à la capacité et aux vices de consentement. Le contrat de transport de marchandises existe, aux termes de l'article 3 de l'AUCTMR, « *dès que le donneur d'ordre et le transporteur sont d'accord pour le déplacement d'une marchandise moyennant un prix convenu* ».

§ 2. L'objet du contrat de transport de marchandises

Selon l'article 1125 du CCM, « *l'opération matérielle qui consiste à déplacer... des choses constitue l'objet du contrat de transport* ». Ce contrat n'est formé que lorsque les parties sont d'accord sur le prix de transport et que les marchandises aient été remises au transporteur.

A. Les marchandises à transporter

On peut les classer en marchandises sèches et marchandises à température régulée. Les marchandises sèches sont celles transportées à température ambiante ou générale et englobent une variété de produits comme les meubles, le pétrole, le gaz naturel et les produits électroniques. Celles en vrac ou liquides sont habituellement transportées dans de semi-remorques fourgons ou de semi-remorques aménagées pour la circonstance. D'autres sont souvent emballées dans des boîtes de carton, qui sont d'abord empilées sur des palettes de bois puis chargées dans de semi-remorques. Les produits comme le pétrole peuvent être simplement chargés directement dans des réservoirs ou des conteneurs de transport spécialisés.

Les marchandises sous température dirigée ou régulée sont transportées dans de semi-remorques à régulation de température dotées d'un dispositif de réfrigération ou de chauffage distinct, qui permet de maintenir la température des marchandises durant le transport. Le dispositif de réfrigération et de chauffage n'est pas conçu pour modifier la température des marchandises transportées, seulement pour la maintenir en cours de transport. Ce type de marchandises peut comprendre :

- les produits frais tels que les fruits et légumes, la viande, les produits surgelés et les fruits de mer ;
- les produits industriels tels que la pâtisserie, la boulangerie et le chocolat ;
- les produits pharmaceutiques et cosmétiques ou de plantes et d'autres produits non alimentaires ;
- les fleurs ;
- et certaines espèces d'animaux vivants.

Le déplacement des marchandises constitue l'objet de l'obligation principale du voiturier et doit répondre aux conditions normales de licéité, c'est-à-dire qu'il existe une réglementation particulière applicable à certaines marchandises. Il peut s'agir de marchandises dont le transport est simplement interdit, car le législateur a interdit leur vente ou leur consommation (ex. : gibier en cas de fermeture de la chasse, stupéfiants et explosifs). Certaines marchandises sont exclues du champ d'application de l'acte uniforme soit parce qu'elles sont prises en compte par d'autres conventions internationales, soit à cause du caractère spécifique de la prestation. Il en est ainsi des transports de marchandises dangereuses, des transports funéraires, des transports de déménagement et des transports effectués en vertu des conventions postales internationales. Il peut se poser aussi des problèmes particuliers, par exemple, celui de classer un cadavre, marchandise ou voyageur.

De même si toutes les choses corporelles peuvent faire l'objet du contrat, le voiturier dispose d'une liberté d'appréciation entière. Il peut préciser d'avance qu'il n'accepterait certaines marchandises que sous certaines conditions d'étiquetage ou d'emballage, de poids, de taille, etc. Il existe aussi des conditions relatives aux marchandises soumises à une déclaration de valeur, aux animaux vivants et aux denrées périssables.

B. Le prix du transport ou fret

C'est un élément essentiel du contrat de transport. Il est, en principe, discuté librement par les parties et est déterminé en fonction de multiples données qui varient selon le mode de locomotion.

1. La distance

C'est un élément juridique du prix dans le transport tarifié ; par exemple, en matière ferroviaire, la définition de la distance est donnée par un tableau des distances.

2. La nature de la marchandise

Elle influe sur le prix surtout en matière ferroviaire. Chaque tarif spécial correspond à des marchandises définies. Par exemple, le tarif spécial n° 1 connaît six séries d'animaux vivants : ânes, bœufs, chevaux, chèvres, moutons, mulets, porcs et veaux. Si l'on expédie des fûts d'huile ou des chameaux, comment fixer le prix d'envoi ? Il faut se référer à la table des marchandises.

3. Le poids et le nombre (importance de l'envoi)

La règle est que le voiturier peut prendre en charge une certaine quantité ou un certain poids de marchandises. Le nombre et la quantité déterminent l'importance de l'envoi et sont importants à deux titres :

1) pour la fixation du prix dû par l'usager ;
2) pour savoir si le voiturier est responsable d'un manquant à l'arrivée.

4. Le régime de l'expédition

Les prix varient selon que le transport se fait par expédition, par wagons ou par rames, ensuite suivant la rapidité du transport, la marchandise voyage en régime express, accéléré ou ordinaire, les délais en dépendent.

Section 2 : Les conditions de forme du contrat et les documents de transport

Elles ont trait à l'existence des documents de transport et à leur fonction.

§ 1. Les documents de transport

Le document de transport, appelé généralement lettre de voiture (lettre de chargement, connaissement maritime, lettre de transport aérien [LTA], déclaration d'expédition dans les transports ferroviaires), est établi généralement au moment de la prise en charge au vu d'une déclaration d'expédition. Il est établi en au moins deux exemplaires dont un est remis à l'expéditeur et l'autre accompagne la marchandise pour être remis au destinataire. Ce document doit contenir des indications relatives à l'identification des parties (nom et adresse de l'expéditeur et du destinataire), à la reconnaissance de l'envoi (désignation, nature et poids de la marchandise), et à la connaissance du montant et des modalités de paiement du fret.

Il est à noter que l'absence de document ne met pas obstacle à l'existence du contrat de transport, l'irrégularité du titre ne conduit pas à sa nullité, mais peut affecter sa valeur probante. La feuille de route dont l'établissement est imposé aux transports publics routiers peut tenir lieu de récépissé. Outre la constatation par écrit du contrat d'affrètement à peine de nullité, l'établissement d'une lettre de voiture est obligatoire. De plus, l'expéditeur peut exiger du transporteur l'émission d'un connaissement fluvial à ordre.

§ 2. La fonction des documents de transport

Un titre de transport peut servir à plusieurs fins. Il sert de note d'instructions et d'accompagnement pour le voiturier (fonction de récépissé) ainsi que pour les voituriers successifs qui prendront en charge la marchandise. Pour cela, il doit émaner de l'expéditeur et être rédigé par lui-même ou sur sa requête et accepté par le voiturier. Il est donc la charte de ce que l'expéditeur attend du transporteur. Il définit les obligations du voiturier, fixe la destination de la marchandise, indique à qui elle doit être livrée, comment le transporteur doit prévenir le destinataire et indique si la livraison doit être subordonnée au paiement de certaines sommes par le destinataire.

Il sert aussi de note d'instructions pour le destinataire. Il doit alors émaner de l'expéditeur seul, être rédigé par lui-même ou par le destinataire. Il doit contenir les diligences que l'expéditeur attend du destinataire : vérifications de l'état et de la consistance d'une marchandise décrite avec toutes les spécifications nécessaires, paiement du prix ou de certaines sommes à titre de remboursement.

La preuve du contrat de transport ne présente aucune particularité. Le contrat est commercial ou mixte jamais civil de tous les côtés. Lorsque le contrat est commercial pour les deux parties, on applique la règle admise en droit commercial : la liberté de la preuve sauf les cas où un texte précis impose la rédaction d'un écrit à peine de nullité. La valeur probatoire de la lettre de voiture est la même dans tous les transports intérieurs, ferroviaires, routiers et aériens.

Lorsque le contrat est mixte, on applique distributivement les règles du droit civil et celles du droit commercial. Si la partie demanderesse n'a pas la qualité de commerçant, elle a le droit de porter à son choix l'action devant le tribunal civil ou devant le tribunal commercial. Mais si elle est commerçante, elle doit assigner la défenderesse devant le tribunal civil. Il est admis que pour le commerçant, la preuve est soumise aux dispositions du droit commun devant le tribunal civil et libre devant le tribunal de commerce.

CHAPITRE II : L'EXÉCUTION DU CONTRAT DE TRANSPORT DE MARCHANDISES

L'exécution du contrat de transport pose le problème des droits et obligations de l'expéditeur et du transporteur, mais également, à compter de son adhésion à l'opération, du destinataire. À cet égard, les obligations principales pour les parties respectives peuvent se résumer à la prise en charge de la marchandise, à son déplacement, aux opérations finales de transport et au paiement du prix de transport.

Section 1 : La prise en charge de la marchandise

C'est la phase préalable au déplacement pendant laquelle l'expéditeur va remettre la marchandise au transporteur qui l'accepte. Cette opération de prise en charge implique des obligations pour le transporteur et pour l'expéditeur.

§ 1. La présentation de la marchandise au transporteur

C'est à l'expéditeur, qui a le choix du transport approprié, qu'il revient de remettre la marchandise au transporteur de sorte qu'elle puisse supporter un déplacement effectué dans des conditions normales. Selon le cas, et conformément aux usages, la marchandise est apportée au transporteur dans les transports par eau, par fer, par air et chez l'expéditeur dans les transports routiers, mais le contraire est possible. Les exigences des transporteurs varient suivant la nature de la marchandise et le genre de transport demandé. Par exemple, la présentation en vrac des marchandises qui constituent des choses de genre ne se conçoit que dans les transports par wagons entiers, par camions entiers ou par cales entières de bateaux. Elle est exclue dans les transports aériens pour des raisons de sécurité. En outre, pour un même genre de transport, expéditions de détail, les exigences seront différentes suivant qu'il s'agira de choses précieuses ou cassables ou de machines industrielles. Si tout est affaire d'espèces, les exigences auxquelles l'expéditeur doit se soumettre diffèrent suivant leur origine contractuelle ou légale, et ici l'intervention de la loi peut s'expliquer par deux raisons : la sécurité publique et la valeur économique.

Il en est de même de l'emballage et de l'étiquetage, du plombage et du cadenassage qui incombent tous à l'expéditeur. Ils doivent être faits conformément aux prescriptions des règlements, des usages du commerce ainsi qu'au cahier de charges des transporteurs. Le transporteur a le droit de refuser tout emballage ou étiquetage, etc. défectueux, sauf si l'expéditeur accepte les réserves du transporteur sur la déclaration d'expédition.

§ 2. La vérification de la marchandise par le transporteur

Le transporteur doit être en mesure d'assurer le déplacement de la marchandise de façon convenable eu égard à la nature de l'objet et au service demandé. Pour cela, il n'a pas à s'en tenir aux déclarations de l'expéditeur. Selon l'article 10 de l'AUCTMR, il doit exercer son droit de vérification qui peut porter sur la nature de la chose, sa qualité, son état, le nombre, le poids, le conditionnement, etc., et comporter des opérations de pesage et de comptage.

L'expéditeur a le droit d'exiger la vérification par le transporteur du poids brut ou de la quantité autrement exprimée de la marchandise. Il peut aussi exiger la vérification du contenu du colis. Le transporteur peut réclamer à l'expéditeur le paiement des frais de vérification. Le résultat des vérifications est consigné sur la lettre de voiture.

La portée de ces opérations est que les résultats du pesage et du comptage ne sont opposables à une partie que dans deux situations : soit lorsque cette dernière a assisté à l'opération, soit lorsqu'elle se passe en présence d'un tiers, officier ministériel ou témoin capable d'en certifier le chiffre. En l'absence de réserves motivées du transporteur inscrites sur la lettre de voiture, il y a présomption que la marchandise et son emballage étaient en bon état apparent au moment de la prise en charge et que le nombre de colis, leurs marques et leurs numéros étaient conformes aux mentions de la lettre de voiture.

§ 3. La prise en charge de la marchandise

Dans sa conception matérielle, la prise en charge est l'acte par lequel le transporteur prend effectivement la marchandise que lui remet l'expéditeur et l'accepte au transport. Juridiquement, c'est lors de la prise en charge que les parties établissent la lettre de voiture qu'on peut appeler récépissé ou bon de livraison. Elle marque le début de la période pendant laquelle le transporteur répond des marchandises. Cette lourde responsabilité explique son droit de vérification des énonciations des documents de transport, de la nature, de l'état et de l'importance de la marchandise.

En cas de contestation, il faut faire recours à l'expertise de l'article 1177 du code de commerce du Mali selon lequel en cas de refus des marchandises présentées pour être transportées ou de contestation de quelque nature qu'elle soit, leur conditionnement, leur poids, leur nature sont vérifiés et constatés par un ou plusieurs experts nommés par le président du tribunal habilité à statuer en matière commerciale et par ordonnance au pied d'une requête.

§ 4. Le chargement de la marchandise

Le chargement est la mise à bord de la marchandise dans le moyen de locomotion. Il pose le problème de savoir sur qui pèse cette obligation. L'AUCTMR n'a pas prévu de dispositions relatives au chargement des marchandises. Par conséquent, les parties sont libres de discuter des modalités. La réponse varie selon les modes de transport et parfois suivant la convention des parties.

A. Le débiteur de l'obligation de chargement

En matière ferroviaire, le chargement incombe soit au chemin de fer (transport par expédition) ; dans ce cas, l'opération de chargement entre dans les opérations de transport, car elle intervient après la prise en charge, soit à l'expéditeur (transport par wagon et par rames) ; dans ce cas, la prise en charge intervient après le chargement. Un wagon est mis à sa disposition ainsi qu'un délai imparti appelé délai tarifaire de chargement (ou à l'arrivée délai de déchargement) (après chargement et bâchage). L'expéditeur a un droit de magasinage ou de

stationnement suivant que les marchandises encombrent le quai ou la voie.
En matière routière, le chargement d'une part et l'arrimage d'autre part sont effectués par l'expéditeur sur indications données par le transporteur. L'expéditeur n'a donc que la responsabilité matérielle de l'opération, la conception relève du transporteur, d'où une répartition des responsabilités suivant que le dommage aux marchandises résulte du plan conçu ou de la manière dont il a été exécuté.
En matière fluviale, le chargement incombe à l'expéditeur qui dispose de délais de manutention différents suivant la convention qui le lie à la compagnie, au tonnage ou à voyage unique. Il dispose d'un délai de chargement. Ce sont les jours de planche[6] dont la durée est fixée par arrêté et dont le dépassement donne lieu au paiement d'une somme dite « surestarie » dont le taux est fixé par arrêté[7]. Elles sont calculées par jour de calendrier, c'est-à-dire les dimanches et jours fériés y compris. Les surestaries ne courent pas quand le dépassement est dû à une faute du marinier ou à la force majeure. À l'inverse, un chargement plus rapide que celui des jours de planche donnera parfois droit au paiement d'une prime de rapidité par le marinier à l'expéditeur.
En matière aérienne et maritime, le chargement incombe au transporteur pour des raisons de sécurité du vol et les exigences d'arrimage. Mais dans les transports à la commande et l'affrètement, une stipulation contraire peut être établie, ce qui n'empêche pas le commandant de bord ou le capitaine de vérifier si le chargement ne compromet pas la sécurité et même de ne charger que selon un plan de centrage conçu par la compagnie elle-même. En matière maritime, le chargement est fait par des manutentionnaires pour le compte du transporteur.
Une fois le chargement effectué, tout transporteur a le devoir de vérifier le chargement qui lui est présenté, et ceci fait partie de son obligation générale de sécurité.

---

[6] Nombre de jours alloués à l'affrètement d'un navire pour les opérations de chargement et de déchargement de la cargaison.

[7] En droit maritime, les « staries » ou « surestaries » sont les redevances payées à l'administration portuaire pour le stationnement à quai des navires qui chargent ou déchargent leur cargaison. Lorsque la durée de ce stationnement excède le délai fixé par la réglementation portuaire, le capitaine du navire doit payer des « surestaries ».

B. La responsabilité du débiteur de l'obligation de chargement

Lorsque des dommages sont dus au mauvais chargement, soit qu'ils atteignent les marchandises, soit les engins du transporteur (véhicules ou appareils de levage), soit les tiers, ils sont supportés et réparés par celui qui a procédé au chargement.
Lorsque l'opération incombe au transporteur, la prise en charge a précédé la manutention par lui de la marchandise de son client. Sa responsabilité est alors d'ordre contractuel, car le chargement et le déchargement sont des parties intégrantes du transport de la marchandise.

Lorsque le chargement incombe à l'expéditeur, les solutions suivantes sont envisagées. Si le dommage est dû à l'emploi d'un engin de levage appartenant au transporteur et mis à la disposition de l'expéditeur par un contrat distinct du contrat de transport, la responsabilité de l'expéditeur est écartée, car le dommage est dû à un défaut d'entretien ou à un vice de l'appareil utilisé.
Si des dommages à des tiers (préposés de l'expéditeur) surviennent, il y a responsabilité délictuelle, mais qui pèse sur celui qui a procédé au chargement de la marchandise, sur celui qui en a la garde. Ici l'expéditeur est gardien de sa chose puisque le transporteur ne l'a pas encore prise en charge (sans qu'il soit nécessaire de distinguer la garde de la structure ou la garde du comportement).

Si des dommages surviennent en cours de route et sont dus au vice du chargement, la responsabilité de l'expéditeur n'est pas engagée ; si le vice était visible de l'extérieur et n'a pas été décelé par le transporteur qui avait le devoir de vérifier si le vice n'était pas visible, la responsabilité de l'expéditeur est engagée.

Section 2 : Le déplacement de la marchandise

C'est l'obligation essentielle du transporteur chargé d'acheminer l'envoi suivant un itinéraire donné et dans des délais convenus.

§ 1. L'itinéraire

Le transporteur est libre d'aménager son service sans prise en considération de l'itinéraire réellement emprunté (sous réserve de l'observation des délais). Toutefois, le changement d'itinéraire donne lieu à une révision du prix de transport.

§ 2. Les délais ou période de transport

Selon l'article 9 de l'AUCTMR, « *le transport de marchandises couvre la période qui s'étend de la prise en charge de la marchandise par le transporteur en vue de son déplacement, jusqu'à la livraison de ladite marchandise* ». L'importance de ces délais est fondamentale puisque l'un des éléments du contrat de transport est le temps dans lequel le transporteur s'est engagé à déplacer la marchandise. Ce temps peut être l'objet d'évaluation précise dans les transports fluviaux et routiers. Il peut dépendre des circonstances indépendantes de la volonté des parties, à tel point que le transporteur se refuse à toute précision comme dans les transports aériens (les vols dépendent des conditions météorologiques, et les flottes des compagnies ne comprennent qu'un nombre limité d'unités).

Il n'en reste pas moins que le temps est une donnée essentielle. Selon l'article 1153 du CCM « *lorsqu'un délai a été fixé dans le TITRE de transport, le seul fait du retard donne lieu à une sanction en dommages-intérêts. Si ceux-ci ont été appréciés à l'avance et stipulés dans la convention, ils sont dus de plein droit sans que le propriétaire ait à justifier d'un dommage. Mais lorsqu'un délai n'a pas été fixé dans le TITRE, le juge doit apprécier d'abord s'il y a retard en tenant compte du temps nécessaire pour le transport de même nature et des obstacles surmontés et justifiés par le transporteur* ».

De façon générale, lorsqu'un délai n'est pas fixé, on convient que le transporteur doit acheminer la marchandise dans un délai raisonnable qui doit être fixé en tenant compte notamment de ce que le mode de transport choisi par l'expéditeur atteste l'intérêt qu'il trouve à son exécution rapide. Le juge devra alors apprécier si le voiturier a bien fait toute diligence tout en estimant les faits de chaque espèce

§ 3. Les soins à la marchandise

D'après l'article 1140 du CCM, l'obligation principale de faire parvenir à destination la chose dans le délai convenu se double de l'autre obligation de veiller à la conservation de la chose et d'en assurer la garde. Le voiturier a donc une obligation générale de diligence et une obligation spéciale de soins. Mais ce sont des prestations accessoires à l'obligation principale du transporteur qui est d'assurer le déplacement correct de la marchandise. Il doit des soins généraux et ordinaires compatibles avec les nécessités du service, non des soins appropriés à la nature spécifique de la chose qu'il transporte, sauf s'il y est tenu par un tarif ou par une clause spéciale de son contrat (animaux et transbordement).

En d'autres termes, en cas d'empêchement au transport, que doit faire le transporteur ? Par empêchement, il convient de comprendre tout événement, extérieur ou non, à l'entreprise du transporteur, qui rend momentanément ou définitivement impossible l'exécution du transport dans les conditions initialement prévues. Il peut être lié aux conditions de transport (circonstances atmosphériques, impraticabilité de la route et grève des dockers interdisant l'accès au port) comme il peut dépendre de la volonté de l'expéditeur et du destinataire (droit de disposer de la marchandise). Le transporteur doit sans délai aviser l'ayant droit ou l'expéditeur et solliciter des instructions. Dans l'attente des instructions, il a le devoir, après un délai de 15 jours, de prendre des mesures qui lui paraissent les meilleures dans l'intérêt de cette personne pour éviter des avaries, effectuer des transbordements, mettre la marchandise en entrepôt, donner à boire aux animaux, vendre une marchandise périssable ou dont les frais de garde sont hors de proportion avec la valeur de la marchandise, etc. (AUCTMR, art. 12). Le transporteur a droit au remboursement des frais que lui causent sa demande d'instructions et l'exécution de ces instructions, sauf si ces frais sont la conséquence de sa faute.

§ 4. Les actes juridiques sur les marchandises en cours de route

Il s'agit de savoir si la destination de la marchandise peut être changée, ensuite si elle peut faire l'objet de saisie. Ces questions

concernent donc des marchandises qui ne se trouvent pas entre les mains de leur propriétaire, mais se trouvent détenues par le transporteur. Ce dernier est débiteur d'une certaine obligation dont le créancier est d'abord l'expéditeur puis à un certain moment le destinataire.
La réponse à la première question dépend de celui qui a la maîtrise commerciale de l'opération. L'article 11 de l'AUCTMR laisse entendre que seul l'expéditeur peut au cours du transport modifier les instructions initiales données au transporteur qui est tenu de les exécuter (demander d'arrêter le transport, de changer la destination ou le destinataire de l'envoi ou encore le retour des marchandises expédiées). Le droit de disposition appartient, toutefois, au destinataire dès l'établissement de la lettre de voiture si une mention dans ce sens y est faite par l'expéditeur.

Quant à la deuxième question, il s'agit de savoir quelle saisie peut être pratiquée et par qui. La saisie-arrêt ou stoppage *in transitu* est d'un emploi possible. C'est la procédure par laquelle un créancier, le saisissant, fait défense au débiteur de son propre débiteur de payer sa dette entre les mains de ce dernier, le débiteur du créancier saisissant est le saisi, le débiteur de son débiteur auquel le saisissant s'adresse est le tiers saisi. Ainsi le créancier du destinataire, par exemple, fait défense au voiturier de livrer la chose entre les mains de son débiteur. Ainsi, les saisies-arrêts peuvent venir des créanciers de l'expéditeur s'il détient le récépissé. Mais ce droit passe aux créanciers du destinataire dès lors qu'il avait acquis la maîtrise de l'opération. Ce système avait engendré des fraudes et des envois de récépissé.

L'exercice du droit de disposition est subordonné au respect de certaines conditions. D'abord, l'expéditeur ou le cas échéant le destinataire qui veut exercer ce droit doit présenter l'original de la lettre de voiture sur lequel doivent être inscrites les nouvelles instructions données au transporteur et dédommager le transporteur des frais et du préjudice qu'entraîne l'exécution de ces instructions. Ensuite, cette exécution doit être possible au moment où les instructions parviennent à la personne qui doit les exécuter et ne doit ni entraver l'exploitation normale de l'entreprise du transporteur ni porter préjudice aux expéditeurs ou destinataires d'autres envois.

Enfin, les instructions ne doivent jamais avoir pour effet de diviser l'envoi.

Lorsque, en raison du fait qu'elles risquent d'entraver l'exploitation normale de l'entreprise ou de porter préjudice aux expéditeurs ou destinataires d'autres envois, le transporteur ne peut exécuter les instructions qu'il reçoit, il doit en aviser immédiatement la personne dont émanent ces instructions. Le transporteur, qui n'aura pas exécuté les instructions données ou qui se sera conformé à de telles instructions sans avoir exigé la présentation de l'original de la lettre de voiture, sera responsable envers l'ayant droit du préjudice causé par ce fait.

Section 3 : Les opérations finales de transport

L'aboutissement logique du transport est la livraison et la réception des marchandises à destination. Des mesures conservatoires restent nécessaires en cas d'empêchement à la livraison.

§ 1. La livraison de la marchandise

Il existe deux conceptions de la livraison. Selon la première conception soutenue par le professeur Rodière, la livraison est l'acte par lequel le voiturier accomplit son obligation principale en remettant au destinataire qui l'accepte la marchandise qu'il a transportée (livraison juridique). La livraison juridique serait un acte purement consensuel, se réalisant par le seul accord des parties indépendamment de tout acte matériel de retrait. Elle constitue avec la réception par le destinataire la délivrance de la marchandise. S'il arrive que la livraison ait lieu par tradition, elle doit être distinguée du déchargement et de l'enlèvement qui sont de simples actes matériels. Selon qu'il incombe au transport ou au destinataire, le déchargement précède ou succède à la livraison. Dans le premier cas, il fait partie intégrante du contrat de transport. Si le déchargement incombe au destinataire, il n'est pas couvert par le contrat de transport.

Selon la seconde conception, la livraison est aussi l'acte qui consiste à la prise de possession physique de la marchandise par le destinataire (livraison matérielle). Elle se réalise au moment où il y a retrait entre les mains du voiturier pour la transmettre au destinataire, c'est-à-dire du véhicule ou des magasins du transporteur. Il en résulte qu'aucun des actes juridiques (reconnaissance de l'envoi, décharge du transporteur et paiement du port) que le destinataire peut accomplir ne réalise la livraison. En pratique, ces deux livraisons sont concomitantes, mais il arrive qu'il puisse y avoir une dissociation. Plusieurs intérêts juridiques pratiques s'attachent à la livraison correcte de la marchandise. La livraison fait courir les délais de forclusion (premier jour ouvrable suivant la date de la livraison en cas de pertes ou avaries apparentes ; 7 jours suivant la date de la livraison en cas de pertes ou d'avaries non apparentes, 21 jours en cas de retard) (AUCTMR, art. 14) et de prescription (un an à compter de la date de livraison et trois ans en cas de dol ou de faute équivalente au dol) qui passés, le destinataire ne peut plus faire valoir la mauvaise exécution de ses obligations par le transporteur (AUCTMR, art. 25).

La livraison libère le transporteur de la charge des risques pesant sur la marchandise. Elle met fin à la période durant laquelle la responsabilité contractuelle de plein droit du transporteur joue.

La détermination du lieu précis où prend fin l'obligation de déplacement dépend du contrat, c'est-à-dire de la volonté commune de l'expéditeur et du voiturier et, à défaut, au domicile du transporteur par application du principe le loyer est quérable et non portable. En pratique, le lieu de livraison varie suivant le mode de transport utilisé. Dans les transports routiers, la livraison se fait au domicile du destinataire. Dans les autres modes de transport, la livraison se fait dans les locaux du transporteur, c'est-à-dire en gare ou à quai.

Concernant les modalités de livraison, elle doit être faite au destinataire tel qu'il est déterminé par le titre, à une personne nommément désignée si le titre est nominatif ou au détenteur ou porteur du titre si celui-ci est à ordre ou au porteur. Il appartient au transporteur de s'assurer de l'identité de la personne qui prend la livraison. Le transporteur devrait exiger une procuration si ce n'est pas le destinataire lui-même qui vient prendre la livraison. S'il ne le fait pas et que la marchandise est livrée à un tiers sans qualité, il engage sa responsabilité de transporteur. Il a le droit de ne pas livrer s'il a de sérieuses raisons de douter du droit du présentateur.

Enfin, à la livraison, il importe de savoir à qui incombe le déchargement de la marchandise. Dans les transports routiers, fluviaux et ferroviaires, c'est au destinataire qu'il incombe. Dans les transports aériens, c'est le transporteur qui décharge.

§ 2. La réception de la marchandise

La réception équivaut à l'acceptation de la marchandise par le destinataire. L'article 1174 du CCM pose le principe que le destinataire, sauf motif légitime de refus, a l'obligation de prendre livraison de la marchandise. Aussi, le destinataire peut demander à vérifier l'état de la marchandise avant d'en prendre livraison. Cette vérification porte tant sur l'aspect extérieur que sur l'aspect intérieur. À ce principe, une exception est apportée en matière de colis postaux. Lorsqu'il est en bon état de conditionnement extérieur, le destinataire ne peut pas prétendre subordonner sa réception à une vérification préalable. Mais il peut, au moment de la prise de livraison, faire constater qu'une spoliation a eu lieu en cours de route. Le destinataire doit donner une décharge (AUCTMR, art. 13) au voiturier. Celle-ci n'est pas un quitus qui atteste que le destinataire est satisfait de la manière dont le voiturier a rempli sa mission. Elle atteste que la marchandise n'est plus aux risques du voiturier, qu'il ne détient plus la marchandise. Le destinataire peut émettre des réserves et rechercher plus tard la responsabilité du transporteur.

§ 3. Les mesures conservatoires en cas d'empêchement à la livraison

L'article 12.3 de l'AUCTMR reconnaît comme cas d'empêchement à la livraison la négligence ou le refus du destinataire. Toutefois, celui-ci peut toujours en prendre livraison tant que le transporteur n'a pas reçu d'instructions contraires. S'y ajoute le laisser pour compte.

Il y a empêchement à la livraison toutes les fois que la marchandise ne peut pas être remise au destinataire au lieu désigné, par exemple, un destinataire inconnu à l'adresse indiquée. On dit que la marchandise est en souffrance.

Le contrat de transport n'a pas pris fin, le transporteur est toujours responsable de la marchandise. Le refus ou la simple négligence du destinataire à venir retirer les marchandises pose divers problèmes dont le plus urgent est la crainte d'un dépérissement des preuves. Le voiturier a intérêt à prouver que la marchandise est arrivée en bon état ou, du moins, dans un état d'avarie qui ne rend plus la marchandise impropre à être reçue ; le destinataire a intérêt à prouver que son refus n'est pas un caprice. Quant à l'expéditeur, il souhaite être informé de ce refus. Le voiturier est tenu de l'en prévenir selon les conditions prévues au contrat ou aux tarifs et sans délai.

Le transporteur va prendre des mesures destinées à libérer ses locaux. Il doit faire camionner d'office les marchandises chez le destinataire ou dans un magasin public, faire consigner la marchandise par ordonnance du président du tribunal de commerce ou du juge d'instance et solliciter la vente par autorité de justice et peut demander la vente aux enchères des marchandises en souffrance lorsqu'elles ne sont pas réclamées dans les quinze jours suivant l'avis. Le produit de la vente est mis à la disposition de l'ayant droit, déduction faite des frais grevant la marchandise. Si ces frais dépassent le produit de la vente, le transporteur a le droit à la différence (AUCTMR, art 12.6).

Section 4 : Le paiement du prix de transport

Le prix est la contrepartie de l'obligation qui pèse sur le voiturier, l'obligation de déplacer la marchandise jusqu'à la destination prévue. Le prix est initialement fixé soit par les règlements, soit par les tarifs, soit par la convention des parties.

§ 1. Les modalités de paiement

Dans la pratique, l'exigibilité de la dette de fret dépend du débiteur. Deux régimes sont pratiqués sur les divers modes de transport : l'envoi en port payé et l'envoi en port dû. En port payé ou franco transporteur, le fret est acquitté par l'expéditeur avant le départ, et le voiturier est autorisé à suspendre toute exécution avant l'acquittement du fret. En port dû, le fret est acquitté à l'arrivée par le destinataire, et le voiturier n'est autorisé à rien réclamer jusqu'à cette mise à la

disposition du destinataire. Cette pratique est fréquente dans les relations commerciales dans certains secteurs ou en matière de vente par correspondance (entre expéditeur, vendeur et destinataire-acheteur). On l'appelle aussi envoi en port dû contre remboursement ou expédition contre remboursement lorsqu'en plus du prix du transport le destinataire doit payer aussi le prix de la marchandise à la livraison. Le débiteur normal étant le destinataire, en cas de refus de sa part, le voiturier peut réclamer le paiement à l'expéditeur. Mais il perd son recours contre l'expéditeur s'il livre déjà les marchandises sans exiger le paiement du port. Toutefois, si le destinataire a remis, pour acquitter le prix de voiture, un chèque sans provision, le voiturier peut se retourner contre l'expéditeur. L'acceptation par le destinataire ne met pas l'expéditeur hors du rapport contractuel.
De la même façon, en vente internationale, on va retrouver ces deux modes de paiement lorsque les parties se réfèrent aux expressions les plus courantes que l'on appelle Incoterms publiés en 1936 par la Chambre de commerce international.

Pour ces modalités de paiement, les expéditions en port payé sont le genre le plus courant. Le fret étant la contrepartie du service attendu du voiturier, si ce service n'est pas rendu, il y a lieu à restitution du trop-perçu.
Les expéditions en port dû sont d'un usage courant dans certaines relations commerciales surtout que la marchandise traitée représente généralement un gage suffisant à rassurer les traiteurs. Le destinataire doit le port et les frais accessoires dont le paiement a été stipulé, il doit payer avant de prendre livraison de la marchandise. Le destinataire ne doit le port qu'à la mesure du service rendu.

§ 2. Les privilèges

Le paiement du fret est garanti par un privilège fondé sur l'idée que le transporteur a augmenté la valeur de la marchandise. On peut l'expliquer aussi par l'idée de gage. Aux termes des articles 112 de l'acte uniforme portant organisation des sûretés et 15 § 4 de l'AUCTRM (CCM, art. 1188), le transporteur a un privilège sur la marchandise transportée sur tout ce qui lui est dû à condition qu'il y ait un lien de connexité entre la marchandise transportée et la créance. Ce privilège ne concerne que les transports terrestres et aériens. Sont privilégiées les sommes dues au transporteur en raison de l'opération de transport et des opérations accessoires dont il est chargé à cette occasion : les débours[8] ou droits de douane qu'il aura avancés, les primes d'assurance qu'il aura acquittées au même titre que le fret proprement dit; les droits de stationnement ou de magasinage ou encore les taxes pour utilisation des engins de levage qu'il a mis à la disposition de ses clients. Le privilège cesse avec la livraison volontaire de la chose (droit de rétention).

§ 3. Les événements pouvant modifier le prix

En cas de perte totale de la marchandise, le transport n'a pas lieu. L'expéditeur responsable est tenu de payer le prix du transport. Des fois, il y a partage de responsabilité. Si le transporteur est en faute, le jeu de la résolution libère le client de l'obligation corrélative de payer le prix. Les cas de force majeure libèrent le transporteur de l'obligation de paiement du prix.

Dans des situations de perte partielle, le transporteur en faute paye le prix du transport réduit en proportion de la marchandise effectivement livrée. La même solution est valable en cas de force majeure.

En cas d'avarie ou de retard, le fret n'est pas réduit, il doit être payé au transporteur comme s'il y a eu livraison. Le destinataire peut refuser de s'acquitter du fret tant qu'il n'a pas été indemnisé puisqu'il y a des avaries ou du retard. Le transporteur aura droit au paiement dès lors qu'il aura indemnisé son cocontractant. Les juges en tiendront compte quand ils apprécient le dommage subi par l'ayant droit.

Enfin, il peut avoir une interruption du déplacement. Selon la théorie du droit des contrats, le transporteur a partiellement exécuté son obligation. Si cette inexécution partielle est importante, le contractant peut demander la résolution du contrat en application de l'article 1184 du code civil. Si l'exécution partielle est importante, il y aura lieu de réajuster le montant du fret. En cas d'interruption du transport avec changement d'itinéraire, il peut y avoir un réajustement du prix. La

---

[8] Les frais engagés par l'expéditeur à l'occasion du transport, mais que le transporteur a avancés.

règle maritime, que le fret est dû proportionnellement à la distance parcourue par rapport à celle qui devait l'être pour achever le voyage, ne doit opérer en matière terrestre, fluviale ou aérienne. Il faut pour ces transports s'en tenir à la solution du droit commun. Mais la clause « fret acquis à tout événement » (transport maritime) peut, dans les uns et les autres de ces voyages, conduire à la dette intégrale du fret initialement prévu (telle est la portée de l'article 4 section 1 des conditions générales de l'IATA).

§ 4. Les actions en redressement du prix payé

Elles peuvent intervenir dans un sens ou dans l'autre. La réclamation d'un supplément du prix émanera du client. Dans ces cas, le fondement de l'action du demandeur est le contrat lui-même. La réclamation est soumise à la prescription annuelle ou triennale selon les cas conformément à l'article 25 de l'AUCTMR.

CHAPITRE III :
LA RESPONSABILITÉ DU TRANSPORTEUR DE MARCHANDISES

Le régime de la responsabilité du transporteur a ses sources principales dans la loi et la jurisprudence (régime de droit commun), mais il peut également avoir pour source la convention des parties (régime conventionnel).

Section 1 : Le régime légal de la responsabilité du transporteur de marchandises

Il apparaît avec cette diversité des sources que le voiturier est sévèrement traité (AUCTMR, art. 16.1). Il voit peser sur lui une obligation de résultat, et la preuve de la cause d'exonération est à sa charge. Il doit aussi, selon le droit commun, une réparation intégrale du dommage.

§ 1. Les faits engageant la responsabilité du transporteur

Trois événements sont susceptibles d'engager la responsabilité du transporteur : la perte de la marchandise, les avaries et le retard accusé pour la livraison de la marchandise (AUCTMR, art. 16-1).

A. La perte des marchandises

Les textes visent expressément la perte des marchandises comme cause de responsabilité du transporteur. Curieusement, aucun ne définit la notion de perte. La perte des marchandises atteste en effet de la violation par le transporteur d'une de ses obligations principales : l'obligation de garde des choses transportées. La perte peut être totale ou partielle. Selon les définitions communément admises *« il y a perte totale lorsque, au lieu de destination, le transporteur n'est pas à mesure de livrer aucun élément de la marchandise et l'emballage entre les mains de celui qui a droit de la réclamer, ni indiquer qu'elle se trouve en un lieu où il soit possible de la récupérer »* et perte partielle ou manquant « *lorsque le voiturier ne peut livrer qu'une partie de la marchandise* » avec ou sans emballage ou simplement un emballage vide. L'article 16-3 de l'AUCTMR autorise l'ayant droit de la marchandise, sans avoir à produire d'autres preuves, à considérer la marchandise comme perdue en totalité ou en partie, suivant le cas, lorsqu'elle n'a pas été livrée ou n'a été que partiellement livrée trente jours après l'expiration du délai de livraison convenu ou, s'il n'a pas été convenu de délai de livraison, soixante jours après la prise en charge de la marchandise par le transporteur.

B. Les avaries

Une marchandise est avariée lorsque son état défectueux (marchandise pourrie, mouillée, déchiquetée, cabossée et avaries communes en transport maritime sans responsabilité) est intervenu au cours du transport suite à une dépréciation de sa qualité et de sa quantité. Cette dépréciation rapproche l'avarie de la perte partielle ou manquant. L'avarie est différente des freintes ou déchets de route et des conséquences du vice propre (baisse du volume ou du poids intrinsèque) de la marchandise transportée. La freinte est une réduction quantitative inévitable et raisonnable du poids et du volume de la marchandise survenue à raison du déplacement de la marchandise, tandis que les conséquences du vice propre de la chose transportée sont également une réduction quantitative mais résultant de la nature même de la chose transportée (ex. : dessiccation ou rouille d'une marchandise).

Donc, pour déterminer s'il y a avarie ou non, il faut comparer l'état de la marchandise au départ et son état à l'arrivée. Les textes et la jurisprudence font peser sur le transporteur l'obligation de répondre des avaries. Sa responsabilité n'est dégagée qu'à certaines conditions si le contrat ne prévoit pas de clause sur ces avaries.

C. Le retard

Le retard est une cause de mise en jeu de la responsabilité du transporteur. C'est en effet une violation de l'obligation de livrer la marchandise à la date convenue ou raisonnablement convenable (AUCTMR, art. 4.2 f). Le destinataire doit non seulement prouver le retard mais aussi le dommage en résultant pour lui. Les juges apprécient le retard en s'appuyant sur des critères tels que les usages, les horaires, le régime de l'expédition, etc. Selon l'article 14.4 de l'AUCTMR, le retard à la livraison ne peut donner à réparation que si un avis écrit est adressé au transporteur dans les vingt et un jours suivant la date de l'avis d'arrivée de la marchandise au lieu prévu pour la livraison ou, le cas échéant, celle de l'arrivée de la marchandise à la résidence ou à l'établissement du destinataire lorsque la livraison doit y être effectuée.

§ 2. Les modes et conservation des preuves

La preuve est à la charge du demandeur en réparation et peut se faire par tous moyens. Elle ne doit porter que sur les dommages dont le transporteur doit répondre, c'est-à-dire, trouvant leur cause postérieurement à la prise en charge de l'envoi et antérieurement à sa livraison au destinataire.
Seule l'irrecevabilité de l'action met obstacle à la preuve. Le procès en responsabilité roule sur des faits dont la preuve est souvent périssable. C'est l'expertise de l'article 1177 du CCM qui s'étend à toute contestation de quelque nature qu'elle soit sur la formation ou l'exécution du contrat de transport. Le magistrat à qui la nomination est demandée doit y référer, que cette demande provienne du voiturier, du destinataire ou de l'expéditeur. L'expertise peut être demandée à tout moment, même après la livraison.
La nomination de l'expert ou des experts a lieu par ordonnance au pied d'une requête. Le requérant est tenu d'appeler à l'expertise les parties susceptibles d'être mises en cause (expéditeur, transporteur, destinataire ou commissionnaire) par simple lettre recommandée ou par télégramme. En effet, cette convocation régulière est la condition de l'opposabilité à tous des constations faites par l'expert. L'expert vérifie et constate l'état des objets et au besoin leur conditionnement, leur poids, leur nombre et il doit se borner à des évaluations quantitatives. Les frais de l'expertise subiront le sort du process principal et ils incombent à la partie qui succombe.

En outre, l'article 14 de l'AUCTMR édicte une procédure de constatation de l'état de la marchandise et du retard à la livraison. Il traite de la preuve du dommage. À la livraison, le transporteur et le destinataire peuvent s'entendre sur l'état de celle-ci dans une constatation commune faite par écrit. La preuve est recevable pour les pertes ou avaries non apparentes mais à condition que le destinataire

ait adressé au transporteur un avis écrit indiquant la nature des pertes ou avaries dans les sept jours suivant la constatation commune, dimanche et jours fériés non compris.
En l'absence d'une constatation commune de l'état de la marchandise, le destinataire doit adresser au transporteur un avis écrit indiquant la nature des pertes ou avaries au plus tard le premier jour ouvrable qui suit la date de la livraison en cas de pertes avaries apparentes, ou dans les sept jours suivant la date de la livraison de la marchandise, dimanche et jours fériés non compris, en cas de pertes ou avaries non apparentes. Si aucun avis n'est adressé au transporteur dans ces délais, la marchandise est réputée avoir été reçue dans l'état décrit à la lettre de voiture, étant entendu qu'une mention écrite de la perte ou de l'avarie faite sur la lettre de voiture ou sur tout autre document de transport au moment de la livraison satisfait aux exigences de l'avis.

Les autres moyens de preuve relèvent du droit commun. Il s'agit de l'expertise amiable demandée à un expert que les parties en cause ont choisi, l'expertise judiciaire ordinaire que le juge peut, souverainement, demander et les constats à la demande d'une partie requis des gendarmes, policiers, etc.

§ 3. Les conditions d'exonération

Le principe retenu par les textes et par la jurisprudence est que le transporteur est responsable des dommages subis et prouvés par le destinataire ou l'expéditeur, dommages causés soit par la perte ou les avaries des marchandises ou encore par le retard apporté au transport. Aux termes de l'article 17 de l'AUCTMR, le transporteur est exonéré de responsabilité s'il prouve que le dommage est dû à une cause étrangère comme la force majeure et le vice propre à la chose combinés souvent à la faute de l'usager et les freintes ou déchets de route.

La force majeure est un événement imprévisible, insurmontable et extérieur. On peut retenir entre autres les circonstances atmosphériques, les faits de guerre, les incendies qui ne prennent pas naissance dans des locaux du transporteur, les grèves inévitables et insurmontables, le fait d'un tiers imprévisible et irrésistible comme le vol avec braquage lors du déchargement d'un camion.

À noter que c'est à propos des transports que fut proposée la distinction, aujourd'hui abandonnée, entre cas fortuit et force majeure, mais la force majeure est écartée en raison de la faute du transporteur ou du caractère prévisible de l'événement. En transport fluvial, le transporteur répond des risques de la navigation. Il faut noter que le fait du tiers (souvent invoqué, le vol est rarement retenu) ne permet pas d'appliquer les règles de la force majeure. Mais il y a lieu d'exonérer de toute responsabilité un voiturier si l'événement a réuni les conditions de l'imprévisibilité et de l'irrésistibilité. Le fait de ses préposés ne peut libérer le voiturier.

Le vice propre de la marchandise, en tant que cause de libération, peut se combiner avec une faute de l'usager (faute de l'expéditeur et du destinataire + fait de l'ayant droit = fait du créancier) et souvent il en sera ainsi, car le défaut d'emballage, de bâchage, d'arrimage, d'étiquetage, marquage, etc., tient à ce qu'il était trop faible eu égard à la nature de la marchandise, etc. Le dommage qui tient au vice de la chose est un risque de propriété, ce n'est pas un risque du contrat de transport. C'est pourquoi, il faut considérer que « *toute prédisposition des objets transportés à se détériorer au cours du transport est un vice inhérent à la nature même de la chose* »[9]. Le vice de la chose est sa nature, c'est-à-dire la particularité de la marchandise la rendant inapte à supporter sans dommage un transport normalement conduit. Le vice n'est pas le défaut de la chose mais tient à sa nature (tendance à la maturation d'un fruit, à l'évaporation, à l'oxydation, au coulage, à la dessiccation, denrée périssable en raison de sa nature, etc. En revanche ne constitue pas un vice propre la fragilité même des objets.

Enfin, il faut tenir compte des freintes ou déchets de route qui sont des pertes de poids ou de volume (par dessiccation, évaporation, tamisage, manutention, etc.) tolérées par les usages et dues à la nature de la marchandise et qui sont considérées comme n'engageant pas la responsabilité du transporteur. Ainsi, l'article 1142 du CCM prévoit qu'un arrêté interministériel fixe des taux maxima de déchets de route ou freintes autorisés selon les catégories de marchandises ou de produits, les moyens de transport utilisés. Ces manquants ou pertes constatés lors de la livraison qui dépasseraient ces taux seront

[9] Article 40 de l'ordonnance 53/CMLN du 19-09-1973 abrogée.

remboursés par le transporteur à l'expéditeur ou au destinataire suivant le cas, au prix à l'embarquement desdits produits ou marchandises. En France, le code des transports fixe les taux maxima en deçà desquels les transporteurs ne doivent rien à 2,5 % pour les marchandises ayant un taux d'humidité supérieur à 10 % et 1 % pour les marchandises sèches sujettes à freinte de route. Plus illustratif est ce tableau du *Dico du Commerce international*[10].

N°	Article	Nature des dommages	Taux de freinte	Observations	REGROUPEMENT	
					Désignation	Taux de freintes
1	Fruits	Maturation, pourrissement, vol	2,00 %		Fruits verts	5 %
2	Ananas	Maturation, pourrissement, vol	5,00 %	CCAMF afnor		
3	Banane	Maturation, vol	3,00 %	NFV22-105		
4	Plantain mûr	Maturation, pourrissement, vol	1,00 %			
5	Maïs	Mouille, vol, infestation par insectes	1,00 %		Grains et fruits secs	1,5 %

[10] https://www.glossaire-international.com/pages/tous-les-termes/freinte-de-route.html

6	Arachides	Mouille, vol, infestation par insectes	1,00 %			
7	Haricot	Mouille, vol, infestation par insectes	1,00 %			
8	Oignons	Maturation, pourrissement	1,50 %			
9	Tourteau	Mouille, vol, infestation par insectes Moisissure, traitement	2,00 %			
10	Huile en bouteille	Suintement, déformation Emballage, mouille	0,50 %		Produits Manufacturés	0,20 %

§ 4. Les conséquences de la non-responsabilité du transporteur

Selon que le voiturier a fait la preuve que le dommage est entièrement dû à une cause qui ne lui est pas imputable ou que la preuve a été faite qu'il y a concouru pour partie, sa libération sera partielle ou totale.
La libération du transporteur reporte alors les conséquences du dommage (charge des risques de transport) sur le chargé des risques du transport. Le principe est *res perit domino*, c'est-à-dire, le dommage est supporté par le propriétaire de la marchandise. Cette règle est reprise par l'article 1175 du CCM selon lequel les marchandises voyagent aux risques et périls de celui à qui elles appartiennent, sauf stipulation contraire des parties. Le chargé des risques est généralement le destinataire s'il est acheteur dans les ventes au départ. Dans les ventes avec clause de réserve de propriété, les risques pèsent sur le vendeur jusqu'au paiement complet du prix qui intervient souvent après le transport.
Dans les expéditions contre remboursement (jurisprudence), le

vendeur reste propriétaire pendant le transport et les marchandises voyagent à ses risques.

§ 5. La réparation

Le voiturier est tenu de réparer le dommage subi par l'ayant droit selon les règles du droit commun parfois écartées au profit de règles spécifiques.

A. Les règles de droit commun de la réparation

Dommage réparable : Le transporteur doit réparation intégrale du dommage qu'il a causé. Sont réparables les dommages matériels et moraux ainsi que la perte subie *(dammum emergens)* et le gain manqué *(lucrum cessans)* ainsi que tous les éléments établis (baisse de cours, retard, trouble commercial comme perte de clientèle et réputation), qui sont une suite immédiate et directe de l'inexécution de la convention et qui étaient prévisibles lors de sa conclusion.

Évaluation du dommage : Elle est judiciaire. Les juges doivent suivre le principe de l'indemnisation intégrale et proportionnelle au dommage subi par le demandeur. La date de l'évaluation des dommages et intérêts est le jour où la décision est rendue. Si l'ayant droit a procédé au remplacement, l'indemnisation consistera à lui rembourser la somme qu'il a déboursée. Si l'objet était consigné, la réparation consisterait dans le remboursement du montant de la consignation.

À noter que l'évaluation peut être intégrale (quand la loi fixe un plafond variable selon les modes de transport) ou amiable ou conventionnelle sous forme de clause pénale ou de clause limitative de responsabilité. Toutefois, les plafonds peuvent sauter en présence de faute dolosive ou lourde du transporteur.

En matière de transport de marchandises par route, l'article 18.1 de l'AUCTMR prévoit que « *l'indemnité pour avarie ou pour perte totale ou partielle de la marchandise est calculée d'après la valeur de la marchandise et ne peut excéder 5 000 f CFA par kilogramme de poids brut de la marchandise ».* Toutefois, l'expéditeur peut prétendre à une indemnisation plus large dans les trois cas suivants :

a) lorsqu'il a fait à la lettre de voiture une déclaration de valeur (AUCTMR, art. 18.1) ;
b) lorsqu'il a fait une déclaration d'intérêt spécial à la livraison, l'indemnité pour le préjudice subi (AUCTMR, art. 18.1) ;
c) en cas de dommage supplémentaire résultant d'un retard (AUCTMR, art. 18.3).

Dans ces cas, l'indemnité ne peut excéder le montant indiqué dans la déclaration.

Modes de réparation : Elle se résout par équivalent, c'est-à-dire en dommages-intérêts. Sont exclues les réparations en nature ou consistant en un remplacement matériel de la chose avariée ou de la chose perdue. Mais, il existe une forme particulière aux transports consistant dans le laisser pour compte, technique non prévue par les textes mais admise par la jurisprudence en présence d'un manquement important du voiturier à ses obligations. Le laisser pour compte consiste pour le transporteur à garder la chose qui ne présente plus d'intérêt pour l'ayant droit et à dédommager intégralement celui-ci. Un dernier mode de réparation réside dans l'abandon de la fortune de mer (fret et navire compris) par l'armateur aux créanciers. L'armateur est alors quitte même si l'actif est insuffisant.

B. Les règles particulières de réparation

Elles sont issues des textes spécifiques à chaque mode de transport. Elles consistent dans les limitations de réparation. Les tarifs et les contrats-types fixent des plafonds très bas d'indemnisation due en cas de perte ou d'avarie de la marchandise ou du retard à la livraison. Ces régimes particuliers peuvent être écartés par la volonté des parties, en présence d'un dol ou d'une faute lourde du transporteur.

Section 2 : Le régime conventionnel de la responsabilité du transporteur

Le régime de droit commun de la responsabilité du transporteur peut être modifié conventionnellement par les parties au contrat, en principe. Parmi les clauses modifiant le régime légal de la responsabilité, on peut citer les techniques classiques et les techniques propres aux transports.

§ 1. Les techniques conventionnelles classiques

A. Les clauses de garantie

Ce sont des clauses aggravant la responsabilité. Selon l'article 134 al. 2 du RGO, « *les parties peuvent d'un commun accord aggraver leurs obligations sous réserve des dispositions d'ordre public* ». Le transporteur peut s'engager, par exemple, à réparer les dommages ne lui incombant pas ou découlant de certains cas de force majeure, obligation de garantie ; ou en présence d'un plafond légal de réparation. Ces clauses sont valables, mais rares en pratique.

B. Les clauses limitatives de responsabilité du transporteur

Elles visent à atténuer la responsabilité du transporteur en permettant à celui-ci de récuser une partie des obligations qui lui incombent normalement. Pour la validité de telles clauses, il faut : 1°) qu'il n'y ait pas une atteinte à l'essence du contrat ; 2°) une absence de limitations d'ordre public (légales ou tarifaires) à l'encontre desquelles le transporteur ne peut stipuler ; 3°) qu'il y ait une connaissance et acceptation par l'expéditeur lors de la conclusion du contrat (preuve à la charge du voiturier) ; 4°) une indemnité non dérisoire, une absence de dol ou de faute lourde du bénéficiaire.

En pratique, deux formules sont concevables. La première est relative aux clauses limitatives *stricto sensu* qui fixent un plafond conventionnel au-dessus duquel ne peut s'élever l'indemnité. Dans ce cas, le demandeur doit établir le montant du préjudice éprouvé (RGO, art. 134 et 117). La deuxième formule est celle des clauses pénales visées à l'article 135 du RGO. Les contractants peuvent, par une clause pénale écrite, s'engager à payer une somme déterminée dans le cas d'inexécution totale ou d'exécution partielle, tardive et défectueuse. Ces clauses ont donc pour effet d'évaluer forfaitairement l'indemnité due par le débiteur en cas d'inexécution. La somme prévue par la clause restera invariable quelle que soit l'ampleur du préjudice effectivement causé par le défaut d'exécution.

C. Les clauses de non-responsabilité ou clauses élusives de responsabilité

Ce sont celles qui stipulent dans le contrat qu'en cas d'inexécution, le débiteur ne sera pas responsable et ne sera pas tenu à des dommages intérêts (stipulations de non-responsabilité, de non-réparation, d'exonération...). Ces clauses peuvent être dangereuses dans la mesure où elles peuvent inciter le débiteur à une certaine négligence et privent le créancier de l'indemnisation. En droit malien, ces clauses ne sont pas valables. L'article 134 al.1 du RGO n'admet pas les clauses qui font pas disparaître totalement la responsabilité des parties. C'est aussi la position de l'AUCTMR qui, en son article 28, frappe de nullité, toute stipulation contractuelle qui, directement ou indirectement, dérogerait à ses dispositions, sauf dans des cas limitativement énumérés. Il s'agit d'une nullité absolue mais qui n'a pas d'incidence sur les autres stipulations du contrat.

§ 2. Les techniques propres aux transports

Ce sont des palliatifs permettant à l'usager d'atténuer les conséquences des limitations tarifaires par l'élévation du plafond mais sans modification des principes de la responsabilité. On a recours à deux formules, généralement à l'initiative de l'expéditeur moyennant le paiement d'un supplément de prix et la mention sur le document de transport.

A. La déclaration de Valeur

Les parties peuvent insérer soit dans leurs tarifs et règlements, soit dans des conventions particulières des dispositions limitant les dommages intérêts auxquels elles peuvent être condamnées, mais suivant des critères très précis parmi lesquels la déclaration de valeur de la marchandise telle qu'elle aura été déclarée par l'expéditeur pour les droits d'entrée en cas de perte de marchandises importées.

La déclaration de valeur a pour but de couvrir le dommage matériel résultant d'une perte ou d'une avarie (voir article 18.1 de l'AU-

CTMR). Elle a pour effet la substitution du montant déclaré au montant tarifaire. Ex : déclaration de marchandises précieuses.

B. La déclaration d'intérêt à la livraison

Son utilité est qu'elle élève au montant stipulé la limite de réparation pour tout dommage supplémentaire, en raison de l'absence (ou du retard) de livraison ou d'avarie et qui autrement ne serait pas indemnisé (le cas est fréquent s'agissant du manquant).

Aux termes de l'article 18. 2 de l'AU-CTMR, « *dans le cas d'une déclaration d'intérêt spécial à la livraison, il peut être réclamé, indépendamment de l'indemnité prévue pour l'avarie ou la perte de la marchandise, et à concurrence du montant de l'intérêt spécial, une indemnité égale au dommage supplémentaire dont la preuve est apportée* ».

Section 3 : L'action en responsabilité contre le transporteur de marchandises

L'action ayant pour objet la mise en cause de la responsabilité du transporteur est soumise à certaines règles de procédure particulières à elle mais communes à toutes actions. Cette action, qui peut être intentée soit par l'expéditeur, soit par le destinataire, peut être paralysée dans son exercice par des fins de non-recevoir ou être éteinte par une prescription abrégée.

§ 1. Les parties à l'instance

Disposent d'un droit d'action, l'expéditeur à condition qu'il éprouve un préjudice (tel n'est généralement pas le cas pour une vente au départ, même en cas d'expédition opérée par l'entremise d'un commissionnaire), le destinataire associé au contrat par son acceptation. Mais son refus de prendre livraison sans motif le place hors de la relation contractuelle et élimine toute action à ce titre. Cette situation est à distinguer du refus légitime pour une mauvaise exécution du contrat. À cet effet, le transporteur peut donc être actionné simultanément par l'expéditeur et par le destinataire, mais pour la réparation de leur préjudice respectif, un même chef de dommage ne pouvant être réparé deux fois. Peut aussi agir le commissionnaire lui-même partie au contrat. Mais, depuis une jurisprudence de 1982, il ne peut agir contre le voiturier qu'après avoir payé son commettant.

Expéditeur, destinataire et commissionnaire peuvent agir par mandataire, céder leurs droits. L'assureur, par exemple, qui a versé l'indemnité se trouve légalement subrogé de ce fait dans les droits et actions de l'assuré contre l'auteur du dommage à concurrence de son paiement. S'il n'est pas partie, le propriétaire de la marchandise ne trouve pas, en cette seule qualité, le fondement à agir au plan contractuel.

Les défendeurs sont le transporteur et éventuellement le commissionnaire répondant de son fait (mauvais choix du transporteur, modalités d'expédition, non-respect des instructions reçues, erreur dans l'établissement des documents ou dans leur utilisation, non recevabilité du recours du commettant).

Qu'en est-il lorsque le transport est exécuté avec le concours de plusieurs voituriers (ou commissionnaires) ? Le demandeur peut évidemment actionner le premier transporteur, tenu à son égard d'une obligation de résultat. Les voituriers qui lui succèdent, selon une théorie dite « du transporteur intermédiaire » reprise par une certaine jurisprudence, ne répondront que de leurs fautes personnelles. Cette situation serait également étendue au dernier transporteur. Mais cette théorie et ses solutions ne sont pas fondées. On retient donc la solution donnée par les articles 99 à 103 du code de commerce français qui font jouer la responsabilité de plein droit à tous les stades. Ainsi, chaque transporteur intermédiaire répond des dommages constatés à l'issue de son intervention, dès lorsqu'il est censé avoir reçu une marchandise intacte, faute de réserves de sa part. En l'absence de ces dernières, il en résulte que la responsabilité peut être repoussée jusqu'au dernier voiturier dont la situation est rendue plus délicate.

§ 2. Les règles de compétence

En matière de compétence d'attribution, on applique les principes généraux du droit commun en ce qui concerne la répartition entre les tribunaux administratifs et les tribunaux judiciaires, la répartition entre les tribunaux civils et les tribunaux de commerce. Le voiturier étant professionnel, le demandeur doit l'assigner devant le tribunal consulaire s'il est lui-même commerçant. S'il est civil, il a le choix entre le tribunal civil et le tribunal consulaire. Lorsque le contrat implique une personne morale de droit public agissant ès qualité, c'est le tribunal administratif qui est compétent. L'AU-CTMR prévoit en son article 26, le règlement par arbitrage de tout litige résultant d'un contrat qui lui est soumis. Cette disposition est conforme à l'article 21 du Traité OHADA qui permet la soumission à l'arbitrage des différends d'ordre contractuel.

En matière de compétence territoriale, un différend peut être porté devant le tribunal territorialement compétent ou devant le tribunal compétent à titre contractuel. Le tribunal territorialement compétent est celui du défendeur. Pour une personne physique, c'est celui du lieu où elle a son domicile, ou défaut sa résidence. Pour une personne morale, c'est celui « du lieu où elle est établie », c'est-à-dire son siège social, mais également celui d'une succursale, c'est-à-dire, un établissement d'une importance l'autorisant à traiter au nom du défendeur, et à condition que « *le fait générateur du litige se rattache par une relation directe aux opérations de la succursale au point de vue de l'exploitation, de l'administration ou de la surveillance* »[11]. C'est la jurisprudence dite des gares principales.
Le tribunal compétent à titre contractuel est celui du lieu de livraison effective de la marchandise ou du lieu d'exécution de la prestation du service. Le demandeur (CPC malien, art. 46 nouveau) a le choix si le litige est commercial. En cas de pluralité de défendeurs, l'assignation de tous peut se faire devant le tribunal compétent à l'égard de l'un d'eux.
Les règles normales de compétence peuvent être écartées par les parties, soit par une clause attributive de compétence, soit par une élection de domicile. Au regard de leur validité, ces stipulations sont réputées non écrites à l'égard des non-commerçants. Quant à leur portée, ces clauses doivent avoir été connues et acceptées des parties. Elles ne peuvent empêcher, en cas de pluralité de défendeurs, d'attraire tous devant le tribunal du domicile de l'un d'eux (dans un

---

[11] Cass. civ. français, 22 juin 1920, s. 1920, 1, 272.

souci de bonne administration de la justice, dès lors que la contestation n'est pas divisible). La clause cède également devant la règle de litispendance.

Les clauses compromissoires appellent les mêmes réflexions. Le demandeur peut, en matière délictuelle, saisir, outre le tribunal du défendeur, celui du lieu du fait dommageable ou celui dans le ressort duquel le dommage est subi. Cela ne concerne pas les actions contractuelles.

§ 3. La conservation du recours (délai pour agir)

Le destinataire qui entend rechercher la responsabilité du transporteur a intérêt d'abord à préserver son action, faute de quoi, celle-ci est éteinte. Cette action doit être exercée dans un délai déterminé pour éviter la prescription.

A. La fin de non-recevoir ou forclusion

L'expéditeur et le destinataire se trouvent forclos pour engager toute action en responsabilité contre le transporteur en cas d'avaries ou de pertes partielles de marchandises si dans un certain délai, ils n'ont émis aucune protestation ou aucune réserve suivant les formes prescrites par la loi ou les règlements. L'absence de protestation dans ce délai indique que le transport a été correctement conduit et a pour conséquence, l'irrecevabilité de toute action contre le voiturier. On dit alors qu'il y a fin de non-recevoir ou forclusion. Cette rigoureuse déchéance ne frappe que le recours en responsabilité contre le voiturier (art. 14.4 et 25.2 de l'AUCTMR). Mais, quand ce dernier est demandeur en réparation, il ne se verra opposé aucune fin de non-recevoir. Il ne faut pas confondre conservation du recours et exercice de ce recours. Ces dispositions ne concernent que la préservation du droit d'agir contre le transporteur. Autre chose sera par la suite l'exercice du droit d'action sauvegardé.

Domaine d'application de la forclusion : Elle concerne tous les transports terrestres internes, quel que soit le mode utilisé. Elle vise les actions nées du contrat de transport, exercées contre le transporteur, émanant de l'expéditeur, du destinataire ou du commissionnaire, à l'occasion de pertes partielles ou avaries. Sont donc exclues de la forclusion, les actions pour perte totale, retard et même avaries consécutives à un retard.

La forclusion est attachée à la réunion de quatre conditions. La première est la réception de la marchandise, véritable préalable à la fin de non-recevoir, puisque la déchéance tient à ce que le silence gardé laisse présumer une satisfaction. La forclusion ne peut jouer en cas de refus du destinataire de prendre livraison de la marchandise (rappel : réception n'est pas simple enlèvement). Ensuite, il faut qu'il y ait une absence de fraude de la part du voiturier ou de ses préposés mettant obstacle à la possibilité d'agir à temps (soustraction de la marchandise, obstacle mis de mauvaise foi par le voiturier aux vérifications ou aux protestations en temps utile du destinataire). De plus, en cas de retard, la forclusion ne joue que si « *un avis écrit est adressé au transporteur dans les vingt et un jours suivant la date de l'avis d'arrivée de la marchandise au lieu prévu pour la livraison ou, le cas échéant, celle de l'arrivée de la marchandise à la résidence ou à l'établissement du destinataire lorsque la livraison doit y être effectuée* » (art. 14.4 de l'AUCTMR). Toutefois, selon l'article 14.2 de l'AUCTMR, « *lorsqu'il n'y a pas de constatation commune écrite de l'état de la marchandise à la livraison, le destinataire doit adresser au transporteur un avis écrit indiquant la nature des pertes ou avaries : a) au plus tard le premier jour ouvrable qui suit la date de la livraison, en cas de pertes ou avaries apparentes ; b) dans les sept jours suivant la date de la livraison, dimanche et jours fériés non compris, en cas de pertes ou avaries non apparentes* ».

Enfin, lorsque la livraison a été effectuée, « *l'action n'est recevable que si une réclamation écrite a été préalablement faite au premier transporteur ou au dernier transporteur au plus tard soixante (60) jours après la date de la livraison de la marchandise ou, à défaut de livraison, au plus tard six (6) mois après la prise en charge de la marchandise* » (art. 25.2 de l'AUCTMR). Ces 60 jours ne concernent que les cas d'avaries ou de manquants. À défaut de livraison, c'est-à-dire pour les cargaisons perdues, le délai précédent est allongé de six mois après la prise en charge de la marchandise.

À ces conditions, on peut ajouter l'absence de l'une des causes de relèvement de la forclusion.

Les moyens pour éviter la forclusion peuvent se résumer à trois. Le premier moyen est la protestation en forme. Elle doit être écrite, motivée et émise dans les délais indiqués aux articles 14.4 (21 jours) et 25.2 (60 jours) qui suivent la réception de la marchandise sous forme d'acte extrajudiciaire (exploit d'huissier) ou d'une lettre recommandée, toute autre forme de notification étant nulle, sauf disposition contraire d'une convention internationale. On doit noter que les conditions de délai et de forme sont rigoureusement maintenues par la cour de cassation française (refus de télex, de constat d'huissier…). Normalement, la protestation émane du destinataire. Elle peut cependant émaner de son mandataire, du commissionnaire, voire de l'expéditeur et doit être notifiée au voiturier qui a effectué la livraison (et non, en principe, au commissionnaire).

Le deuxième moyen est la demande d'expertise qui doit intervenir dans les trois jours qui ont suivi la livraison et non avant la livraison. Cette demande vaut protestation sans qu'il soit nécessaire que le destinataire notifie au transporteur une protestation motivée. Dans le silence du législateur OHADA, les parties sont obligées de recourir à l'expertise de droit commun instituée par l'article 1177 du CCM, applicable à tous les modes de transport et utilisable par tout requérant partie au contrat de transport : voiturier, expéditeur, destinataire ou commissionnaire. Elle doit être demandée par requête adressée au juge qui désigne un ou plusieurs experts. Sauf dispense pour urgence, le requérant doit appeler à l'expertise les parties pouvant être mises en cause. Sinon, l'opposabilité de l'expertise en souffrira. Le juge rend une ordonnance susceptible d'opposition. Les frais d'expertise sont à la charge du perdant lorsqu'un procès a été engagé au fond sur la responsabilité ou de celui qui y aurait succombé dans les autres cas. Une contre-expertise est soumise aux règles du droit commun.

Le troisième moyen est la formulation de réserves. C'est une création de la pratique acceptée par la jurisprudence. En matière routière, ces réserves sont prévues aux articles 14.1 (7 jours en cas de perte ou d'avarie) et 14.2 et 14.4 (21 jours en cas de retard) de l'AU-CTMR.

Ces réserves, qui peuvent prendre n'importe quelle forme (verbale ou écrite (télex)) et acceptées par le voiturier, le privent de la faculté de se prévaloir de la fin de non-recevoir résultant de l'absence de protestations en forme. Elles n'ont pas à être spécialement motivées mais doivent affecter un degré minimum de précision pour que le voiturier les accepte.

Ces réserves doivent être acceptées de telle manière que l'on puisse lire dans l'adhésion du voiturier le signe certain de sa renonciation à se prévaloir du délai de forclusion. Elles doivent être concomitantes à la livraison. Outre leur fonction procédurale, les réserves ont une fonction probatoire. Elles établissent que les dommages, prouvés par les réserves acceptées sont antérieurs à la livraison (antérieurs, il faut les recommencer au moment de la livraison ou faire suivre celle-ci d'une protestation en forme ; postérieures, elles n'auraient aucune portée).

Les réserves acceptées ont un double effet. Elles évitent la forclusion. Dans le procès au fond qui pourra s'engager, elles établissent le dommage et son antériorité par rapport à la livraison.

Les effets de la forclusion : Une fois acquise, l'action contre le transporteur est bloquée. En conséquence, un destinataire négligent peut faire prendre tout recours à l'expéditeur contre le transporteur. Le destinataire répond de cette conséquence sur le plan du droit commun. Ensuite, l'assureur du destinataire couvrira les dommages (avaries) causés aux marchandises. Si le destinataire est négligent, l'assureur ne peut plus se retourner contre le transporteur. La faute lourde du transporteur ne le prive pas d'invoquer la forclusion du demandeur.

B. La prescription extinctive

L'accomplissement de la prescription rend l'action irrecevable comme le fait la forclusion de l'article 1178 du CCM. L'article 1180 du CCM édicte une prescription extinctive de trois ans pour toutes les actions auxquelles le contrat de transport peut donner lieu (formation, exécution). En matière routière, c'est la prescription prévue à l'article 25-1 de l'AUCTMR qui s'applique : « *Toute action découlant d'un transport régi par l'Acte uniforme se prescrit par un an à compter de la date de livraison ou, à défaut de livraison, de la date à laquelle la marchandise aurait dû être livrée. Toutefois, dans le cas de dol ou de faute équivalente au dol, cette prescription est de trois ans. »*

Toutefois, l'article 21.1 de l'AUCTMR prive le transporteur routier du bénéfice de l'action prévue par l'article 25 du même acte uniforme en cas de faute inexcusable. Il s'agit de situation où il est prouvé que la perte, l'avarie ou le retard à la livraison résultent d'un acte ou d'une omission qu'il a commis, soit avec l'intention de provoquer cette perte, cette avarie ou ce retard, soit témérairement et en sachant que cette perte, cette avarie ou ce retard en résulteraient probablement.

La prescription s'applique aussi bien aux actions principales qu'aux actions secondaires : paiement des frais accessoires ou complémentaires, actions en remboursement des frais exposés par le voiturier, restitution des frais de magasinage, actions pour perte, avaries, retard, etc. À la différence de la forclusion, les règles sur la prescription ne jouent pas à sens unique.
Sont, en revanche, exclues de la prescription les actions relatives à des faits ou à des situations antérieures ou postérieures au lien contractuel de transport, les actions fondées sur un autre contrat (vente, dépôt, mandat…). Mais, le mandat que comporte la stipulation d'une livraison contre remboursement s'intègre dans le contrat de transport.
Les délais courent en cas de perte totale, du jour où la remise aurait dû être faite (expiration due et non le jour délai de livraison). Dans les autres cas, les délais courent à partir du jour où la marchandise « *est remise ou offerte au destinataire* », la règle jouera pour les actions en responsabilité pour manquant, avarie ou retard, mais aussi pour les autres actions (actions en redressement de taxe, par ex.). En cas de dommages, la prescription ne court donc pas du jour de leur survenance. En cas de fraude, ou d'infidélité le délai est de trois ans. Si la marchandise est d'abord offerte et refusée, puis acceptée et remise, le jour de départ est celui de l'offre et non le jour ultérieur de la remise.

Lorsque la marchandise fait l'objet d'une réexpédition pour avaries, le délai ne court qu'à compter de la réception conforme par le destinataire. Selon le droit commun, la prescription peut être interrompue par une citation en justice ou par la reconnaissance du droit du réclamant (importance en pratique de la reconnaissance tacite induite d'un comportement ou équivoque). Un nouveau délai recommence à courir à compter de l'acte interruptif (anéantissement du temps déjà écoulé).

L'interruption n'a pas d'effet interversif (la prescription demeure triennale), sauf si l'événement interruptif entraîne une novation de l'obligation. En cas de suspension, la prescription ne court pas, en effet, contre celui qui est dans l'impossibilité d'agir. Le temps écoulé avant la survenance de la cause de suspension est cependant consenti.

La prescription doit être invoquée par celui qui entend s'en prévaloir, serait-ce en appel. La renonciation n'est possible, expressément ou tacitement que lorsque la prescription est acquise. Pour ce qui est des conventions sur la prescription, les clauses abréviatives du délai sont valables. Les clauses allongeant le délai sont nulles comme aboutissant à une renonciation anticipée.

Comme effet, l'action atteinte de prescription est irrecevable. L'effet extinctif ne peut être remis en cause par la délation du serment de celui qui s'en prévaut (comme pour les courtes prescriptions). Mais, selon la jurisprudence, le créancier peut faire valoir par voie d'exception les droits qu'il ne peut plus invoquer par voie d'action.
L'article 1181 du CCM relatif aux actions récursoires (action en cours contre un tiers) impose un délai de six mois qui court à compter du jour où la décision de justice est définitive. Ces actions sont uniquement celles qui se rattachent à une action principale née de l'exécution du contrat de transport. Le même délai court de l'exercice de l'action contre le garanti. L'action contre l'assureur se prescrit pour deux ans à compter du jour où l'assuré a eu connaissance du sinistre. L'action directe contre l'assureur de la responsabilité du transporteur routier se prescrit pour un an après la livraison. L'action en responsabilité peut s'éteindre par la renonciation de l'ayant droit ou la transaction.

TITRE II :
LE CONTRAT DE TRANSPORT DE PERSONNES ET DE LEURS BAGAGES

Le contrat de transport des personnes et de leurs bagages est régi par les articles 1182 à 1185 du CCM. La définition de l'article 1124 du CCM reste valable pour le contrat de transport de personnes, car il vise le déplacement d'une personne physique et de ses bagages moyennant rémunération, dans des conditions convenues. Toutefois, il diffère du transport des marchandises, quant à la formation (chapitre I), l'exécution (chapitre II) et la responsabilité (chapitre III).

CHAPITRE I :
LA FORMATION DU CONTRAT DE TRANSPORT DE PERSONNES

Le contrat de transport de personnes est un contrat consensuel. La notion de parties y est essentielle dans la mesure où d'autres personnes appelées auxiliaires du transport peuvent intervenir sans que leur position juridique par rapport au contrat soit clairement déterminée (section 1). Le titre (section 2) le constate mais le forme pas. Toutefois, son absence ou son irrégularité peut être sanctionnée.

Section 1 : Les parties au contrat

Certaines particularités de ce contrat invitent à faire une analyse plus détaillée de deux questions relatives au pouvoir de conclure le contrat et à la détermination des conditions de l'émission du consentement.

§ 1. Le pouvoir de conclure le contrat

Le pouvoir de conclure un contrat de transport de personnes appartient au transporteur, d'une part, et au voyageur, d'autre part. Mais d'autres personnes appelées « auxiliaires du transport »[12], peuvent intervenir dans la conclusion du contrat de sorte qu'il importe de déterminer leur position juridique par rapport au contrat.

A. Le transporteur et le voyageur

Le transporteur est celui qui conclut le contrat et exécute la prestation caractéristique, le déplacement. Il est aussi appelé « Voiturier », mot peu employé dans le langage moderne et qui vient de « voie » (chemin), qui a aussi donné le mot « voiture » (moyen de transport par terre). Dans le vocabulaire juridique, il est utilisé pour désigner les transporteurs terrestres et les transporteurs par eau (transports fluviaux) »[13].

---

[12] BOYE (Abdel Kader), *Droit des contrats et de la responsabilité*, « Les contrats relatifs aux transports terrestres », Encyclopédie juridique de l'Afrique, vol. 9, p. 155 et s.

[13] Voir Serge BRAUDO, **https://www.dictionnaire-juridique.com/definition/transports.php.**

Le cocontractant du transporteur est le voyageur appelé alors « passager »[14]du fait qu'il cesse le déplacement à pied pour emprunter différents moyens de transport. Le transporteur est en état d'offre permanente. Le contrat se forme par l'initiative du voyageur. C'est lui qui paye la rémunération en vue du déplacement. Ainsi, le contrat de transport ne couvre pas le voyageur clandestin, le passager bénévole ou le passager ayant participé aux frais de voyage sans payer le prix. Les deux parties au contrat peuvent se faire représenter.

B. Les auxiliaires de transport

En Afrique, ils sont désignés par différents noms : apprenti chauffeur ou aide-chauffeur, chauffeur, convoyeur ou chef de convoi et coxeur. Le rôle ambigu joué par ces personnages dans le transport amène à déterminer le lien juridique qui les unit non seulement au chauffeur mais surtout au propriétaire du véhicule.

1. L'apprenti chauffeur ou aide-chauffeur

Il est chargé principalement de surveiller la montée et la descente de voyageurs, de percevoir le prix des places. Il reste à savoir si l'apprenti-chauffeur peut valablement conclure le contrat de transport au nom du transporteur. En principe, le contrat peut être conclu par un des préposés du transporteur ou par toute autre personne ayant qualité pour agir en son nom. L'article 642, alinéa 2 du code des obligations civiles et commerciales sénégalais apporte une réponse à cette question : « *le préposé à la conduite du véhicule peut engager les services d'un aide-chauffeur avec l'autorisation du transporteur* ». Ce n'est pas le cas de l'apprenti.

2. Le chauffeur

En général, il est le préposé du transporteur. Mais, il peut arriver que le chauffeur soit lui-même le transporteur alors titulaire de la licence

---

[14] Selon l'expression du Pr Philippe DELEBECQUE, voir BON-GARCIN (Isabelle), BERNADET (Maurice) et DELEBECQUE (Philippe), *Droit des transports*, Dalloz, 2e éd., 2018, p. 335, n° 362.

d'exploitation du transport des personnes. Dans cette hypothèse, il est l'employeur direct de l'apprenti.

3. Le convoyeur ou chef de convoi

Son rôle le rapproche de l'aide-chauffeur mais est plus important que ce dernier dans la mesure où il a la gestion à la fois technique du véhicule et la maîtrise commerciale du déplacement. Autrement dit, il dirige le convoi, décide du nombre de voyageurs à embarquer, discute le prix de voyage avec le voyageur. En tant que représentant spécial du transporteur, il a qualité pour conclure le contrat de transport.

4. Le coxeur

Il fait du démarchage des clients à domicile ou dans les gares. Il fournit des renseignements aux clients relativement aux tarifs les plus abordables, aux jours et heures de départ et d'arrivée, aux escales, aux moyens de transport les plus fiables, etc.

Il peut également délivrer des tickets de voyage et introduire les clients. On assiste alors à une conclusion technique du contrat dans lequel le coxeur est censé représenter le transporteur. Il est alors le prépose ou représentant occasionnel du transporteur.

§ 2. Le consentement des parties

Le transport des personnes et leurs bagages est un contrat qui se forme, selon l'article 1182 du CCM, aussitôt que les parties se mettent d'accord sur les prestations qui leur incombent respectivement. C'est donc un contrat consensuel qui obéit aux règles de droit commun des contrats. Cependant, le mode et le moment précis de formation du contrat restent dépendants des pratiques en usage. On distingue trois situations.

A. Les transports à la commande ou transports irréguliers ou occasionnels

Les transports sont dits à la commande ou irréguliers ou occasionnels lorsque le voyageur (ou un groupe de voyageurs) fait exécuter pour lui un déplacement défini d'avance et ajusté à ses besoins. Tel est le cas des transports en taxis pour des excursions déterminées organisées par des agences, en cars commandés pour une noce, un banquet, un congrès, en avions commandés par un déplacement donné ou en bateaux. L'échange de consentement se fait de façon explicite après entente sur les éléments du contrat : type d'engins, lieux et horaires de départ et d'arrivée, prix et condition du déplacement.

B. Les transports réguliers

Les transports sont réguliers, lorsqu'ils sont effectués plus de deux fois entre les mêmes lieux à des intervalles déterminés d'avance par les transporteurs souvent sous le contrôle de l'autorité administrative (itinéraires de transports urbains et interurbains, lignes de chemins de fer, lignes aériennes, etc.). On distingue, outre certaines situations particulières, selon que l'accès à l'engin du transport est autorisé à ceux qui ne sont pas munis au préalable d'un titre de transport ou que l'accès au transport est libre.

1. Lorsque l'accès à l'engin est soumis à l'acquisition préalable d'un titre de transport

Dans ce cas, l'accès est interdit au public en général (chemin de fer, route, air). Le contrat se forme au moment où le voyageur demande et obtient le billet lui permettant d'accéder à l'engin. On en conclut alors que toute modification tarifaire postérieure sera sans effet sur les conditions du contrat. À ce stade, le voiturier est tenu d'une obligation de transporter le voyageur aux conditions de son billet mais non d'une obligation de sécurité. Celle-ci commence au moment de l'accès du voyageur à l'engin de transport. Le voyageur clandestin, n'ayant pas conclu de contrat, ne peut invoquer une responsabilité de nature contractuelle.

2. Lorsque l'accès à l'engin est libre

Le prix étant acquitté après la montée (tramways, autobus parfois…), le contrat se forme à l'instant où le voyageur est admis par le transporteur ou ses préposés à monter dans l'engin, au premier contact avec celui-ci. Ici, il y a concomitance entre la formation du contrat et la naissance de l'obligation de sécurité pesant sur le transporteur.

3. Situations particulières

Elles se présentent lorsque les clients souscrivent un abonnement ou achètent des carnets de tickets. L'abonnement noue une série de contrats. Chaque fois que le voyageur usera de son titre, le contrat sera couvert par l'abonnement. Le contrat pour tous les déplacements couverts est formé au lieu où l'abonnement a été pris, les modifications à la tarification ultérieure n'ont pas d'incidence sur le prix. Il n'y a ni remboursement ni report d'abonnement. L'obligation de sécurité ne joue que pendant les déplacements.

L'acquisition de carnets de tickets ne permet pas de nouer une série de contrats. Les tickets sont une monnaie conventionnelle que le voiturier délivre et qu'il accepte de prendre pour une valeur déterminée. Le changement de prix ne contraint pas le transporteur à accepter le ticket pour la valeur qu'il avait. L'usager qui a en main des tickets délivrés aux anciens prix, doit s'acquitter de supplément de prix car le contrat est supposé être au moment où le voyageur est admis à prendre place dans l'engin.

Section 2 : Les titres de transport et leur fonction

Tout voyageur, doit en principe, être muni d'un titre de voyage ou de transport appelé billet ou ticket dont les fonctions, le contenu et les effets sont variables suivant le mode de transport.

§ 1. Les titres de transport

Les titres de transport sont établis au nom du voyageur avec mention de ses bagages enregistrés. Le transport des bagages obéit à un statut hybride puisqu'il porte sur des biens, mais qui sont accessoires à un transport de personne. C'est ce caractère accessoire qui est retenu par la Cour de cassation française, 3 juin 1998 : « *Les bagages à main font l'objet d'un contrat accessoire au transport de passager* ». Le contrat se justifie par rapport au contrat principal. Donc l'accessoire suit le principal.

Dans les transports aériens, où le billet électronique ou *e-ticket* est d'usage courant, un bulletin séparé est émis pour les bagages enregistrés. Les bagages à main ne sont pas enregistrés et relèvent de la tolérance du transporteur. Le voyageur est autorisé à monter avec et les placer dans une cabine ou sous son siège. Le transporteur aérien pose certaines restrictions relatives à la taille (hauteur : 55 cm, largeur : 40 cm, profondeur : 20 cm en moyenne), au poids (en moyenne 8 à 12 kg), aux accessoires autorisés (sac à main, sac à dos, pochette d'ordinateur portable, coussin de voyage, etc.) et articles interdits (armes, instruments tranchants tels que les couteaux ou les ciseaux dont la lame excède 6 cm, les substances inflammables, ou encore les objets contondants comme la canne à pêche, le skateboard, le club de golf, la pagaie de kayak…). Les pommades, aérosols, liquides, gels ou pâtes sont autorisés à condition de ne pas dépasser les 100 ml par produit.

Le titre comporte les mentions suivantes : nom et prénom(s) du voyageur, nom de l'engin, dates et lieux d'embarquement et de débarquement, escales, prix, numéros du titre pour les aéronefs, etc. Il est de coutume que le titre de transport soit établi sous forme électronique des données, notamment dans les transports aériens.

L'obligation de se prémunir d'un billet a pour conséquence qu'un voyageur clandestin ou un voyageur muni d'un billet périmé n'a pas conclu de contrat. Il peut arriver que le voyageur se place dans une catégorie de compartiment (cas du train ou du bateau) à laquelle son titre de voyage ne lui donne pas droit, ou qu'il oublie d'acquitter son billet avant de s'introduire dans l'engin. Il peut proposer de payer le prix du transport au cours ou à la fin du voyage. Il est alors logique et juste, en pareil cas, qu'on tienne compte de l'existence de contrat. Mais le législateur malien à travers l'article 1183 du CCM semble ne pas admettre une telle solution dans le deuxième cas et reste muet quant au premier.

§ 2. La fonction des titres de transport

Comme le contrat de transport de marchandises, le contrat de transport de personnes ne présente aucune particularité. Les titres le constatent mais ne le forment pas. Ils obéissent à une double fonction de preuve et de police. La preuve peut se faire par tous moyens à l'égard du transporteur qui est professionnel. Le titre n'est alors qu'un moyen parmi d'autres.

Toutefois, dans les transports ferroviaires, le titre acquit a, en plus, une fonction de police. Le voyageur est tenu de le présenter au transporteur ou à ses proposés pour ne pas être considéré comme en situation irrégulière. Le voyageur n'a pas d'autres moyens de prouver l'existence du billet.

CHAPITRE II : L'EXÉCUTION DU CONTRAT DE TRANSPORT DE PERSONNES

Le contrat de transport valablement formé engendre des obligations à la charge du voyageur et du transporteur.

Section 1 : Les obligations du voyageur

Il doit s'acquitter du prix du voyage et respecter les consignes de sécurité et de discipline imposées par le transport.

§ 1. L'obligation de payer le prix

Le paiement du prix de voyage, qui est constaté mais pas toujours par la délivrance d'un titre de transport, est l'obligation principale du voyageur. Ce paiement peut faire l'objet d'une négociation libre entre les parties (transports à la commande ou routiers). Mais, il est le plus souvent déterminé de manière unilatérale par le transporteur. Les autres modes de transport sont soumis à la tarification en fonction d'un certain nombre d'éléments comme la distance et la classe dans laquelle voyage le passager, l'âge, la qualité civile ou militaire du passager, les services rendus à la nation (pensionnaires de guerre), la situation de famille (membres des familles nombreuses), le nombre de voyageurs (groupes ordinaires, familiaux, colonies de vacances, pèlerinage), les circonstances du voyage (congés payés, voyages à l'occasion d'un congrès, etc.).
Dans les transports internationaux, le prix est fixé par l'addition des différents tarifs nationaux ou des tarifs proprement internationaux. Ainsi, toutes les compagnies de transports aériens membres de l'Association internationale du transport aérien, en anglais International Air Transport Association (IATA), sont tenues de respecter les prescriptions de cet organisme qui ne sont pas contraires aux dispositions impératives de législations de leurs pays d'origine.

Bien que fixé, le prix peut faire l'objet de modification suite à la survenance de certains événements comme les grèves, les pandémies (Covid-19), les dépassements ou l'occupation d'une place ne correspondant pas à la classe pour laquelle le billet a été payé. Dans

les deux premiers cas, s'il s'agit d'un voyage isolé, on applique la théorie des risques et admet la possibilité de report de la date du voyage ou d'un remboursement du prix du passage. S'il s'agit d'un abonnement, la grève ou la pandémie ne devrait pas entraîner une modification du prix.
Le dépassement du lieu de destination et le déclassement ou surclassement donnent lieu au paiement du supplément du prix.

§ 2. L'obligation de respecter les consignes de sécurité

Ce sont des prescriptions réglementaires édictées en vue d'assurer la discipline et la sécurité des voyageurs. Certaines sont relatives au respect des horaires indiqués à l'avance par le transporteur sur le billet : convocation, départ. Le non-respect des horaires ne donne au voyageur aucun droit au remboursement. Toutefois, dans la pratique, le transporteur accepte un report du voyage.

D'autres sont relatives, entre autres, à l'installation des bagages (chacun ne doit occuper que les emplacements disposés au-dessus ou en dessous de sa place), à la faculté de fumer (vols, wagons non-fumeurs), à la circulation (interdiction de l'entraver, interdiction d'entrer dans les wagons autrement que par les portières), à la fermeture des portières.

L'inobservation des consignes expose le voyageur à des sanctions souvent pénales, peut engager sa responsabilité en cas d'accident et par suite atténuer ou même faire disparaître celle du transporteur.

Enfin, il appartient au voyageur d'effectuer les formalités de police, de douane, de santé, de contrôle des changes aux frontières. Ainsi, si la négligence d'un voyageur cause quelque dommage au transporteur, il en doit réparation et si cet état irrégulier conduit à le refouler, il perd son droit à la suite du parcours et doit payer les frais de son retour.

Section 2 : Les obligations du transporteur

Principalement, c'est celle de déplacer le voyageur du point indiqué comme lieu de départ à celui qui est indiqué comme lieu de destination. La jurisprudence a ajouté une seconde qui est l'obligation de sécurité.

§ 1. L'obligation de déplacer le voyageur

Cette obligation de déplacement concerne une personne vivante. C'est une obligation principale de tout transporteur, sinon il sera considéré comme n'ayant pas exécuté son obligation.

En outre, le voyage doit s'effectuer non seulement selon les règles générales de sécurité mais aussi à certaines conditions de confort qui ne sont pas spécifiées par le contrat mais que les usages définissent avec précision (nourriture, lingerie, couchage, climatisation, etc.).

Enfin, le voyageur doit arriver dans les conditions de délais prévues. Toutefois, ces délais ne sont donnés qu'à titre indicatif de sorte que le transporteur ne répond pas systématiquement de leur non-respect. Ainsi, ce dernier peut organiser son entreprise à sa guise en aménageant des escales qu'il juge utiles.

§ 2. L'obligation de sécurité du transporteur

Elle implique d'amener le voyageur sain et sauf à la destination convenue. Il convient dès lors de s'interroger d'abord sur l'étendue de l'obligation de sécurité. La réponse conduit à déterminer quand commence et quand finit l'obligation de sécurité ? Qui est couvert par cette obligation ?

A. Le commencement et l'achèvement de l'obligation de sécurité

L'obligation de sécurité a vu le jour dans les transports maritimes. Elle joue dans tous les modes de transport. Elle a sa source dans le contrat de transport. Sa naissance est donc intimement liée à la formation de ce contrat. Mais tout le problème est de savoir le moment auquel l'obligation de sécurité commence à peser sur le transporteur. Cela dépend de la liberté d'accès aux engins.
Si le voyageur prend place dans un engin dont l'accès (est libre) est ouvert au public, c'est-à-dire à des personnes non encore munies de

billets, l'obligation de sécurité commence au moment où le voyageur prend contact avec le véhicule et cesse quand il en sort.

Si, par contre, l'accès n'est permis qu'à ceux qui se sont au préalable munis de billets, l'obligation commence au moment où le voyageur pénètre dans l'enceinte de contrôle et ne cesse que lorsqu'il en sort. Cette jurisprudence s'applique particulièrement aux trains : l'obligation de sécurité commence avec le franchissement d'un portillon d'entrée et cesse avec le passage du pavillon de sortie. Le transporteur répondait alors des accidents survenus sur les quais, dans les couloirs, dans les salles d'attente, etc. Elle a été critiquée vivement par Rodière qui pense que l'obligation de sécurité corporelle de résultat doit être cantonnée à la période pendant laquelle le voyageur use de l'engin de transport[15]. Cette critique a amené la cour de cassation française à statuer que l'obligation contractuelle de sécurité due au voyageur commençait avec le début de la montée et à la descente des wagons qui sont toujours couverts par la lourde obligation qui pèse sur le transporteur, mais les accidents survenus dans les couloirs ne le sont plus[16]. De même le voyageur qui quitte le train ou le bus pour y revenir n'est plus couvert par l'obligation de sécurité[17].

B. Les personnes et les choses couvertes par l'obligation de sécurité

Selon l'article 1185 du CCM, le transporteur est garant de la sécurité des voyageurs et de leurs bagages enregistrés. Dans la mesure où le voyageur voyage souvent, sinon toujours (surtout en Afrique) avec des bagages, il est normal de déterminer, d'une part, les personnes et d'autre part, les choses couvertes par l'obligation de sécurité.

S'agissant des personnes couvertes par l'obligation de sécurité, la loi vise spécialement le voyageur, c'est-à-dire la personne transportée à

---

[15] Voir R. Rodière, « Le régime légal de l'obligation de sécurité due au par les transporteurs à leurs voyageurs », *JCP* 1952, I, 997.

[16] Voir Cass. civ. français, 1er juillet 1969, *JPC* 1969, 16091, concl. LINDON, D. 1969, 640, note GCM.

[17] Voir Cass. civ. français, 2 mars 1983, *JCP* 1983, IV, 159, obs. G. DURRY, RTD. civ. 1983, 350.

titre onéreux. Ceci exclut du bénéfice de cette obligation, les passagers à titre gratuit, les passagers clandestins qui ne peuvent même pas proposer d'acquitter le prix de voyage arrivés à destination[18], un passager ayant dépassé sa destination[19], les apprentis chauffeurs et convoyeurs à l'égard du transporteur.
Sont également bénéficiaires en leur qualité de victimes par ricochet, les proches parents unis à la victime par un lien alimentaire (Arrêt Noblet) pour le préjudice personnellement éprouvé (en cas de décès du passager).

Pour ce qui est des choses couvertes par l'obligation de sécurité, il est essentiellement question des bagages, ces biens identifiés transportés à bord de l'engin et appartenant aux passagers. Dans l'aérien, ce terme désigne à la fois les bagages enregistrés pour lesquels il a été délivré un bulletin et non enregistrés du passager. Les bagages sont dits enregistrés ou accompagnés ou en soute (dans les cales de bateaux), lorsqu'ils prennent l'avion avec leur propriétaire ou avec la personne chargée de les accompagner. Pris en charge dans le cadre d'un véritable contrat de transport, ils s'assimilent aux marchandises. Ils sont placés sous la garde du transporteur aérien pour la durée exclusive du transport aérien. Ceci ressort clairement des termes de l'article 1185 : *« le transporteur est garant de la sécurité des voyageurs et de leurs bagages enregistrés »*. C'est pourquoi leur perte ou leur avarie, le retard dans leur livraison engagent la responsabilité du transporteur dans les mêmes conditions que pour le transport des marchandises.

Les bagages non enregistrés sont les bagages à main ou bagages cabine que le voyageur conserve avec lui. Ils subissent un sort diffèrent dans la mesure où ils relèvent de la tolérance du transporteur. En principe, la responsabilité du transporteur ne peut être que de nature délictuelle, basée sur une faute établie.

Le portage de bagages pose des problèmes spécifiques, notamment, du fait qu'il est organisé dans l'enceinte des installations du transporteur.

---

[18] Voir Cass. civ. français, 4 mai 1955, 593, JPC.1955, 8987, note RODIÈRE.
[19] Voir Cass. civ. français, 12 déc. 1978, Bull. Transp. 1979, 137, et 16 juillet 1980, Bull. Transp.1980, 516.

Cette opération s'apparente à la manutention et met en relation les porteurs et le voyageur. Le transporteur ne répond d'eux que lorsqu'ils sont ses préposés. Il est assuré par le service de bagagistes gratuitement. Dans le cas contraire, ils sont personnellement responsables devant le voyageur de l'exécution ou de la mauvaise exécution du contrat.

CHAPITRE III : LA RESPONSABILITÉ DU TRANSPORTEUR DE PERSONNES

D'une façon générale, la responsabilité est l'obligation de répondre des conséquences de ses actes. C'est l'obligation pour le transporteur de réparer le préjudice causé soit par son fait personnel, soit du fait des personnes dont il répond, soit du fait des choses dont il a la garde. Les textes, la jurisprudence ainsi que la doctrine soumettent le transporteur à un régime de responsabilité assez sévère en raison de son professionnalisme aussi bien dans le principe que la mise en œuvre.

Section 1 : Les faits générateurs de responsabilité dans le transport de personnes

Il sied de noter que la responsabilité du transporteur est engagée en cas de retard ou de violation de l'obligation de sécurité.

§ 1. Le retard dans l'acheminement du voyageur et des bagages

Les textes et les auteurs ne définissent pas le terme retard. Mais, la notion de retard est étroitement liée à celle de la ponctualité dans le transport promis. Trois conditions sont nécessaires pour engager la responsabilité du transporteur.

A. L'appréciation du retard

Le transporteur est tenu de conduire le voyageur et ses bagages à destination dans les délais convenus dans le contrat ou les tarifs. La ponctualité du transport doit être appréciée conformément aux dates, heures de départ et d'arrivée figurant dans le billet de passage ou aux horaires. Le retard est constaté lorsque l'heure fixée est dépassée ou qu'en l'absence d'heure fixée, le retard n'est pas tolérable d'après les usages ou les difficultés de parcours. Le transporteur n'est pas tenu de respecter les horaires dans les étapes intermédiaires. Il peut même écourter ou écarter ces étapes. Le droit interne a recours à la notion de délai raisonnable qui n'est trop court ni trop long pour ne pas gêner les affaires du passager. Concernant les bagages, le retard est constaté dès lors qu'ils n'arrivent pas en même temps que le voyageur.

B. La présomption de responsabilité

La constatation du retard fait présumer la responsabilité du transporteur tenue d'une obligation de résultat, celle de conduire le passager avec ses bagages sain et sauf à destination aux dates et heures prévues au contrat. Il peut cependant, se libérer de cette présomption de responsabilité en invoquant la faute du voyageur, celle du tiers ou la force majeure ou que lui et ses préposés ont pris toutes mesures nécessaires pour éviter le retard.

C. Le préjudice subi

Pour engager la responsabilité du transporteur, le passager doit prouver qu'il a subi un dommage. La jurisprudence fait une interprétation extensive du terme puisqu'elle considère une perte de chance comme un dommage réparable. De nombreux tarifs et conditions générales prévoient des clauses de non responsabilité pour retard dont la validité est reconnue par la jurisprudence.

§ 2. La violation de l'obligation de sécurité

La violation par le transporteur de l'obligation de sécurité entraîne la mise en cause de sa responsabilité. Mais, il est important de savoir comment le créancier de l'obligation peut mettre en cause cette responsabilité et comment le transporteur peut s'en exonérer ou la limiter.

A. La mise en jeu de la responsabilité du transporteur

Le succès de cette mise en jeu est entièrement suspendu à la question du savoir si l'obligation de sécurité pesant sur le transporteur est une obligation de résultat ou une obligation de moyen. Le voiturier ayant promis de conduire le voyageur soin et sauf à destination, tout dommage survenu pendant la période couverte par cette promesse de sécurité révèle l'inexécution de l'obligation et engage sa responsabilité. Il s'agit alors d'une obligation de résultat. La jurisprudence statue que le transporteur doit, par suite de l'obligation de sécurité « *prouver que l'inexécution de cette obligation provient d'une cause étrangère qui ne lui peut être imputée* ».

Cette solution implique trois situations. D'abord, le voiturier, étant responsable et non garant d'un résultat, doit pouvoir se libérer en démontrant que sa conduite a été irréprochable. Ensuite, la présomption de responsabilité qui résulte de l'inexécution de l'obligation de sécurité dispense le voyageur de prouver la faute du transporteur. Il revient à ce dernier de démontrer qu'il n'a pas commis de faute. Enfin, le voiturier ne peut pas dégager sa responsabilité par la preuve qu'il a fait toutes les diligences nécessaires et que la cause du dommage n'est pas déterminée. Il lui faut démontrer que le dommage est dû à un fait ou un événement qui ne lui est pas imputable.

Cette solution peut donc s'expliquer par la confiance faite au professionnel et non à son matériel, par le rôle passif imposé au voyageur et par la volonté de faciliter ses recours.

B. Les causes d'exonération

On constate donc que c'est une responsabilité de plein droit ou objective qui pèse sur le transporteur. Mais cette responsabilité n'est pas irréfragable, en ce sens que soit la loi soit la jurisprudence admet des causes d'exonération du transporteur de sa responsabilité. Ces causes étrangères non imputables au débiteur (se ramènent théoriquement à l'unité) sont des événements, qui par leur imprévisibilité et leur insurmontabilité s'opposent aux traits courants de la faute. On distingue alors les cas de force majeure, les fautes et les faits des tiers, les fautes et les faits des victimes.

Section 2 : La réparation et le contentieux

§ 1. La réparation

Le demandeur a droit à des dommages intérêts représentant l'intégralité du préjudice qu'il a subi dans tous ses éléments tant matériels que moraux. Mais une question importante reste posée : celle d'admettre des modifications conventionnelles au régime de droit commun de la responsabilité du transporteur. En d'autres termes, peut-on admettre les clauses élusives et limitatives de responsabilité dans les contrats de transport de personnes ? En l'absence de dispositions légales expresses ou à défaut de règles jurisprudentielles à notre connaissance, on peut se référer au droit sénégalais qui condamne sans équivoque les clauses élusives et limitatives de responsabilité pour les dommages causés à la personne du voyageur. Cela est compréhensif au nom du principe que la personne humaine est hors du commerce juridique ou encore parce que la jurisprudence n'aurait pas établi l'obligation légale de responsabilité. Cependant, il faut noter que l'interdiction ne vise que les clauses portant sur les dommages causés à la personne du voyageur mais valables pour des dommages causés aux bagages du voyageur.

§ 2. Le contentieux

Sauf les règles que les conventions internationales peuvent édicter, le droit commun s'applique [la prescription sera donc de 20 ans selon l'article 254 du RGO]. Les règles de forclusion, de prescription, d'expertise spéciale pour l'évaluation du dommage causé aux marchandises ne sont applicables en matière de transport de personnes. Suivant que le contrat est commercial pour les deux parties ou mixte, l'action sera portée devant le tribunal de commerce seul, ou au choix du voyageur devant le tribunal civil ou commercial.

TITRE III :
L'ASSURANCE TRANSPORT

Liée au développement du commerce et aux transformations sociales, l'assurance est définie comme un « *Contrat par lequel une partie, l'assuré, se fait remettre moyennant une rémunération (la prime), pour lui ou pour un tiers, en cas de réalisation d'un risque, une prestation par une autre partie, l'assureur, qui, prenant en charge un ensemble de risques, les compense conformément à la loi de la statistique* »[20]. L'opération d'assurance repose obligatoirement sur l'existence d'un aléa et couvre aussi bien les choses que les personnes. Par assurances de choses, il faut comprendre les assurances de marchandises, connues sous le nom de « *facultés* » et destinées à couvrir les risques encourus par les marchandises transportées par tout moyen de transport, qu'il soit maritime, terrestre, aérien ou fluvial.

Ces marchandises peuvent être de toutes natures :
- matières premières (minerais et charbon, hydrocarbures, bois, produits chimiques pulvérulents ou liquides, gaz liquéfié…) ;
- denrées agro-alimentaires (céréales, viandes, fruits, riz, sucre…) ;
- produits manufacturés et matériels d'équipement ;
- fournitures d'ensembles industriels (usines clef en main, du micro-ordinateur à la cuve de réacteur de 520 tonnes…) ;
- produits de haute valeur ajoutée (satellite…).

L'assurance transport de marchandises ou assurance sur facultés, couvre également les risques que peuvent subir les véhicules ou engins de transport depuis le départ jusqu'à la destination finale. Appelée « *assurance corps* »[21], cette assurance garantit l'ensemble des dommages subis par les véhicules de transport (maritime, fluvial et

[20] Lexique des termes juridiques, Dalloz, 25e éd. 2017-2018, p. 572. Gérard Cornu (dir.), *Vocabulaire juridique*, 12e édition mise à jour, coll. : « Quadrige », PUF, janvier, 2018, p. 237.

[21] L'assurance de véhicule ou de l'engin de transport n'obéit à aucune spécificité. Le droit commun de l'assurance dommages est applicable, voir BON-GARCIN (Isabelle), BERNADET (Maurice) et DELEBECQUE (Philippe), *Droit des transports*, Dalloz, 2e éd., 2018, p. 697, note n° 1.

aérien), les navires en construction, ainsi que les plateformes de forage et d'exploitation *offshore*[22]. Elle couvre alors :

- les corps de véhicules maritimes (les navires de commerces avec un nombre croissant de pavillons étrangers, les caboteurs, le matériel portuaire (dragues, chalands, remorqueurs…), les navires de pêches, les navires de plaisances) ;
- les corps lacustres et fluviaux (bateaux barges, péniches…) ;
- les risques de construction dans les chantiers navals ;
- les plateformes de recherche, de forage et d'exploitation « *offshore* » de pétrole ou de gaz.

L'assurance des corps d'aéronefs (avion, hélicoptère, Ultraléger motorisé (ULM) pendulaire, multiaxes, planeur, montgolfières et drones) couvre :

- la disparition, la soustraction frauduleuse ainsi que les dommages matériels subis par l'aéronef, jusqu'à concurrence de la valeur assurée figurant aux conditions particulières;
- les frais de dépannage, les frais d'enlèvement ou de retirement de l'épave ainsi que les frais exposés pour la mise en lieu sûr de l'aéronef, son gardiennage et/ou le garage;
- le remboursement des dommages subis par les pièces détachées, moteurs et équipements, qui appartiennent à l'assuré ou qui sont à terre sous sa garde.

L'assurance corps de véhicules ferroviaires garantit les dommages matériels subis par le véhicule ferroviaire, tels que:

- la destruction du véhicule à la suite d'un choc;
- les dommages matériels causés à la suite d'un incendie du corps ferroviaire ou une explosion de l'appareil;
- la disparition ou le vol avec violence ou agression du véhicule;
- tout autre dégât matériel ou perte, causé au véhicule qu'il soit en fonctionnement ou en stationnement, selon le niveau de garantie établi au préalable dans le contrat;

---

[22] L'ARGUS de l'assurance, *La Terminologie des assurances transport*, https://www.argusdelassurance.com/acteurs/assureurs/la-terminologie-des-assurances-transport.52639.

- les dommages (frais de dépannage) suite à un accident du véhicule ferroviaire entraînant l'immobilisation du véhicule;
- le remboursement des frais de gardiennage suite au dépôt du véhicule auprès d'un établissement en charge de sa réparation.

L'assurance auto[23]-moto garantit contre le vol, le vandalisme, souvent compris dans la garantie vol, l'incendie et l'explosion, le bris de glace, les catastrophes naturelles et les attentats, l'assistance en cas de panne (remorquage, réparations restant à la charge de l'assuré), la protection juridique (frais de représentation auprès du tribunal), la défense recours (recours à l'encontre de la personne responsable de dommages subis par l'assuré).

À cette catégorie appartient l'assurance de responsabilité du transporteur ou du commissionnaire destinée à garantir les conséquences pécuniaires des responsabilités encourues à l'égard des tiers du fait des dommages causés par le véhicule de transport ou de la mauvaise exécution du contrat de transport.

Le cadre juridique de l'assurance est défini essentiellement par la législation nationale, d'inspiration française, complétée par les conventions internationales applicables aux différents modes de transport et les Incoterms. Cette législation nationale institue une assurance obligatoire à l'importation des marchandises contre les conséquences économiques de leur perte ou de leur destruction. Il s'agit de la loi n°81-78/AN-RM du 15 août 1981 rendant obligatoire l'assurance des marchandises ou facultés à l'importation, amendée par la loi n°85-37 du 21 juin 1985, le décret n°314/PG-RN du 5 décembre 1983 fixant les conditions d'application de l'obligation d'assurance des marchandises ou facultés à l'importation, l'arrêté n°3364/MF-DNTCP portant application du décret n°314/PG-RN. Le décret n°96-030/P-RM du 25 janvier 1996 fixant les modalités administratives de création d'entreprises rend obligatoire aux entreprises de transports publics de voyages et de marchandises la fourniture d'attestation ou contrat de la compagnie d'assurances stipulant une validité minimum de six mois, aux organisateurs de voyages ou de séjours, une justification de

[23] Voir les articles 1137 à 1139 du CCM.

l'assurance couvrant les conséquences pécuniaires de la responsabilité civil professionnelle.

Quant à la législation communautaire de référence, le code CIMA, elle a exclu de son champ d'application l'assurance du transport maritime, fluvial ou aérien, de même que les réassurances entre assureurs. Ceci paraît logique à cause du manque de capitaux locaux pour assurer les gros risques, tels que le pétrole offshore (qui relève de la branche transports) ou les avions gros-porteurs, essentiellement parce que les capitaux à assurer sont trop importants pour les sociétés locales.

L'assurance transport est donc un contrat. C'est un contrat d'adhésion, consensuel, synallagmatique, aléatoire, à titre onéreux qui doit s'exécuter de bonne foi. Le souci de protéger la partie faible, le consommateur, la soumet aux principes d'ordre public. C'est pourquoi le droit des assurances obéit aux mécanismes combinés du droit civil, du droit de la consommation et du droit public.

Le présent titre traitera des assurances de transport selon que l'objet du contrat vise le déplacement de marchandises (chapitre I) ou de personnes (chapitre II).

CHAPITRE I :
L'ASSURANCE TRANSPORT DE MARCHANDISES OU ASSURANCE SUR FACULTÉS

Le mot facultés ou *cargo* en anglais, propre à l'assurance maritime, désigne toute marchandise ou tout bien susceptible d'être expédiée, transportée et assurée. Il peut s'agir de matières premières ou produits manufacturés, mais également de valeurs telles que les métaux et objets précieux, les objets d'art et titres de toute nature ainsi que les bagages. Aujourd'hui, on emploie indifféremment « facultés » et « marchandises transportées » pour désigner les marchandises transportées par voies terrestre, fluviale ou aérienne.

Ces marchandises, quelles que soient leur nature, leur emballage, leur destination, sont exposées à des risques multiples lors de leur voyage. L'assurance transport a pour but de couvrir ces risques. Une telle couverture est apportée par les polices d'assurance qui ne s'étendent pas à certaines exclusions formelles et relatives ainsi qu'au transfert des risques de transport. En effet, vu l'importance stratégique du transport pour l'économie, les professionnels du secteur l'exportateur, l'importateur et le transporteur ou leurs représentants sont souvent amenés à recourir à d'autres couvertures de risques complémentaires ainsi qu'aux termes du commerce international connus sous le sigle anglo-saxon Incoterms (*international commercial terms)* créés en 1936 par la Chambre de commerce international. Entrés en vigueur en janvier 2020 à la suite des révisions de 2010 et 2020, ces termes déterminent les droits et obligations des parties (vendeur, acheteur, transporteur) en fonction du terme choisi et particulièrement les règles régissant le transfert des risques liés au transport : chargement, transport, type de transport, assurances et livraison, lieu de transfert des risques, fourniture des documents et d'informations.

Au regard de ce qui précède, il convient de définir les différents types et les garanties des risques (section 1), les exclusions et les risques non couverts (section 2), avant de préciser les modalités de souscription de la garantie (section 3) ainsi que les droits et obligations des parties (section 4).

Section 1 : Les types d'assurances marchandises et les garanties des risques

On peut déterminer les types d'assurances selon le mode de transport utilisé (§ 1) ou selon les risques garantis (§ 2). Dans ce dernier cas, les statistiques mondiales des assurances montrent que 43 % des dommages sont dus à la manutention, au stockage, à l'arrimage et 21 % proviennent du vol, de détournement, du chapardage, de fraude, de misappropriation[24].

§ 1. Selon le mode de transport utilisé

Les assurances couvrent les risques nés lors des opérations de transport maritime (A), de transport aérien (B), de transport ferroviaire (C) et de transport Fluvial (D).

A. L'Assurance transport maritime

Elle couvre les pertes et dommages des navires et des marchandises, au cours d'un transport depuis le site de départ jusqu'au site d'arrivée. Il s'agit, entre autres :

- des risques de navigation : naufrage, échouement, collision, abordage ;
- des variations de températures entraînant des dommages aux marchandises ;
- de la disparition ou enlèvement de marchandises en pontée par les vagues ;
- des encombrements portuaires engageant des délais prolongés de stockage ;
- des risques d'avaries communes (événements mettant en péril l'expédition et nécessitant des sacrifices financiers de la part de tous les propriétaires de marchandises concernés comme le largage d'une partie de la cargaison, l'utilisation de remorqueurs, les réparations sur le navire, etc.) ;

---

[24] MARCQ J.-P., *Guide de l'assurance transport et logistique. Risques maritimes, routiers, aériens, fluviaux. Risques sanitaires, risques de guerre, risques climatiques, cybercriminalité*, 4e édition, 2023, Éd. L'ARGUS de l'assurance, p. 23, www.editionargus.com.

- d'avaries particulières (vol, casse, perte… des dommages liés aux conditions de transport et/ou des chargement et déchargement) ;
- des risques de guerres, émeutes, grèves, sabotage, terrorisme sur l'ensemble du transport ;
- des risques en cours de navigation, comme les roulis, le tangage.

B. L'Assurance transport aérien

Chère, rapide et fiable, c'est l'assurance la mieux adaptée aux besoins des clients éloignés et pressés. Appelée assurance « magasin à magasin », elle couvre les dommages causés aux marchandises acheminées par avion et garantit tous les risques même pour les transports complémentaires par voie terrestre ou fluvial. Il s'agit de risques particuliers au transport aérien, tels que l'accélération ou la décélération, les inclinaisons au cours des atterrissages, les décollages, les changements de cap, les turbulences et trous d'air, les incendies, les collisions, les crashs d'avion. S'y ajoutent les manipulations multiples et les séjours dans les entrepôts de l'agent de handling, la mise sur palette avion, la mise à bord des marchandises ainsi que les pré-acheminements qui sont responsables des dommages constatés.

C. L'assurance transport ferroviaire

Elle couvre les risques dus aux coups de freinage, aux chocs liés aux opérations de constitution des trains, balancement dans les courbes ou lors des passages des aiguillages, les vibrations et secousses pendant les déplacements du train, les déraillements.

D. L'assurance transport routier

Elle couvre les risques qui ont pour origine les freinages, les accélérations, les opérations d'attelage sources de chocs parfois brutaux, les vibrations dès que les marchandises quittent le point de départ du transport et prend fin lorsqu'elles atteignent le dépôt du destinataire. Cette garantie, dite aussi de « magasin à magasin », prend le nom de garantie « clou à clou » lorsqu'il s'agit du déménagement d'objets ou de mobilier.

E. L'assurance transport fluvial

Le transport fluvial est un mode très sûr en raison de la rareté des accidents, de la faible consommation en carburant et de la diligence en termes de respect des délais. Il est particulièrement adapté aux marchandises potentiellement dangereuses. L'assurance transport fluvial couvre les dommages causés aux marchandises transportées par voie fluviale contre les détériorations et les pertes de poids, les pertes, naufrages, heurts avec un autre navire, échouement ou catastrophes naturelles, guerre, émeutes ou mouvements sociaux.

§ 2. Selon les risques garantis

On distingue la garantie « tous risques » (A), la garantie Franc d'avaries particulières, sauf celles résultant d'un événement énuméré « FAP SAUF » ou garantie « accidents caractérisés » (B) et les risques garantis par les Incoterms (C).

A. La garantie « tous risques »

Comme son nom l'indique, elle couvre tous les risques de « magasin à magasin » ou « *warehouse to warehouse* » incluant le pré-acheminement et le post-acheminement terrestre. Il n'existe ainsi ni interruption ni rupture de la garantie. Elle s'applique à tous les modes de transport (aérien, maritime, terrestre). C'est la garantie qui est le plus souvent utilisé. Elle n'a de limite, en raison de la liberté contractuelle des parties, que les risques expressément exclus énumérés dans la police.

B. La garantie Franc d'avaries particulières sauf celles résultant d'un événement énuméré « FAP SAUF » ou garantie « accidents caractérisés »

Cette garantie, plus restrictive, couvre les dommages et les pertes résultant des seuls événements énumérés dans le contrat, notamment :

– l'abordage, l'échouement ou le naufrage, le heurt ou la collision du navire ou du véhicule transporteur contre un corps fixe, mobile ou flottant ;

- l'écrasement ou la destruction, le déraillement, la chute, la rupture d'essieu, de roue d'attelage ou de châssis du véhicule de transport ;
- l'incendie, la foudre ou l'explosion, la chute de colis, le renversement ou bris du véhicule transporteur ;
- l'écroulement de bâtiments, ponts ou tunnels, la chute d'arbres, la rupture de digues, de barrages ou de conduites d'eau ou d'autres ouvrages d'art, l'affaissement soudain et fortuit de la chaussée ;
- l'éboulement, l'avalanche, l'inondation ou le débordement de cours d'eau ;
- les cyclones ou trombes caractérisés, les débâcles de glaces, le raz-de-marée, l'éruption volcanique et le tremblement de terre.

Mais elle exclut les risques de mouille, de vol, d'écrasement. Il existe des clauses et dispositions particulières relatives aux dommages pouvant affecter certaines cargaisons comme les aliments surgelés, les ressources énergétiques (pétrole, charbon) ou les matières premières végétales (cacao, café, coton…). Elle s'applique au transport maritime. Son équivalent pour les transports terrestres et aériens est la garantie « Accidents caractérisés » ou « Accidents majeurs ».
L'expression tous risques ne signifie pas que tous les risques sont garantis dans leurs conséquences dommageables. En effet, comme dans toute police d'assurance, certains risques sont formellement exclus de cette garantie (voir *infra* section 2).

C. La garantie des risques liés au transport des marchandises par les Incoterms

Comme précédemment noté, les risques sont couverts par une assurance. Les Incoterms définissent le moment du transfert des risques liés au transport, déterminent le lieu de livraison et ce transfert du risque, à savoir au départ ou à l'arrivée, dans le pays du vendeur ou de l'acheteur ou à un point déterminé du trajet ; qui de l'acheteur ou du vendeur doit supporter l'assurance du transport des marchandises. Dans les Incoterms 2020, l'obligation d'assurance de marchandises en cours de transport n'existe que pour les termes CIF et CIF. Pour les autres, l'assurance est facultative. Selon leur utilisation on peut les classer en deux groupes.

1. Les Incoterms utilisables pour tous les modes de transport

Ces sept termes dits « multimodaux » sont utilisés lorsque le contrat couvre plusieurs modes de transport, ce qui est notamment le cas lorsque les marchandises sont acheminées par conteneurs.
EXW : Ex Works (à l'usine), impose moins d'obligations au vendeur qui se contente de mettre les marchandises à la disposition de l'acheteur à l'usine. Ce dernier supporte ainsi tous les frais et risques inhérents au chargement, au transport des marchandises et aux formalités douanières à l'export jusqu'à leur arrivée à destination. L'accomplissement des formalités douanières par l'acheteur dans le pays du vendeur ne peut se réaliser sans difficultés. C'est pourquoi, la CCI recommande de se référer à ce terme dans les échanges nationaux ou régionaux n'impliquant pas l'exportation des marchandises et de privilégier la règle FCA en vertu de laquelle les formalités et coûts de dédouanement incombent au vendeur.

FCA : Free Carrier (franco transporteur), le vendeur ou le commissionnaire de transport de l'acheteur s'occupe des formalités d'exportation : dédouanement et chargement des marchandises dans le pays de départ. Les risquent passent à l'acheteur au lieu de livraison convenu:

- **FCA « locaux du vendeur » :** dans les locaux du vendeur qui procède au chargement des marchandises sur le moyen de transport de l'acheteur;
- **FCA « autre lieu convenu »** : dans tout autre lieu où le vendeur organise l'acheminement des marchandises jusqu'au lieu d'embarquement où elles sont mises à disposition du transporteur prêtes à être déchargées.

CPT : Carriage Paid To (transport payé jusqu'au port de destination), le vendeur livre les marchandises au premier transporteur, supporte le coût de transport jusqu'au déchargement à destination. Le transfert des risques intervient dès que les marchandises sont remises au transporteur, tandis que le transfert des coûts à l'acheteur a lieu lorsque les marchandises arrivent à destination. L'acheteur supporte l'assurance pour le transport.

CIP : Carriage and Insurance Paid To (transport et assurance payés jusqu'au port de destination), le vendeur supporte les coûts de transport, souscrit une assurance couvrant les risques liés au transport des marchandises jusqu'au lieu de destination indiqué par l'Incoterm. Il est fréquemment utilisé pour le transport conteneurisé. Les frais de déchargement au lieu de destination convenu ne sont à la charge du vendeur que si le contrat de transport le prévoit.

DAP : Delivered At Place (rendu au lieu de destination), (remplace les DAF/DES/DDU). Le vendeur prend en charge les risques liés au transport des marchandises jusqu'au point de livraison convenu, dans le pays de destination où les risques passent à l'acheteur. Sauf si le contrat le stipule autrement, les opérations de déchargement, de dédouanement, le paiement des droits et taxes dus en raison de l'importation incombent à l'acheteur.

DPU – Delivered at Place Unloaded (rendu au lieu de destination déchargé) : Introduit en 2020, ce terme remplace le DAT 2010 et devient le seul qui oblige le vendeur à décharger les marchandises à destination. Celles-ci sont considérées comme livrées, une fois déchargées du moyen de transport et mises à disposition de l'acheteur au lieu de destination convenu (terminal ou autre). La livraison et l'arrivée à destination interviennent au même point. Le vendeur assume donc tous les risques et coûts liés au transport des marchandises et à leur déchargement jusqu'au lieu désigné.

DDP : Delivered Duty Paid (rendu droits acquittés), prévoit un niveau maximal d'obligations au vendeur, qui assume tous les risques et frais, y compris de dédouanement, jusqu'au lieu convenu. Les marchandises sont livrées dédouanées, prêtes à être déchargées au lieu de destination. L'acheteur supporte les frais d'assurance et de déchargement à destination.

Ces règles sont utilisables également pour le transport maritime ou fluvial en vrac ou en conventionnel, tout comme il existe des Incoterms propres à ces modes.

2. Les Incoterms utilisables pour les modes de transport par voie fluviale ou maritime

Ils sont composés de quatre termes réservés au transport de marchandises en vrac et au transport maritime conventionnel, l'acheminement en conteneurs étant spécifiquement régi par les Incoterms multimodaux. La Chambre de commerce international recommande de n'utiliser ces Incoterms que si le point de départ et le point d'arrivée sont des ports maritimes ou fluviaux où le vendeur met les marchandises à la disposition de l'acheteur à bord ou à proximité d'un navire.

FAS : Free Alongside Ship (franco le long du navire), le vendeur doit livrer les marchandises sur le quai d'un port de départ le long d'un navire désigné par l'acheteur. C'est en ce moment que les frais (et risques) liés au chargement, au transport maritime et au déchargement du navire sont transférés à l'acheteur.

FOB : Free On Board (franco à bord du navire) : le transfert des frais (et des risques) intervient dès lors que le vendeur charge les marchandises à bord du navire désigné par l'acheteur, au port d'embarquement convenu.

CFR : Cost and Freight (coût et fret) : les risques sont transférés à l'acheteur au port de départ lorsque le vendeur livre les marchandises à bord du navire. Les coûts de transport sont supportés par le vendeur, en vertu du contrat de transport, jusqu'à l'arrivée des marchandises au port de destination convenu. L'acheteur supporte les frais d'assurance transport, le frais de déchargement et les frais de manutention qui en découlent.

CIF : Cost, Insurance and Freight (coût, assurance et fret et frais connexes comme les frais de dédouanement) : équivalent du CIP multimodal, le CIF maritime impose au vendeur de livrer les marchandises à bord du navire (transfert des risques), de supporter les coûts de transport jusqu'au port d'arrivée et de contracter une assurance des marchandises transportées pour le compte de l'acheteur. C'est donc l'acheteur qui supporte l'assurance qui doit couvrir au minimum le prix de la marchandise majoré de 10 % (pour couvrir les frais supplémentaires encourus en raison des fluctuations de devises ou des frais de transport supplémentaires de réexpédition) conformément aux clauses C des Institute Cargo Clauses anglaises et/ou une couverture conforme à l'Institute War Clauses et/ou Institute Strike Clauses ou toute autre clause similaire (garantie à « événements majeurs : garanties des risques de guerre, grèves et terrorisme »[25]. Si l'acheteur désire une meilleure assurance, il doit l'indiquer dans le contrat.

Les Incoterms 2020 imposent maintenant une assurance différenciée pour le CIF et le CIP :

- CIP : assurance Institute Cargo Clause A (LMA/IUA[26] – tous risques)
- CIF : assurance Institute Cargo Clause C (LMA/IUA – FAP SAUF)

Au Mali, selon la loi N°81-78/ AN-RM du 15 août 1981, l'obligation d'assurance ne s'applique qu'aux marchandises ou facultés importées dont la valeur FOB excède 500 000 f CFA. Le non-respect de ces dispositions par l'importateur entraîne une pénalité à sa charge de 25% de la valeur de la marchandise. Le mode d'assurance est librement fixé par les parties. À défaut de couverture « tous risques, l'assurance doit être faite en cas de transport maritime, aux conditions minima de la garantie « franc d'avaries particulières sauf (FAP sauf) ». Pour tout autre mode de transport, l'assurance obligatoire est limitée à la couverture « perte totale ».

---

[25] Les polices anglaises sont Institute Cargo Clauses A, B, C ; Strikes, Riots and Civil Commotions (SRCC). Trois catégories de contrats font l'objet d'une Institute cargo clause. On les nomme simplement Institute cargo clause A, B ou C. La clause de catégorie A offre la couverture maximale tandis que les clauses de catégorie C proposent une garantie plus limitée. La Chambre de commerce international a imaginé les Institute cargo clauses en 1982. Elle les a revisées en 2009 pour prendre en compte l'évolution du marché, mais également l'apparition de nouvelles menaces.

[26] The International Underwriting Association (IUA) (en Français Association internationale de souscription de Londres) et The Lloyd's Market Association (LMA) sont des organismes professionnels de l'assurance qui proposent des modèles de police à l'usage des assureurs. L'IUA est le représentant central et l'organisation de marché pour les compagnies d'assurance et de réassurance internationales opérant sur le marché de Londres.

Section 2. Les exclusions et les risques non couverts

Quel que soit le type d'assurance, « tous risques » ou Franc d'avaries particulières, certains risques sont exclus, sauf convention contraire. Ces exclusions et risques sont régis en France, par la loi n°17-99 portant code des assurances, ses textes d'application ainsi que par les conditions générales qui suivent et les conditions particulières y annexées.

§ 1. Les exclusions absolues

✓ **Les pertes et dommages ainsi que tous autres préjudices subis par les marchandises assurées par suite de :**

- faits ou fautes intentionnelles de l'assuré ou de tout autre bénéficiaire de l'assurance, de leurs préposés, représentants ou ayants droit;
- la faute du chargeur : absence ou insuffisance de conditionnement (ex : influence de la température), absence d'emballage ou inappropriation de celui-ci au transport effectué, absence ou imperfection des marques ou des numéros de colis;
- l'insuffisance ou l'inadaptation du calage ou l'arrimage de la marchandise ;
- le vice propre, freinte normale de route;
- les amendes, confiscations, mises sous séquestres, contrebandes, commerce prohibé ou clandestin.

✓ **les préjudices, pertes et dommages résultant des retards dans** l'expédition ou dans l'arrivée des marchandises assurées, de différences de cours, de prohibition d'exportation ou d'importation, d'obstacles apportés à l'exploitation ou à l'opération commerciale de l'assuré ;

✓ **les frais de magasinage, de séjour ainsi que tous les autres frais ;**

✓ **les pertes et dommages ainsi que tous autres préjudices** résultant d'indications ou d'instructions erronées ou insuffisantes, données aux transporteurs et aux auxiliaires de transport de l'assuré, ainsi que l'expéditeur, le destinataire, leurs préposés, représentants ou ayants droit et également celles résultant d'interventions des mêmes personnes dans les opérations de déplacement ou de transport de la marchandise assurée, à moins qu'il s'agisse de mesures conservatoires prises à la suite de la réalisation d'un risque couvert ;

- ✓ **les pertes et dommages ainsi que tous autres préjudices** dus aux effets directs ou indirects d'explosions, de dégagements, de chaleurs, d'irradiation ou de toute autre source d'énergie nucléaire provenant de transmutations de noyaux d'atomes ou de la radioactivité, ainsi que les sinistres dus aux effets de radiations provoquées par l'accélération artificielle de particules ;
- ✓ **les dommages causés par les marchandises à d'autres biens ou à des personnes.**

§ 2. Les risques non couverts, sauf convention contraire

On les appelle « exclusions relatives » en ce que les risques sont exclus de la garantie de base, mais peuvent faire l'objet d'une couverture séparée. Sauf convention contraire et prime spéciale stipulée aux conditions particulières sont exclus les dommages et pertes consécutifs aux risques suivants :

a. Guerre civile ou étrangère, hostilités, représailles, torpilles, mines et tous autres engins de guerre et généralement tous accidents et fortunes de guerre, ainsi que tout acte de sabotage ou de terrorisme ayant un caractère politique ou se rattachant à la guerre ;

b. 1 – Piraterie ;
2 – Captures, prises, arrêts, saisie, contraintes, molestations ou détentions par tous gouvernements et autorités quelconques ;
3 – Émeutes, mouvements populaires, grèves, lock-out, et autres faits analogues.

Lorsque ces risques ne sont pas couverts par le contrat, le souscripteur doit prouver que le sinistre résulte d'un fait autre que le fait de guerre étrangère. Il appartient à l'assureur de prouver que le sinistre résulte de la guerre civile, d'émeutes ou de mouvements populaires.

§ 3. Les marchandises exclues, sauf convention contraire

Sauf convention contraire et prime spéciale, stipulée aux conditions particulières ou à d'autres conditions générales, sont exclues de la garantie les marchandises à haut risque ou très spécifiques ci-après énumérées :

a. bijoux, perles et pierres précieuses, orfèvrerie, monnaies, métaux précieux, billets de banque, actions, obligations, coupons, titres et valeurs de toute espèce ;
b. fourrures, objets d'art, de sculpture ou de peinture, antiquités, objet de curiosité ou de collection, documents et échantillons dont la valeur marchande ou conventionnelle est sans commune mesure avec leur valeur intrinsèque ;
c. animaux vivants, denrées et produits périssables ;
d. marchandises classées dangereuses par les conventions, lois ou règlements en vigueur.

Les emballages sont exclus de la garantie de l'assureur, sauf convention contraire.

Section 3. Les modalités de souscription de la garantie

La police d'assurance est un document contractuel qui fixe les conditions générales d'engagement de l'assureur à l'égard de l'assuré ou d'un groupe d'assurés. Elle est la preuve matérielle de l'accord entre l'assureur et l'assuré. Elle peut être modifiée par des conditions particulières dérogatoires ou complémentaires. En cas de contradiction entre les clauses figurant dans les polices proprement dites et les conditions particulières, ces dernières priment les autres. Elle détermine la durée de la garantie. Pour chaque expédition, la garantie prend effet à partir du moment où les marchandises conditionnées sont prises en charge par le transporteur pour être remises au destinataire ou à son préposé. Elle prend fin à compter de la date de la mise à disposition de la marchandise par le transporteur au lieu de destination. Selon leurs besoins, les professionnels peuvent recourir à quatre types de police.

§ 1. La police « au voyage »

Elle couvre des marchandises et un trajet déterminés et convient pour des expéditions occasionnelles ou isolées. Dans ce cas, la cargaison doit être déclarée avant le voyage. La marchandise, sa valeur, le moyen de transport, le port d'embarquement et de débarquement et le conditionnement de la marchandise sont généralement connus. Le risque est bien délimité et l'assuré doit formuler la demande d'assurance avant le commencement du risque (ordre d'assurance).

§ 2. La police « à alimenter »

Cette police est valable pour un quantum déterminé pendant une durée indéterminée. Elle convient surtout pour l'exécution des contrats commerciaux comportant des expéditions d'objets de même nature échelonnées sur une période indéterminée (ex.: pièces nécessaires à un chantier, usines clés en main). À chaque expédition, l'assuré émet un « avis d'aliment», c'est-à-dire qu'il indique au préalable à l'assureur la nature, la composition et la valeur de l'expédition (envoi d'un bordereau). L'assuré doit indiquer, lors de la conclusion du contrat, la valeur totale des marchandises et le nombre d'expéditions prévues.

§ 3. La police « d'abonnement ou flottante »

Cette police est valable pour un quantum indéterminé pendant une durée déterminée, quels que soient le mode de transport, les lieux de départ ou de destination ou la nature de la marchandise. Elle couvre automatiquement toutes les expéditions d'un assuré pour une période donnée et dans les limites et délais fixés aux conditions générales et particulières. Les biens ou valeurs sont indéterminés lors de la souscription de la police, et la garantie de l'assureur est acquise sans déclaration préalable pour toute expédition faite à tout moment par des préposés ou les mandataires de l'assuré pendant la durée du contrat. L'assuré doit seulement déclarer ensuite à l'assureur ces expéditions dans un délai convenu. Lorsque le contrat est souscrit pour une durée d'un an ou plus, il se reconduit tacitement à l'arrivée de son terme.

Ce type de police, très utilisé par les exportateurs et les importateurs, a pour avantages son automaticité, l'économie de temps et de frais et implique pour l'assuré l'obligation d'affecter à la police la totalité de ses expéditions.

§ 4. La police tiers-chargeur

Parmi les polices d'abonnement, on peut distinguer la police à application obligatoire (où la garantie est automatique) et la police à application facultative (ou police « tiers chargeurs ») à l'usage des commissionnaires de transport et autres auxiliaires de transport. C'est une police d'abonnement dans laquelle l'assurance n'est pas automatique. Les compagnies de navigation, les commissionnaires de transport et transitaires, au nom desquels elle est établie, la mettent à disposition de leurs clients. En cas de sinistre, c'est eux qui s'occuperont des démarches de l'indemnisation. L'assuré en nom n'est tenu d'affecter à sa police que les expéditions que ses clients l'ont chargé d'assurer.

Le transporteur est mandaté par son client pour assurer les marchandises durant leur expédition. Cela dispense de la gestion des réclamations et formalités en cas de problème.

Section 4 – Les droits et les obligations des parties

En cas de survenance d'un sinistre, les polices édictent un certain nombre de droits et d'obligations à la charge de l'assuré et de l'assureur.

§ 1. Les obligations de l'assuré

Les obligations de l'assuré sont classiques.

A. La déclaration de toutes les expéditions entrant dans le champ de la garantie

L'assuré doit déclarer, de bonne foi, toutes les expéditions couvertes par la garantie contre les risques de transports tant aérien, fluvial, maritime que routier, en tenant compte des exclusions. Il doit également déclarer les autres assurances couvrant le même risque. L'omission ou la déclaration inexacte de la part de l'assuré, dont la mauvaise foi n'est pas établie, n'entraîne pas la nullité de l'assurance.

B. Le paiement des primes convenues sous peine de suspension ou de restitution de contrat

Les polices indiquent le taux de prime convenu entre l'assureur et l'assuré. En l'absence de barème de prime de référence, cette prime est généralement un pourcentage de la valeur assurée pour la détermination de laquelle l'assureur tient compte de nombreux paramètres, dont :

- la nature et le poids de la marchandise, l'emballage et l'encombrement, le voyage lui-même ;
- les moyens et conditions de transports utilisés (navire pour le transport maritime) ;
- les conditions de l'assurance (étendue de la garantie, montant des franchises éventuelles, etc.) ;
- les mesures de préventions adoptées.

La prime peut être assortie de surprimes dans le cas d'extensions apportées à la garantie de la police (garantie de risques habituellement exclus, prolongation de la durée normale du voyage, etc.).

La prime est payable à l'assureur dans la monnaie prévue dans la police et au comptant dès la prise d'effet des risques.

C. La déclaration du sinistre dans les conditions requises

L'assuré doit déclarer le sinistre, dès qu'il en a eu connaissance et au plus tard dans le délai fixé par le contrat, de nature à entraîner la garantie de l'assureur. Le défaut ou le retard ne peut être opposé à l'assuré que si l'assureur établit que le retard dans la déclaration lui a causé un préjudice. Elle ne peut également être opposée dans tous les cas où le retard est dû à un cas fortuit ou de force majeure.

D. La constatation contradictoire du dommage avec l'assureur

L'assuré doit faire établir, par écrit, dans le délai fixé par la police, un constat qui lui permettra de justifier de la réalité, de la nature, de l'origine, de la cause et de l'importance des pertes et des dommages. Le réceptionnaire de la marchandise, c'est-à-dire celui qui en prend livraison à destination, commet un commissaire ou expert d'avarie, par requête verbale ou téléphonique généralement désigné sur le contrat d'assurance. L'expertise doit intervenir dans le délai convenu et de façon contradictoire. Si le requérant n'est pas d'accord avec les conclusions de l'expert amiable désigné, il doit provoquer une contre-expertise amiable ou judiciaire et contradictoire dans les quinze jours de l'expertise.

Les frais de constatation et d'expertise des dommages sont avancés par le requérant au moment où l'expert lui remet les constat et rapport d'expertise. Ils sont ensuite remboursés par les assureurs, à la condition que les dommages ou pertes constatés proviennent d'un risque couvert. Ces frais sont remboursés, même si les assureurs en arrivent, de ce fait, à payer une somme supérieure à la valeur assurée (les frais de constatation et d'expertise ne sont jamais imputés sur le montant de l'indemnité).

E. La prise de toutes mesures conservatoires des marchandises

L'assuré ou son représentant doit prendre de mesures à diligenter pour la protection et la conservation de la marchandise faisant l'objet d'une couverture d'assurance. Cela va consister à protéger les marchandises contre la pluie, consulter le commissaire ou l'expert d'avaries pour la prise de mesures conservatoires d'ordre technique, en cas d'avaries graves ou étendues à des lots très importants.

F. La conservation du recours de l'assureur contre le transporteur

L'assuré (réceptionnaire dans la pratique) doit prendre des mesures nécessaires pour sauvegarder le droit de l'assureur qui a payé l'indemnité de se retourner contre les responsables du dommage. C'est le droit de subrogation. Cette obligation de conserver le recours est absolue et consiste pour l'assuré d'envoyer des réserves aux tiers responsables de façon à ce que l'assureur puisse effectuer valablement les poursuites le moment venu.
En cours de transport, une telle obligation incombe aux mandataires successifs en vue de situer de façon diligence les responsabilités.
Le dossier de réclamation doit comprendre les justificatifs suivants : un exemplaire original de la police (police au voyage), un avenant de banque ou certificat d'assurance signé par l'assureur (autres polices), un exemplaire original du connaissement et des autres titres de transports, l'original du certificat délivré par le commissaire d'avarie

ou l'expert, complété éventuellement d'un rapport d'expertise visé par lui. Pour les pertes totales ou partielles, les justificatifs sont le certificat de non-livraison, le bon de manquant délivré par le transporteur, le bulletin de poids, le justificatif des frais raisonnablement exposés pour préserver la marchandise de l'aggravation d'un dommage. En cas d'avarie commune, il s'agit du reçu de contribution avant production de la contribution définitive, une facture d'origine et une note de colisage correspondante, ainsi que tous documents justifiant la valeur d'assurance, quand elle est supérieure à la valeur d'origine, les photocopies du bon de livraison portant les réserves prises au moment de la livraison, des lettres de réserves adressées aux transporteurs, les réponses de ces derniers et, généralement, tout constat établi contradictoirement avec tout intervenant de transport.

§ 2. Les obligations de l'assureur

L'obligation de l'assureur est de délivrer à l'assuré une attestation et une police d'assurance (L. n°81-78/AN-RM, 15 août 1981), de régler les indemnités prévues en fonction de la perte subie. En cas perte totale, l'indemnité est égale à la valeur vénale des marchandises à l'état sain au jour et au lieu de la vente augmentée des frais de transport et des primes d'assurance. En cas de perte partielle, on retranche de la valeur totale des marchandises, la valeur de celles qui ont été sauvées.

L'assureur a le choix entre un règlement d'avarie et le délaissement. En cas de règlement d'avarie, l'assureur rembourse l'avarie ou la perte constatée par le commissaire ou l'expert d'avarie non pas sur la base de la valeur réelle, mais sur celle de la valeur assurée unitaire ou des quantités manquantes.

Le délaissement transfère les droits de l'assuré sur les marchandises assurées à l'assureur. Celui-ci accepte ou refuse le transfert de propriété, mais il est tenu, quel que soit son choix, de payer le montant de la valeur assurée. Ce mode de règlement, propre à l'assurance maritime, est usité dans les cas suivants :

– lorsque le navire a disparu sans nouvelles (perte totale) ;
– dans l'impossibilité de réparer le navire pour poursuivre son voyage et que la marchandise n'a pu, dans le délai de trois

mois, être rechargée sur un nouveau navire pour être acheminée à destination ;
- lorsque les frais de réparation à la charge de l'assureur atteignent les trois quarts de la valeur assurée.

Le délaissement des marchandises peut être effectué dans les cas où elles sont :
- perdues totalement ;
- perdues ou détériorées à concurrence des trois quarts de leur valeur ;
- vendues en cours de route pour cause d'avaries matérielles des objets assurés par suite d'un risque couvert.

Les freintes ou déchets de route qui constituent des risques certains et inévitables indépendants de tout aléa, ne sont pas remboursées par les assureurs. Il en est de même pour les franchises qui sont des dommages minimes, que les parties peuvent convenir d'éliminer de la garantie pour éviter des frais de constatation et de gestion qui dépasseraient l'intérêt assuré. L'assuré dont le contrat comporte une franchise s'engage à conserver à sa charge une partie des dommages[27] dont la valeur du dommage est réduite du montant de la franchise lors du remboursement par l'assureur. Les frais déboursés pour la conservation des marchandises et les contributions d'avaries communes ne sont pas considérés comme des franchises.

Section 5 : L'assurance responsabilité

L'assurance de responsabilité est destinée à garantir les conséquences pécuniaires des responsabilités encourues à l'égard des tiers du fait des dommages causés par le véhicule de transport ou de la mauvaise exécution du contrat de transport. Elle présente un intérêt certain pour le transporteur sur lequel pèse une présomption de responsabilité concernant les marchandises qui lui sont confiées.

---

[27] L'ARGUS de l'assurance, *Dommage, le recouvrement et la validité de la franchise*, https://www.argusdelassurance.com/reglementation/analyse/dommages-le-recouvrement-et-la-validite-de-la-franchisela-franchise-constitue-une-part-du-sinistre-non-indemnisee-par-l-assureur-l-elle-est-opposable-aux-parties-et-aux-tiers-a-l-exception-de-cer.13505.

§ 1. Les conditions de la garantie

L'assurance responsabilité est souscrite par le transporteur ou pour compte par le commissionnaire. Appelée assurance responsabilité civile professionnelle, elle couvre les dommages subis par les marchandises entre le chargement et le déchargement, voyageant sans rupture de charge ni interruption. C'est tout le sens de l'article 200 du code des assurances de la Conférence interafricaine des marchés d'assurance (code CIMA), qui rend civilement responsable toute personne physique ou toute personne morale autre que l'État, des dommages subis par des tiers résultant d'atteintes aux personnes ou aux biens et causés par un véhicule terrestre à moteur. Ces dommages peuvent être matériels (détérioration, perte ou destruction d'un bien), immatériels (dommage consécutif ou non à un dommage corporel et ou matériel : pertes financières subies par une victime ou tout autre tiers) ou corporels (atteinte physique ou morale subie par une personne physique) causés à des tiers (clients, fournisseurs, partenaires) du fait d'erreurs, de fautes ou de négligences causées par le professionnel ou par son personnel, ses locaux ou son matériel professionnel dans l'exercice de ses fonctions.

L'assurance ne couvre pas les marchandises stockées chez le commissionnaire et ne tient pas compte des exclusions et risques non couverts. La police précise les conditions de conduite de l'engin de transport à savoir la possession d'un permis de conduire requis pour la conduite d'un engin routier, la jouissance de capacité physique et intellectuelle saine, un justificatif de l'assurance du véhicule utilisé, un justificatif de l'assurance de responsabilité civile requise pour l'activité pratiquée, la carte professionnelle requise pour l'activité pratiquée.

§ 2. Les obligations des parties

Les obligations de l'assuré sont les mêmes que celles de l'assuré dans l'assurance transport de marchandises, sauf qu'il doit préserver le recours de l'assureur contre le tiers responsable.

Lorsque la responsabilité du transporteur est engagée, l'assureur règle les indemnités prévues en fonction de la perte subie. Le remboursement se fait sur la base du poids des marchandises endommagées et non pas sur leur valeur réelle. En cas de transport successif, le transporteur initial et le transporteur de destination qui assure la livraison finale, peuvent être tenus responsables de la perte des biens ou des dommages occasionnés à ceux-ci pendant qu'ils en ont la garde. Toutefois, l'indemnité est versée à celui des transporteurs à l'égard duquel il est établi que la perte ou les dommages sont survenus pendant que les biens se trouvaient sous leur garde.

L'étendue de cette responsabilité est réglementée et limitée par les lois nationales et conventions internationales. Les lois nationales imposent au transporteur une obligation de réparer le dommage subi par l'ayant droit selon les règles du droit commun parfois écartées au profit de règles spécifiques (voir supra la réparation du dommage).

En matière de transport routier, le calcul de l'indemnité pour une perte ou une avarie se base sur la valeur de la marchandise. L'article 18 de l'AUCTMR plafonne l'indemnité maximale à 5 000 f CFA par kilogramme de poids brut de la marchandise.

Les limites de la responsabilité du transporteur sont exprimées par les conventions internationales en droits de tirage spéciaux (DTS), une norme monétaire du FMI créée en 1969 et dont la valeur repose depuis le 1er octobre 2016, sur un panier de cinq grandes devises : le dollar des États-Unis, l'euro, le renminbi chinois (RMB), le yen japonais et la livre sterling de Grande-Bretagne. Sa valeur est estimée à 1,1759 € au 7 octobre 2014, à 1,25 € au 30 juin 2016 qu'on peut arrondir à 819 f CFA et à 1,22 € au 11/08/2023.

Dans les transports terrestres (rapport poids/volume 1 T/3 m^3), la CMR, dont s'inspire l'AUCTRM, indique un plafond de 8,33 DTS par kilogramme, soit environ 11,72 €/kg.

Au Mali, la loi n°2011-014 du 19 mai 2011 portant code de l'aviation civile du Mali renvoie expressément aux conventions de Varsovie et de Montréal pour les questions de responsabilité du transporteur aérien.

Les transports aériens (rapport poids-volume 1T/6 m^3) sont soumis à la convention de Varsovie du 12 octobre 1929 qui prévoit 250 f CFA par kilogramme pour les marchandises et les bagages enregistrés et 5 000 f pour les bagages à main. Le Gouvernement français a évalué ce plafond 16,5837 DTS par kilogramme, soit environ 23,33 € par kilogramme. Elle a été modifiée par le protocole de La Haye du 28 septembre 1955 qui a relevé le plafond 250 000 f.

Plus tard, suite à une refonde des textes régissant le transport aérien, la convention de Montréal adoptée le 28 mai 1999 a limité la responsabilité à 17 DTS par kilogramme de poids brut (emballage compris) manquant ou avarié avec déplafonnement en cas de faute intentionnelle ou inexcusable mais également en cas de déclaration d'intérêt à la livraison ou déclaration de valeur. Suite à une révision survenue depuis le 30 décembre 2009 conformément à l'article 24 de ladite convention, ce plafond est ramené à 19 DTS.

En transport maritime (1 T/1 m^3), il faut rappeler que la convention de Bruxelles du 24 août 1924 avait unifié les règles en matière de connaissement et mettait en place un système de responsabilité fondée sur une indemnisation par colis fixée à 100 £ valeur or. Suite à la perte de la convertibilité de la livre et au développement de la conteneurisation, les règles de La Haye et Visby du 23 février 1968 ont introduit la clause conteneur ramenant la limite de responsabilité de 100 £ à 1 000 f Poincaré. Le chargeur peut également réclamer 30 f Poincaré par kilogramme.

La dernière limitation prévue par le protocole entré en vigueur en 1977 a été fixée en 1979 à 666,67 DTS par colis ou unité (environ 938 €) et 2 DTS par kilogramme (environ 2,82 €) de poids brut de marchandises perdues ou endommagées, la plus forte des deux limites s'appliquant.
Les règles de Hambourg du 31 mars 1978, en vigueur dans la plupart des pays africains, ont la particularité de s'appliquer non seulement au connaissement maritime mais aussi à tous les documents, couvrent toute la période pendant laquelle les marchandises sont sous la garde du transporteur. Ces règles ne retiennent que deux (2) cas d'exonération à savoir l'incendie et l'avarie commune. Les limitations de responsabilité s'élèvent à 835 DTS par colis ou unité de charge (soit 1 159 €) et 2,5 DTS par kilogramme (soit 3,47 €/kg), la plus forte des deux limites s'appliquant.

Le transport ferroviaire international est régi par la convention de BERNE (CIM) du 14 octobre 1890 modifiée par la convention relative aux transports internationaux ferroviaires (COTIF) régulièrement révisée depuis 1989 et 1990. Elle prévoit une limitation de responsabilité de 17 DTS par kilogramme de masse brute manquante avec déplafonnement des limites de responsabilité en cas de faute lourde ou dol.

Quant au transport multimodal, il est régi par la convention de Genève de1980 du même nom et s'applique au transport effectué au moins par deux (2) modes différents entre deux (2) États. Elle prévoit un document unique combinant les différents moyens de transport et une responsabilité unique pour l'entrepreneur de transport multimodal (ETM). Si le transport comprend un trajet maritime ou fluvial, la limite est fixée à 2 DTS par kilogramme ou 666,666 DTS par colis. Par contre, s'il ne comprend pas un trajet maritime, le plafond est fixé à 8,33 DTS par kilogramme sans limitation de colis. La convention offre la possibilité d'appliquer la règle de localisation, en vertu de laquelle l'indemnisation est soumise à la convention internationale ou la loi nationale la plus favorable.

La limitation de responsabilité peut être déplafonnée, sur décision d'un tribunal compétent, en cas de faute lourde du transporteur, par exemple, une négligence prouvée, le détournement et la vente des marchandises. Ce dernier n'indemnisera plus le chargeur sur la base des limites de responsabilité, mais plutôt sur l'ensemble du préjudice subi (valeur totale des marchandises, majorée du profit espéré et autres pénalités).

En somme, même si la responsabilité du transporteur est avérée, l'indemnisation ne dépassera pas le plafond fixé, d'où la nécessité pour le chargeur de souscrire une assurance ad valorem, c'est-à-dire basée sur la valeur des marchandises. Avec cette couverture d'assurance « ad valorem », le chargeur est indemnisé, non pas sur la base du principe de responsabilité, mais sur la base de la valeur réelle des marchandises endommagées ou perdues. Afin de garantir un profit espéré sur les marchandises livrées en bon état et vendues, il peut, lors de la conclusion du contrat, opter pour l'application d'un taux de majoration pouvant atteindre 20 % de la valeur réelle. L'assureur versera au chargeur une indemnité couvrant la valeur totale des pertes subies et se retournera ensuite vers le transporteur pour récupérer à son tour une indemnité en fonction de ses limites de responsabilité.

CHAPITRE II :

L'ASSURANCE TRANSPORT DE PERSONNES

L'obligation de sécurité du transporteur impliquant d'amener le voyageur sain et sauf à la destination et dans les délais convenus, il lui importe, en tant que professionnel, de se prémunir contre les risques liés aux accidents et aux circonstances imprévues au cours du transport. Le cadre juridique national précité institue également une assurance obligatoire pour le transport de personnes à titre onéreux, que ce soit dans le cadre d'un transport public, de l'organisation de voyages ou de séjours. Elle présente bien des similitudes avec l'assurance transport de marchandises concernant l'assurance corps, les droits et obligations des parties. Elle en diffère sur les types d'assurances et les risques garantis ainsi que les exclusions et les risques non couverts. Relativement au transport de personnes, le marché des assurances propose une garantie responsabilité civile (section 1) et une garantie voyage (section 2).

Section 1 : L'assurance responsabilité civile du transporteur de personnes

L'assurance responsabilité civile est une garantie minimale imposée au professionnel du transport qui dispose d'une surface financière suffisante pour s'auto assurer. Cela se justifie d'autant plus que les transports terrestres (§ 1) assurent l'essentiel du désenclavement interne et externe du Mali. Toutefois, ce secteur reste caractérisé par la présence de l'informel dans les transports routiers et fluviaux. Il importe alors de trouver les voies et moyens de sensibiliser les acteurs du secteur à accepter le système d'assurance responsabilité.

Les transports aériens (§ 2) ne connaissent pas ce genre de problèmes compte tenu de la particularité du risque aéronautique. Les années 1990 et 2000 ont connu une série d'accidents dont le plus mémorable a été le détournement, le 11 septembre 2001, de quatre avions de lignes intérieures aux États-Unis, qui ont fait officiellement 2 752 morts, et aurait coûté près de 4 100 millions de dollars. Ainsi, en plus de la garantie corpus, les opérateurs et prestataires de services du transport aérien doivent garantir leur responsabilité civile passagers et tiers à la surface, fret et bagages, et même prévoir une garantie complémentaire non aéronautique.

§ 1. L'assurance responsabilité civile dans le transport terrestre de personnes

Suivant le mode de locomotion employé, la responsabilité civile dans le transport terrestre de personnes peut être ferroviaire, fluviale ou routière.

A. L'assurance responsabilité du transporteur ferroviaire

Le transport ferroviaire repose sur une ligne à écartement métrique unique qui relie Dakar à Bamako sur 1 286 km dont 642 km au Mali et dessert 24 gares dans le pays.

La réhabilitation de la ligne Dakar–Bamako, les projets d'interconnexions régionales étudiés par la CEDEAO et l'UEMOA ainsi que la construction de lignes pour l'exploitation de gisements miniers constituent les perspectives de développement du transport ferroviaire. Le transport ferroviaire a assuré plus de 40 millions de voyageurs par kilomètre par an entre 2012 et 2014.

Les dispositions du code CIMA (art. 203) ne s'appliquant pas aux dommages causés par les chemins de fer et les tramways, la souscription d'une assurance transport ferroviaire s'avère nécessaire pour couvrir les dommages causés par les trains et les équipements ferroviaires. Elle sera destinée à protéger les passagers, les employés et les tiers contre les accidents ferroviaires.

B. La responsabilité du transporteur fluvial

Au Mali, le transport fluvial est assuré par la COMANAF à laquelle s'ajoute un transport informel exercé par des pinasses et des pirogues sur des distances inaccessibles pour les bateaux. Cependant, ce transport fluvial s'exerce toujours dans des conditions sécuritaires inadéquates entraînant souvent des dégâts matériels et des pertes de vies humaines. Parallèlement, les activités de tourisme et de plaisance se développent. Pour les encadrer, le Mali a adopté la loi n°2017-035 du 14 juillet 2017 portant code de la navigation et des transports sur les voies navigables qui oblige les opérateurs à se faire immatriculer et posséder une assurance obligatoire. Selon l'article 14 de ladite loi, « *Tout bâtiment de navigation fluviale est assuré pour garantir les risques relatifs : a) aux avaries causées au corps du bâtiment et aux marchandises transportées; b) aux dommages causés aux passagers et aux membres de l'équipage.* » L'article 15 exclut de la disposition les bâtiments de l'administration et de l'armée. La police d'assurance de transport de passagers fait partie des documents exigés à bord (art. 13). Par bâtiment, aux termes de l'article 2, il convient de comprendre « *un bateau de navigation fluviale, un bac, un engin flottant et d'une manière générale, tout type d'embarcation* ». Le bâtiment est dit motorisé s'il est de cinq tonnes métriques de jauge brute ou plus utilisant ses propres moyens de propulsion. La loi définit comme embarcation tout bâtiment de plus de cinq tonnes métriques de jauge brute et la menue embarcation comme tout bâtiment inférieur ou égal à cinq tonnes métriques de jauge brute. Ces dispositions, interprétées *de lege ferenda*, pourraient inclure les pinasses et pirogues d'un certain gabarit qui sont à l'origine de nombreux accidents. L'assurance de navigation couvre le corps des bateaux de transport, de plaisance, les personnes à bord ainsi que la responsabilité civile du propriétaire au cours des navigations sur les fleuves, lacs et lagunes en république du Mali.

Le transport fluvial international de personnes est régi par le code international de la navigation et des transports sur le fleuve Sénégal adopté par les chefs d'États et de gouvernement de l'OMVS le 13 mars 2006 dont l'article 135 stipule que « *Toute personne physique ou morale exerçant même occasionnellement l'activité de transport sur le fleuve Sénégal doit souscrire une police d'assurance pour couvrir sa responsabilité à l'égard des chargeurs ou des personnes transportées mais également les conséquences d'un abordage, d'un échouement ou d'un naufrage ainsi que les frais engagés pour la lutte contre la pollution et pour le relèvement de l'épave du navire ou du bateau ou embarcation.* »

C. L'assurance responsabilité civile du transporteur routier

Les politiques nationales en Afrique et au Mali ont priorisé le transport routier compte tenu de son adaptabilité au milieu. Les lois imposent au transporteur la souscription d'une assurance responsabilité avant même la mise en circulation d'engins motorisés (auto, motos à deux roues, tricycles appelées respectivement au Mali *teliman*, *KataKatani*) présentant un danger d'ordre public pour l'ensemble des usagers de la route. Il s'agit de la loi n°68-11/AN-RM du 17 février 1968 et son décret d'application n°82/PG-RM du 18 mai 1968, l'arrêté n°06/0251/MEF/SG du 10 février 2006 fixant le tarif minimal de l'assurance responsabilité civile automobile et le livre II du code CIMA entré en vigueur en 1995. Au niveau communautaire est instituée la Carte brune CEDEAO qui permet de couvrir les risques de transport routier de passagers dans un pays tiers.

Cette assurance existe pour tous types de transport de personnes : les transports scolaires, urbains ou interurbains, les activités de chauffeurs qui effectuent des services de taxi, des services de navette, des transferts aéroportuaires et des livraisons de marchandises, les véhicules de tourisme avec chauffeur ou voyagistes, les accompagnateurs de personnes à mobilités réduites.

Tous sont astreints à la garantie minimale appelée garantie de base à laquelle s'ajoute la garantie facultative, les deux pouvant indemniser les victimes d'accidents dans les pays tiers dans le cadre du système de la Carte brune CEDEAO.

1. Les garanties obligatoires

Aux termes de l'article 200 du code CIMA, « *Toute personne physique ou toute personne morale autre que l'État, au sens du droit interne, dont la responsabilité civile peut être engagée en raison de dommages subis par des tiers résultant d'atteintes aux personnes ou aux biens et causés par un véhicule terrestre à moteur, ainsi que ses remorques ou semi-remorques, doit, pour faire circuler lesdits véhicules, être couverte par une assurance garantissant cette responsabilité...* » La disposition excluant l'État et ses démembrements, impose au transporteur routier de personnes la souscription de garanties de base ou garanties au tiers qui se déclinent en garantie responsabilité civile circulation (a), responsabilité civile professionnelle d'exploitation (b) et recours des tiers incendie du véhicule (c).

a. La garantie responsabilité civile circulation

Elle couvre la responsabilité du conducteur en cas de dommages corporels ou matériels causés aux tiers par son véhicule suite aux événements suivants (voir article 205 code CIMA) :

1° les accidents, incendies ou explosions causés par le véhicule, les accessoires et produits servant à son utilisation, les objets et substances qu'il transporte;

2° la chute de ces accessoires, objets, substances ou produits.

Cette couverture s'étend :

- aux accidents causés par les véhicules assurés remorquant occasionnellement un véhicule en panne ou remorqués eux-mêmes par un autre véhicule;
- aux dommages résultant de l'utilisation d'appareils attelés au véhicule assuré, lorsque la garantie a été prévue aux conditions particulières;
- aux frais réellement et raisonnablement exposés par lui pour le nettoyage ou la remise en état des garnitures intérieures de son véhicule, de ses effets vestimentaires et de ceux des personnes l'accompagnant, lorsque ces frais sont la conséquence des dommages des personnes résultant du transport bénévole et gratuit d'une tierce personne blessée à la suite d'un accident de la route;
- à la responsabilité civile de toute personne ayant la garde ou la conduite, même non autorisée du véhicule,
- ainsi que la responsabilité civile des passagers du véhicule objet de l'assurance, celle du souscripteur du contrat et du propriétaire du véhicule.

Cependant, ce type d'assurance ne couvre pas les dommages subis par le véhicule. Les articles 206 et 227 stipulent que l'obligation d'assurance ne s'applique pas à la réparation :

1° des dommages subis :

a) par la personne conduisant le véhicule ;

b) pendant leur service, par les salariés ou préposés de l'assuré responsable des dommages pour les sommes ou chefs de préjudice excédant les indemnités prévues par le présent livre et pour les chefs de préjudice non prévus ;

2° des dommages ou de l'aggravation des dommages causés par des armes ou engins destinés à exploser par modification de structure du noyau de l'atome ou par tout combustible nucléaire, produit ou déchet radioactif ou par toute autre source de rayonnements ionisants et qui engagent la responsabilité exclusive d'un exploitant d'installation nucléaire ;

3° des dommages atteignant les immeubles, choses ou animaux toués ou confiés au conducteur à n'importe quel titre ;

4° des dommages causés aux marchandises et objets transportés, sauf en ce qui concerne la détérioration des vêtements des personnes transportées, lorsque celle-ci est l'accessoire d'un accident corporel.

En outre, l'exclusion s'applique aux dommages subis par des personnes transportées dans des conditions de sécurité insuffisante fixées par un arrêté des autorités compétentes.

Enfin, cette exclusion concerne les professionnels de la réparation, de la vente et du contrôle de l'automobile comme les garagistes, les personnes pratiquant habituellement le courtage, la vente, la réparation, le dépannage ou le contrôle du bon fonctionnement des véhicules ainsi que leurs préposés parce qu'ils détiennent le véhicule en raison de leurs fonctions.

b. La responsabilité civile professionnelle exploitation

C'est celle qui couvre l'activité du conducteur et non les dommages corporels et matériels subis par lui ou par le véhicule. Il s'agit des dommages (erreur de destination, bagage égaré ou abîmé, annulation d'un déplacement ou retard du client pour un rendez-vous important, un passant à l'extérieur du véhicule, les atteintes au droit à l'image, les fautes professionnelles, les imprudences ou un défaut de performance) causés par le conducteur volontairement ou involontairement, à ses clients, fournisseurs dans le cadre de ses activités.

c. La garantie recours des tiers incendie du véhicule

Elle s'applique aux dommages matériels causés aux tiers par le véhicule assuré suite à un événement d'origine accidentelle (jets de flamme, incendie, explosion, combustion spontanée, chute de la foudre, court-circuit) ou d'origine malveillante (vandalisme, attentat).

Le montant de la garantie est illimité pour les dommages corporels et limité à 500 000 000 f CFA (cinq cent millions) pour les dommages matériels causés à des tiers, sans déduction des frais de procès, de quittances et autres frais de règlement.

La garantie de l'assureur est accordée dans la limite du nombre de places déclarées sur le récépissé de déclaration de mise en circulation, les enfants de moins de douze ans étant comptés pour moitié et à condition que les passagers ne soient pas installés sur les marchandises chargées dans le véhicule. Pour le véhicule à deux roues et triporteur, la présence d'un enfant de moins de cinq ans, accompagné d'un adulte n'implique pas le dépassement de la limite. Il n'y a pas d'assurance pour les personnes transportées dans une remorque. En cas de surcharge constatée au moment de l'accident, l'indemnité à payer par l'assureur sera réduit proportionnellement entre les victimes et/ou les ayants droits des décédés.

2. Les garanties facultatives

Puisque les garanties de base ne protègent pas suffisamment le conducteur dans l'exercice quotidien de son activité, il lui est recommandé de recourir à des garanties facultatives ou complémentaires.

a. La garantie des dommages causés au véhicule assuré

- La garantie des dommages causés au véhicule par accident

On distingue deux types à savoir la garantie dommages complets ou garantie tous accidents ou encore garantie tous risques et la garantie dommages collisions ou garantie tierce collision. La première couvre tous les dommages matériels subis par le véhicule assuré ainsi que par les accessoires et pièces de rechange dont le catalogue du constructeur prévoit la livraison en même temps que le véhicule, d'où son appellation « garantie panne mécanique ». Elle permet de prendre en compte les réparations à effectuer sur le véhicule en cas de défaillance d'origine mécanique, électrique ou électronique. Ces dommages doivent survenir suite à une collision avec un autre véhicule, un choc contre un corps fixe ou mobile (un animal, un poteau électrique, etc.), un renversement sans collision préalable, une chute dans les ravins ou cours d'eau. Cette garantie n'exige pas que l'auteur de la collision soit identifié.

La garantie dommage collision permet d'indemniser les dommages subis par le véhicule ainsi que par les accessoires prévus par le catalogue du constructeur lors d'un accrochage avec un autre véhicule appartenant à un tiers identifié, avec un piéton ou un animal domestique dont le propriétaire est identifié et ce, que le conducteur soit responsable ou non. En revanche, en cas d'accident sans tiers identifié ou seul, aucune indemnisation ne sera versée. La tierce collision s'applique uniquement aux dommages survenus hors garage et résultant d'une collision.

- La garantie des dommages au véhicule par incendie explosion

Cette assurance garantit les dommages causés au véhicule avec les accessoires et pièces de rechange dont le catalogue du constructeur prévoit la livraison en même temps que le véhicule.

Elle ne couvre pas :

- les dommages survenus pendant le transport d'explosifs ou ;
- les dommages causés aux appareils électriques du seul fait de leur fonctionnement (les lampes, fusibles, le bris machine sont exclus) ou provoqués par l'assuré lui-même, qu'ils soient volontaires ou proviennent d'une négligence de sa part (cigarette mal éteinte, usure, mauvais entretien, brûlures occasionnées par un excès de chaleur sans embrasement…) ;

- les dommages occasionnés par un cataclysme ;
- les frais de dépannage ou de garage consécutifs à un événement couvert par la garantie. Toutefois, en cas d'accident garanti et subi par le véhicule, l'assureur remboursera à concurrence de 20 % du coût total les réparations effectivement mises à sa charge, les frais entraînés par la garde du véhicule ou son transport au plus proche atelier qualité pour effectuer des réparations sans pouvoir excéder les frais réels ;
- les dommages causés par l'explosion de dynamite ou tout autre explosif ;
- les dommages occasionnés au contenu du véhicule tels que les effets personnels, marchandises, autres éléments du véhicule.

➢ La garantie des dommages résultant du vol du véhicule

Cette garantie s'applique selon que le vol est classique ou partiel. La garantie vol classique permet d'être indemnisé en cas de vol résultant :

- de la disparition ou la détérioration du véhicule assuré ;
- du vol uniquement d'accessoires et de pièces de rechange, en cas de tentative de vol du véhicule lui-même ou en cas d'effraction du local dans lequel le véhicule est garé ;
- du détournement du véhicule à la suite d'un abus de confiance ou d'une escroquerie.

Il y a escroquerie lorsqu'une personne se fait remettre un véhicule en usant d'un faux nom, d'une fausse qualité ou en usant de manœuvres frauduleuses. L'abus de confiance est le détournement par une personne d'un véhicule qui lui a été remis pour un usage déterminé.
Le vol des pneumatiques, accessoires et pièces de rechange n'est indemnisé que si le vol a été commis dans un garage avec effraction ou escalade dans les remises et garages, usage de fausse clé, tentative de meurtre ou violence corporelle.

La garantie vol classique couvre aussi les cas de tentative de vol lorsque des traces matérielles non équivoques sont constatables :

- forcement de direction, des serrures, du système d'alarme ou d'anti-démarrage électronique ou des contacts électriques du système de démarrage ;
- effraction des glaces, du toit ouvrant ou vitré, de portières, des serrures, de la capote ou du coffre;
- effraction électronique (piratage du système informatique).

Dans la pratique, cette garantie est extensible aux actes de vandalisme, de vol d'accessoires, d'éléments du véhicule, de vol du contenu, aux aménagements professionnels (locaux pour l'exercice de l'activité professionnelle), aux frais consécutifs au vol comme la mise en fourrière, le certificat d'immatriculation, le dépannage et remorquage, et autres frais engagés légitimement par l'assuré avec l'accord de l'assureur pour récupérer le véhicule volé de même que la location.

La garantie vol partiel couvre, sans qu'il soit nécessaire que le vol soit commis dans un garage, les accessoires et pièces de rechange dont le constructeur prévoit la livraison en même temps que le véhicule, les accessoires dont le catalogue ne prévoit pas la livraison en même temps que le véhicule, mais qui y sont incorporés par l'assuré.

Sont exclus de la garantie vol :

- les vols commis par les préposés pendant les heures de service ou par les membres de la famille de l'assuré ou avec des complices ;
- les vols des pneumatiques, accessoires et pièces de rechange dont le catalogue du constructeur prévoit la livraison en même temps que le véhicule, sauf s'ils sont commis dans un garage ou avec effraction, escalade ou usage de fausse clé à moins que le contrat n'ait fait l'objet d'une extension à la garantie aux vols partiels.

Les effets, objets et marchandises, appartenant à l'assuré, à son personnel ou aux tiers transportés, peuvent être garantis avec l'extension de la garantie à l'exclusion des bijoux, fourrures, espèces, billets de banque, valeurs mobilières objets en métaux précieux.

- La garantie bris de glaces et pare-brise

Elle concerne habituellement les dommages consécutifs ou non à un accident subis par le pare-brise, mais peut s'étendre, si les parties en conviennent, aux glaces latérales, à la lunette arrière, aux blocs optiques de phares, aux rétroviseurs et aux vitres de toit ouvrant.
Le montant de la garantie dommages est indiqué dans les conditions particulières et la garantie s'exerce à concurrence de la valeur vénale du véhicule le jour du sinistre, sous déduction éventuelle.

b. La garantie de services

Elle se compose de la garantie défense et de la garantie recours suite à un accident.

- La garantie défense

En vertu de cette garantie, l'assureur s'engage à pourvoir, à ses frais, à la défense de l'assuré devant les juridictions civiles, commerciales, administratives ou répressives lorsqu'il fait l'objet de poursuite à la suite d'une infraction ou pour imprudence et blessures involontaires à l'occasion de la mise en circulation du véhicule assuré. L'assureur prend en charge les frais de justice et les honoraires d'avocat mais non les amendes qui restent toujours à la charge de l'assuré, compte tenu du fait qu'elles sont légalement inassurables.

- La garantie recours

Au titre de cette garantie, l'assureur s'engage à exercer à ses frais toutes les actions judiciaires contre un tiers de nature à permettre l'obtention par l'assuré de la réparation des préjudices corporels et/ou matériels qu'il a subis, ou les personnes transportées à l'intérieur du véhicule, suite à un accident dans lequel le véhicule assuré est impliqué et incombant à un tiers identifié responsable, au conducteur (fautif non titulaire d'un permis de conduire ou ayant utilisé le véhicule à l'insu du propriétaire). L'assistance peut prendre la forme de conseil téléphonique, de démarche amiable ou d'intervention judiciaire. L'assureur prend notamment en charge les frais de justice, les honoraires d'enquêtes, d'expertises, d'avocat et les frais de l'expertise médicale outre les amendes.

En cas de conflit lors de l'exercice du recours contre une compagnie, l'assureur doit soumettre le dossier à l'arbitrage de la Commission nationale d'arbitrage conformément à l'article 276 du code CIMA. Lorsque l'assuré n'accepte pas la décision de la Commission nationale d'arbitrage, l'assureur est dégagé de toute obligation.

c. La garantie personne transportée (sécurité passager, sécurité routière)

C'est la garantie protection personnelle des conducteurs, c'est-à-dire qu'elle couvre les conducteurs blessés dans des accidents de la circulation, dans lequel ils sont fautifs ou seuls impliques. Entrent dans le champ de la garantie de la conduite du véhicule assuré, des opérations de dépannage ou de réparation effectuées bénévolement par les personnes transportées en cours de route.

Outre le conducteur, toute autre personne transportée bénéficie de la garantie de façon systématique, suite aux événements suivants :

- le décès consécutif à l'accident ou survenu après un certain délai (généralement de 1 à 2 ans), le paiement de l'indemnité se fera aux ayant droits du capital prévu par le contrat ;
- l'infirmité permanente, le reversement à la victime du capital prévu dans le contrat se fera proportionnellement à son incapacité permanente évaluée par les médecins au moment de la consolidation ;
- les blessures, les frais médicaux, chirurgicaux et pharmaceutiques dans la limite du montant garanti par le contrat d'assurance seront remboursés.

d. La garantie complémentaire adaptée à l'activité professionnelle

Encore appelée garantie objets personnels, elle couvre les dommages causés aux biens transportés, qu'ils soient confiés, personnels ou professionnels.

e. La garantie obligatoirement attachée à la garantie dommage facultative

Elle est offerte, si le contrat comporte une garantie dommages au véhicule autre que la garantie bris de glaces, en cas de :

- catastrophes naturelles (tremblements de terre, éruptions volcaniques, inondations, typhons, ouragans, tornades, cyclones ou tout autre cataclysme ou phénomène météorologique) ;
- catastrophes technologiques (dommages ou aggravation des dommages causés par des armes ou engins destinés à exploser par modification de structure du noyau de l'atome ou par tout combustible nucléaire ou par toute autre source de rayonnements ionisants et qui engagent la responsabilité exclusive d'un exploitant d'installation nucléaire) ;
- attentat (attaque de véhicule assuré, isolé ou en convoi et, généralement, de tout acte de vandalisme ou de brigandage quelconque isolé ou concerté).

f. La garantie non attachée à la garantie dommage facultative

Elle couvre les sinistres occasionnés par la guerre civile, les grèves, les émeutes et mouvements populaires, les actes de rébellion, de mutinerie, les actes de terrorisme ou de sabotage, vandalisme (il appartient à l'assureur de prouver que le sinistre résulte de l'un de ces faits), les sinistres occasionnés par la guerre étrangère (il appartient à l'assuré de faire la preuve que le sinistre n'est pas dû à celle-ci).
La garantie de l'assureur n'est pas accordée en l'absence des conditions suivantes :

- défaut de permis de conduire ;
- âge minimum non requis ;
- défaut de licence de circulation ou de permis de conduire en état de validité ;
- conduite en état d'ivresse au moment de l'accident ;
- défaut de visite technique ;
- déclaration tardive (5 jours ouvrés et 48 heures en cas de vol) ;
- non-respect de la prescription biennale ;

– non-respect de la prescription quinquennale pour les actions en responsabilité civile extracontractuelle.

3. La garantie responsabilité civile au tiers de la Carte brune d'Assurance CEDEAO

Le système de la Carte brune d'assurance a été institué par le protocole A/P1/5/82 signé par les chefs d'État et de Gouvernement de la Communauté économique des États de l'Afrique de l'Ouest (CEDEAO), le 29 mai 1982 à Cotonou, au Bénin. S'inspirant des succès de systèmes analogues en Europe (Carte verte en 1953), dans la zone CEMAC (Carte rose en 1996–1998) et dans les pays arabes (Carte orange en 1975), les chefs d'État et de Gouvernement de la CEDEAO ont décidé d'établir ce système de Carte brune à but non lucratif pour encourager et faciliter la circulation des véhicules et des personnes entre les pays signataires du protocole et favoriser les échanges commerciaux entre ces pays. Il ressort de l'alinéa 3 du préambule du protocole de création que la Carte brune vise à garantir aux victimes des accidents de la circulation, une prompte et équitable indemnisation des dommages qui leur sont causés par les automobilistes non résidents en visite sur leur territoire, en provenance d'autres États membres de la CEDEAO.

L'article 2.1 de l'Acte additionnel A/SA. 01/06/20 relatif à l'amendement du protocole A/P1/5/82 portant création d'une Carte brune CEDEAO relative à l'assurance responsabilité civile automobile au tiers du 19 juin 2021 érige, en une institution spécialisée de la CEDEAO, le système de la Carte brune avec trois organes à savoir le Conseil des bureaux, le Secrétariat général permanent, le comité exécutif.

Le Conseil des bureaux, ci-après dénommé « le Conseil » (art. 6, protocole A/P1/5/82) est composé d'un représentant titulaire et d'un représentant suppléant de la CEDEAO ainsi que d'un représentant titulaire et d'un représentant suppléant de chaque Bureau national. Il choisit en son sein, suivant un système de rotation par ordre alphabétique et pour une durée d'un an, un président, et un vice-

président en l'absence desquels les membres présents désignent celui d'entre eux qui préside la séance.
Le Conseil se réunit au moins une fois par an, aux lieu et date qu'il fixe lui-même. À l'initiative de son président ou à la demande du tiers au moins de ses membres, le Conseil peut être réuni par convocation adressée à ses membres au moins trente jours avant la réunion.

Le Conseil arrête l'ordre du jour de ses réunions. Il ne délibère que sur les questions inscrites à l'ordre du jour. Sont obligatoirement inscrites à l'ordre du jour, les questions posées par écrit au président dix jours au moins avant la réunion de ses membres. Chaque membre du Conseil dispose d'une voix. Les décisions sont prises à la majorité des voix, la moitié au moins des membres étant présents ou représentés.

Le Conseil désigne son président pour la période d'un an pour coordonner ses activités. Il arrête son budget annuel et fixe la contribution annuelle à verser par les membres qui doit être d'un montant égal pour chacun d'entre eux.

Le Conseil exerce une mission générale d'orientation, de coordination et de contrôle sur l'ensemble du système d'assurance CEDEAO. Il détermine la forme et le contenu de la Carte brune CEDEAO.

Le Conseil coordonne le fonctionnement des 14 (quatorze) bureaux nationaux répartis dans chacun des quatorze États membres. Il établit à cet effet une convention-type interbureaux qui doit être signée par tous les bureaux et à laquelle il peut seul apporter des modifications. Cette convention fixe notamment les montants maxima des délégations de pouvoirs de règlements que les bureaux nationaux se consentent entre eux et le minimum de taxe de gestion qu'ils se remboursent pour chaque dossier géré par eux.

Tout différend entre deux ou plusieurs bureaux nationaux touchant à l'interprétation ou à l'application du protocole est soumise au Conseil qui statue lui-même sur le litige à la majorité absolue. La décision intervenue est définitive et engage les parties en cause. Elle est communiquée à l'ensemble des bureaux nationaux et le Conseil veille à son exécution.

De sa propre initiative ou à l'initiative de tout gouvernement signataire du protocole, le Conseil étudie et s'il l'estime utile, propose des modifications à la législation à la réglementation des pays adhérents au protocole, en vue, soit d'améliorer le fonctionnement du système de la Carte brune CEDEAO, soit d'harmoniser les régimes de réparation des dommages occasionnés par les accidents de la route, soit de renforcer la prévention de ces accidents.

Conformément à l'article 5 du protocole A/P1/5/82, chaque Bureau national est composé des assureurs agréés par les autorités locales de contrôle d'assurance pour la couverture des risques de responsabilité civile automobile et remplit deux (2) fonctions principales :

- rendre la Carte brune disponible aux automobilistes résidents, le Bureau national joue ainsi un rôle de Bureau émetteur ;
- procéder à l'investigation et au règlement des réclamations découlant d'un accident causé par des automobilistes détenteurs de la Carte brune. Il joue alors un rôle de Bureau gestionnaire.

Le Secrétariat général permanent a été créé par décision C/DEC/7/2/94 du Conseil des ministres du 28 juillet 1994 pour assurer le suivi du protocole. Un accord a été signé le 18 mai 1998 entre le secrétariat du Conseil et le Togo pour installer le siège à Lomé.

Le Comité exécutif : le Conseil désigne un comité dénommé Comité exécutif ou Comité permanent de travail composé de cinq (5) personnes ayant les compétences techniques nécessaires pour assister le président et le secrétaire général dans la planification, l'exécution et la gestion des affaires du Conseil de manière durable.

Les membres du Comité exécutif nommés selon cette procédure, exercent leur mandat pour une période de trois (03) ans renouvelable une fois.

Le Comité exécutif est constitué d'un président, d'un vice-président, d'un secrétaire général et des membres du Comité.

Aux termes de l'article 2 de l'Acte additionnel A/SA. 01/06/20, « *la Carte brune CEDEAO est obligatoire et est délivrée systématiquement pour tout contrat d'assurance responsabilité civile automobile et vaut attestation d'assurance sur le territoire de l'État membre où la présentation d'une telle attestation est exigée pour la circulation des véhicules automobiles soit à l'intérieur du territoire national soit aux frontières* ». De plus, « *Pendant la durée de validité, la Carte brune CEDEAO doit constituer la preuve de l'existence d'une police d'assurance. Elle ne sera effective qu'au cas où la garantie originale est valable ».*

L'Acte additionnel AISA. 3/06/16 signé à Monrovia le 4 juin 2017 a défini, en son article 2, les modalités de la systématisation de la Carte brune CEDEAO. Pour les automobilistes et les véhicules déjà en circulation, la Carte brune CEDEAO est délivrée sur demande. Pour les véhicules nouvellement immatriculés, la Carte brune CEDEAO est intégrée à la police de la responsabilité automobile aux tiers.
La Carte brune CEDEAO garantit l'automobiliste contre les risques dès qu'il franchit les frontières de son territoire de résidence habituelle. Par conséquent et pour bénéficier des avantages conférés par la carte, lorsque survient un accident, il doit :

- déclarer l'accident au poste de police le plus proche ;
- dans le cas où un autre véhicule est impliqué ou s'il y a un blessé, relever :
    1. les noms et adresse complète du propriétaire, du conducteur et des assureurs du véhicule,
    2. le numéro d'immatriculation du véhicule ;
- déclarer l'accident au Bureau national du pays dans lequel l'accident est survenu.

Ce Bureau national, en tant que représentant de l'assureur de l'automobile et en sa qualité de Bureau gestionnaire, est tenu de lui accorder l'assistance sollicitée à savoir la conduite d'enquêtes d'usage et l'évaluation des dommages. Ce Bureau se chargera de notifier la survenance de l'accident au Bureau émetteur (c'est-à-dire le Bureau national du pays d'origine de l'automobiliste) qui se chargera à son tour d'informer la société d'assurance qui a délivré la Carte brune CEDEAO.

Notons que la gestion des sinistres transfrontaliers est encadrée par le code CIMA qui s'applique dans les pays francophones de l'Afrique de l'Ouest et du Centre ainsi que la convention harmonisée pour l'indemnisation des victimes d'octobre 2008 de la Carte brune CEDEAO en ce qui concerne le système d'assurance entre les pays de la CIMA et les autres États de la CEDEAO non membres de la CIMA. L'avantage de la CIMA est que son champ de couverture des risques s'étend aux marchandises, au personnel roulant et aux passagers.

La garantie n'a d'effet que si l'accident est survenu dans l'un des pays membres de la CIMA et sous réserve que le véhicule impliqué soit couvert par un contrat souscrit dans ce pays. La Commission nationale d'arbitrage compétente est celle du pays dans lequel l'accident est survenu. En dehors de la zone CIMA, cette garantie peut être étendue aux pays désignés au contrat.

§ 2. L'assurance responsabilité civile dans le transport aérien de personnes

Le transport aérien de personnes est régi par la loi n°2011-014 du 19 mai 2011 portant code de l'aviation civile du Mali dont l'article 2 stipule: « *Le présent code s'applique à tous les domaines de l'aviation civile. Il s'applique également aux équipages, passagers et aéronefs étrangers se trouvant dans l'espace aérien du Mali conformément à la convention de Chicago et aux accords bilatéraux ou multilatéraux de transport aérien conclus par le Mali* ». Les articles 63 et 138 font peser une lourde responsabilité sur le transporteur. Ce dernier est tenu responsable de plein droit des dommages causés aux personnes et aux biens situés à la surface par les évolutions de l'aéronef ou les personnes ou les objets qui en tomberaient. Cette responsabilité ne peut être atténuée ou écartée que par la preuve de la faute de la victime. Qui plus est, il est responsable du préjudice survenu en cas de décès ou de blessure d'un passager du seul fait que l'accident qui a causé le décès ou la blessure s'est produit à bord de l'aéronef ou au cours de toute opération d'embarquement ou de débarquement.

C'est pourquoi, la loi institue une obligation d'assurance responsabilité :

- **a)** à l'exploitant d'un aérodrome ouvert à la circulation aérienne publique ou d'un aérodrome à usage restreint pour couvrir les risques qu'il encourt du fait de l'aménagement et de l'exploitation de l'aérodrome (art. 91) ;
- **b)** aux opérateurs et prestataires de services pour couvrir leurs activités dans le domaine du transport aérien (art. 248) ;
- **c)** à tous les transporteurs aériens et exploitants d'aeronefs qui utilisent l'espace aérien à l'intérieur, à destination, en provenance ou au-dessus du territoire de l'État malien, indépendamment de leur nationalité, pour couvrir en tout

temps leur responsabilité civile, notamment à l'égard des passagers, des bagages, du fret, du courrier et des tiers à la surface, conformément aux dispositions des conventions internationales applicables au Mali (art. 163) ;

d) à l'employeur pour couvrir les risques professionnels pour les personnels navigants (art. 199).

Aux termes de l'article 249, l'autorité de l'aviation civile est chargée du contrôle et de la vérification de la validité des polices d'assurance des opérateurs et prestataires de services du transport aérien. Ceux-ci doivent apporter la preuve qu'ils satisfont aux exigences d'assurance en déposant auprès des autorités compétentes maliennes un certificat d'assurance ou une autre preuve d'assurance valable. Les autorités maliennes s'assurent que les transporteurs aériens et les exploitants d'aéronefs respectent les règles en matière d'assurance, notamment en demandant, si cela est nécessaire, des preuves supplémentaires de la part du transporteur aérien, de l'exploitant d'aéronefs ou de l'assureur concerné. Le défaut d'assurance ou l'assurance inappropriée au type de risque à couvrir fait l'objet de sanctions proportionnées et dissuasives.

La responsabilité du transporteur de personnes est régie par les dispositions de la convention de Varsovie du 12 octobre 1929 ou de la convention de Montréal du 28 mai 1999 ou de toute convention les modifiant et applicable au Mali. Lorsque le transport n'est pas international au sens de ces conventions, la responsabilité du transporteur de personnes est régie par les dispositions de la convention de Varsovie du 12 octobre 1929 ou de toute convention la modifiant et applicable au Mali. L'action en responsabilité contre le transporteur de personnes doit être intentée, sous peine de déchéance, dans les deux ans à compter du jour où l'aéronef est arrivé ou aurait dû arriver à destination, ou de l'arrêt du transport aérien.

En cas d'application de la convention de Varsovie, la limite de la responsabilité du transporteur relative à chaque passager est fixée à 16 600 droits de tirage spéciaux, soit 12 254 950 francs. En cas d'application de la convention de Montréal, pour tout dommage survenu en cas de décès ou de blessure d'un passager à concurrence de 100 000 droits de tirage spéciaux, soit 73 825 000 francs par passager, le transporteur ne peut exclure ou limiter sa responsabilité. Toutefois, dans le cas où il fait la preuve que la négligence ou un autre acte ou omission préjudiciable de la personne qui demande réparation ou de la personne dont elle tient ses droits a causé le dommage ou y a contribué, le transporteur est exonéré en tout ou en partie de sa responsabilité à l'égard de cette personne.

En cas d'application de la convention de Montréal, pour tout dommage survenu en cas de décès ou de blessure d'un passager au-delà de 100 000 droits de tirage spéciaux, soit 73 825 000 francs par passager, le transporteur n'est pas responsable s'il prouve :
a) que le dommage n'est pas dû à sa négligence ou à un autre acte ou omission préjudiciable de sa part, de ses préposés ou de ses mandataires, ou ;
b) que ces dommages résultent uniquement de la négligence ou d'un autre acte ou omission préjudiciable d'un tiers.

Section 2. L'assurance voyage

Connue dans la pratique des assureurs maliens sous l'appellation « Assurance Voyage Intégrale-AVI », elle couvre les dommages survenus aux voyageurs, aux étudiants âgés de 18–47 ans qui font des études à l'étranger, aux employés et administrateurs d'entreprise pour leurs déplacements hors du territoire malien. En transports domestiques, l'absence de textes la visant spécifiquement autorise à penser qu'elle est prise en compte de manière incidente par l'assurance maladie obligatoire en passe de devenir l'assurance maladie universelle, l'assurance responsabilité civile professionnelle et les autres assurances qu'un passager, ayant les moyens et soucieux de sa sécurité, peut souscrire volontairement auprès des sociétés d'assurance. Dans l'espace CEDEAO, le voyageur est assuré grâce l'institution de la Carte brune CEDEAO complétée par le code CIMA en matière de transport routier de passagers. Il reste souhaitable que ce vaste chantier couvre les autres modes de transport qui pourront, en attendant, faire l'objet de conventions bilatérales entre pays frontaliers ou même entre différentes sociétés d'assurance. Toutefois, les voyages aériens internationaux à destination ou en provenance des pays occidentaux principalement de l'espace SCHENGEN et d'Asie restent conditionnés à une assurance voyage dont une copie de l'attestation est exigée dans les consulats avant toute délivrance de visa. Il importe donc de connaître les types de garantie ainsi que les exclusions.

§ 1. Les types de garantie

Quels que soient les motifs, vacances, week-ends, déplacements professionnels, expatriation, voyage d'études ou d'affaires, le voyageur doit prémunir des risques liés à son déplacement dans un territoire étranger. Il doit également mettre à jour ses vaccins, partir avec ses ordonnances habituelles, déclarer ne pas effectuer le voyage à des fins thérapeutiques mais aussi se renseigner sur l'état sanitaire du pays et le coût des frais médicaux.

A. La garantie prise en charge des frais médicaux et d'hospitalisation

Elle couvre l'assistance médicale d'urgence, c'est-à-dire, en cas d'altération soudaine, grave et imprévisible de l'état de santé, en l'occurrence, le recours à un transport médicalisé vers l'établissement de santé désigné pour des soins médicaux appropriés, les frais médicaux d'urgence, les soins dentaires. La mise en œuvre de cette garantie est subordonnée à l'accord préalable de l'assureur.

B. L'assistance en cas de perte de bagages

De nombreux bagages sont perdus, retardés ou endommagés lors de voyages, que ce soit à l'aéroport ou ailleurs. La garantie couvre le vol, la perte ou l'endommagement des bagages et autres biens personnels pendant votre voyage.

C. L'assistance juridique dans le pays de séjour

Elle concerne l'avance de caution pénale et les frais d'avocat lorsqu'une action judiciaire est engagée contre l'assuré.

D. L'assistance-rapatriement en cas de décès

Elle inclut :

- l'organisation et la prise en charge de retour ou du transport vers un établissement hospitalier;
- la prise en charge des frais supplémentaires de transport des membres de la famille assurés ou d'une personne assurée accompagnant le malade;
- la préparation et le rapatriement de la dépouille;
- les frais funéraires;
- les frais supplémentaires raisonnables si quelqu'un doit se déplacer pour identifier le corps.

E. L'assistance « imprévus »

Elle couvre :

- la communication à la famille ou à l'entreprise ;
- le vol de papiers d'identité, de cartes de crédit, de titres de séjour.

§ 2. Les exclusions de garanties

L'assuré devra obtenir l'approbation préalable de l'assureur avant d'entamer un traitement médical et connaître les exclusions éventuelles. L'assurance de voyage couvre rarement les examens de santé courants, les soins non urgents et la chirurgie esthétique. Les exclusions prévues par les compagnies d'assurance peuvent aussi s'appliquer aux troubles psychiatriques, aux incidents impliquant la consommation d'alcool ou de drogue. On peut citer, entre autres :

- les conséquences de la défaillance de l'organisateur du voyage ;
- les guerres civiles ou étrangères, les émeutes, les mouvements populaires, les grèves, le prises d'otages, les manipulations d'armes ;
- la faute de l'assuré : participation volontaire à des paris, crimes ou rixes, voies de fait, sauf cas légitime défense, actes intentionnels et fautes dolosives, y compris le suicide et la

tentative de suicide, la consommation d'alcool, de drogue, etc. ;

- tout effet d'origine nucléaire ou causé par toute source de rayonnement ionisant ;
- les frais médicaux dans le pays de domicile ;
- les frais engagés sans l'accord préalable du service assistance ;
- les conséquences des maladies ou blessures préexistantes, diagnostiquées et/ou traitées, ayant fait l'objet d'une hospitalisation ;
- l'inobservation d'interdictions officielles, ainsi que le non-respect des règles officielles de sécurité, liées à la pratique d'une activité sportive ;
- les frais non mentionnées comme expressément remboursables ainsi les frais de restauration et de toute dépense pour laquelle l'assuré ne peut produire de justificatif, les frais de vaccination.

Dès la survenance de l'événement donnant lieu à la mise en œuvre d'une des garanties, le bénéficiaire ou toute autre personne agissant en ses lieu et place devra obligatoirement dans les 24 heures contacter la centrale d'alarme à un numéro indiqué sur le certificat d'assurance. Les garanties s'appliquent à la zone de couverture, et la validité est de trois mois. Toute action dérivant du contrat d'assurance se prescrit par un délai de deux ans à compter de l'événement qui y donne naissance.

L'assurance voyage apparaît à la fois comme une variante de la responsabilité civile (assistance) et de l'assurance maladie (prise en charge du voyageur malade).

INDEX ALPHABÉTIQUE

(Les chiffres renvoient aux numéros de page)

BIBLIOGRAPHIE

I. Ouvrages généraux

Cornu Gérard (dir.), *Vocabulaire juridique*, 12e éd. (mise à jour), éd. PUF, coll. : « Quadrige », janvier 2018.

Dalloz encyclopédie, *Commercial*, vol. IV, V° Transports.

Lexique des termes juridiques, Dalloz, 25e éd., 2017–2018.

RIPERT G. et ROBLOT R., *Traité de droit commercial*, Paris, LGDJ, t. 2, 12e éd., 1990.

RODIÈRE R., *Traité général de droit maritime*, t. 3, n°919, 1977.

II. Ouvrages spécialisés

ALTER M., *Droit des transports terrestres aériens et maritimes internes et internationaux*, 2e éd., Paris, mémentos Dalloz, 1989.

AUBERT J., « Fiche 1. Domaine du droit privé des transports. Contrat de transport » in *L'Essentiel du droit des transports*, Ellipses, p. 5–14, 2021, https://www.cairn.info › l-essentiel-du-droit-des-transport.

BOKALLI V.-E., *Droit des transports aériens*, Cours, Master professionnel en droit des transports et de la logistique (niveau II), Université de Yaoundé II, année académique 2016–2017.

BOKALLI V.-E., *Droit des transports terrestres*, Cours, Master II professionnel de droit maritime et droit des transports, Université de Parakou, faculté de droit et de science politique, étude doctorale, Année académique 2016–2017.

DELEBECQUE Ph., BON-GARCIN I. et BERNADET M., *Le Contrat du transport*, Éd. Dalloz, coll. : « Connaissance du droit », 1993.

DELEBECQUE Ph., BON-GARCIN I. et BERNADET M., *Droit des transports terrestres et aériens*, Sirey, 2e éd., 1977.

DIALLO I. Kh., *Cours de droit du transport*, UCAD, FSJP, Master 1, 2012–2013.

DIALLO I. Kh., *Le Contentieux maritime devant le juge*, t. 1, Préface Emmanuel DU PONTAVICE, Éditions juridiques africaines, Dakar 1992.

DIARRA S., *La Responsabilité contractuelle du transporteur aérien en droit malien. Contribution à l'étude de l'application des conventions internationales dans un contexte africain*, Préfaces David HIEZ et Philippe DELEBECQUE, Éd. L'Harmattan, Logiques juridiques, 2012.

DIARRAH G., *La Problématique du connaissement maritime*, préface du professeur Pierre BONASSIES, Éd. SODEM (Société malienne d'édition), 1995.

BON-GARCIN I., BERNADET M. et DELEBECQUE Ph., *Droit des transports*, 2e éd., Éd. Dalloz, 2018.

ESNEU O., *Le Droit du transport routier de marchandises (TRM)*, Paris, Éd. L'Harmattan, coll. : « L'esprit économique », 2018.

Lamy transport, t. 1 et 2, 2017.

Lamy transport, t. 2, 1986.

Le Droit des transports, Dalloz, 2e éd., 2018.

LOUETTE E., *Cours de droit des transports*, ENA, Mali, 1979–1987.

MARCQ J.-P., *Guide de l'assurance transport et logistique. Risques maritimes, routiers, aériens, fluviaux. Risques sanitaires, risques de guerre, risques climatiques, cybercriminalité*, Éd. L'Argus de l'assurance, 4e éd., 2023, www.editionargus.com.

RODIÈRE R. et MERCADAL B., *Droit des transports terrestres et aériens*, Paris, Précis Dalloz, 5e éd., 1990.

RODIÈRE R., *Droit des transports terrestres et aériens*, Paris, Précis Dalloz, 1973.

SERIAUX A., *La Faute du transporteur*, préface Pr. Pierre BONASSIES, prix de l'Association française du droit maritime pour l'année 1984, Éd. Economica, 1984.

TOE J. Y., *Droit des transports*, Cours, coll. : « Précis de droit burkinabé », Université de Ouaga II–UFR/SJP, sans date.

MALAURIE-VIGNAL M., *Droit des transports*, Cours, Maîtrise en droit des affaires, 1996–1997, en ligne https://www.studocu.com ›.

III. Articles de revue et de presse-Chroniques-Notes-Commentaires de jurisprudence

BONASSIES P., *La Nouvelle Convention internationale sur les transports de marchandises par mer (les règles de Hambourg), analyse critique*, Université d'Aix-Marseille, faculté de droit et de science politique.

BOYE A. K., « Les contrats relatifs aux transports terrestres », *Droit des contrats et de la responsabilité*, Encyclopédie juridique de l'Afrique, vol. 9, Les Nouvelles Éditions africaines, 1982, p. 135–168.

CHAO A., *La Faute d'arrimage est une faute commerciale*, BT, 1972–30.

DIARRA S., *La Responsabilité du transporteur aérien en droit malien*, notes de jurisprudence, Éd. Economica 2018, p. 222–228.

DIARRAH G., « Le transport malien à l'heure de l'ajustement structurel », journal *L'Indépendant* 1995.

GOUILLOUD M. R., *La Faute lourde du transporteur : Une reprise en main de la Cour de Cassation, Bulletin des transports*, n°2154, 28 juin 1985, p. 337.

TOUNKARA A., *Les Systèmes d'organisation des transports urbains à Bamako*, mai 1987.

Cahiers de documentation, chambre de commerce et d'industrie de Marseille.

La responsabilité du transporteur maritime de passagers et de droit des États-Unis d'Amérique, DMF, 1959–195.

« Les rapports nés du contrat de transport », n°2137, BT 1er mars 1985, p. 117.

« La Faute lourde et le DOL des préposés », *JCP* 1951, 1–946.

« Dol et faute lourde dans le transport aérien international », *JCP*, 1952, 1–1010.

IV. Revues spécialisées

Bulletin des transports internationaux et ferroviaires, mensuel publié par l'Office central des transports internationaux ferroviaires, Berne.

Bulletin des transports et de la logistique, hebdomadaire, édité par LAM.

Revue de droit des transports, mensuel édité par LexisNexis.

V. Législation

1. Législation nationale

Loi n°2017-035 du 14 juillet 2017 portant code de la navigation et des transports sur les voies navigables.

Loi n°2011-014 du 19 mai 2011 portant code de l'aviation civile du Mali.

Arrêté n°06/0251/MEF/SG du 10 février 2006 fixant le tarif minimal de l'assurance responsabilité civile automobile.

Loi n°0043/du 7 juin 2000 régissant la profession de transporteur routier.

Arrêté n°05-2193/MET-SG du 19 septembre 2005 portant création des antennes des entrepôts maliens dans le port de transit.

Décret n°04-124/P-RM du 21 avril 2004 fixant les conditions d'exercice des professions d'organisateurs de voyages et de séjours.

Loi n°3-040/AN-RM du 30 décembre 2003 détermine les professions d'organisateurs de voyages et de séjours et de guide de tourisme.

Décret n°96-030/P-RM du 25 janvier 1996 fixant les modalités administratives de création d'entreprises.

Loi n°92-002 portant code de commerce en république du Mali.

Décret n°314 PGRN du 5 décembre 1983 fixant les conditions d'application de l'obligation d'assurance des marchandises ou facultés à l'importation.

Arrêté n°3364/MF-DNTCP portant application du décret n°314/PG-RM du 5 décembre 1983 fixant les conditions d'application de l'obligation d'assurance des marchandises ou facultés à l'importation du 14 juillet 1984.

Loi n°81-78/AN-RM du 15 août 1981 rendant obligatoire l'assurance des marchandises ou facultés à l'importation, amendée par la loi n°85-37 du 21 juin 1985.

Loi n° 87-31/AN-RM du 29 août 1987 portant régime général des obligations du Mali.

Loi n°68-11/AN-RM du 17 février 1968 et son décret d'application n°82 PG-RM du 18 mai 1968.

2. Législation étrangère

Code des transports (France), édition 2022.

Code des assurances (France), textes d'application, conditions générales et conditions particulières.

Code des obligations civiles et commerciales du Sénégal (COCC) du 5 janvier 1967.

3. Conventions communautaires et africaines

Acte additionnel A/SA 01/06/20 relatif à l'amendement du protocole A /P1/5/82 portant création d'une Carte brune CEDEAO relative à l'assurance responsabilité civile automobile au tiers du 19 juin 2021.

Acte additionnel AISA 3/06/16 signé à Monrovia le 4 juin 2017 relatif aux modalités de la systématisation de la Carte brune CEDEAO.

Acte uniforme de l'OHADA relatif aux contrats de transports de marchandises par route, 2014.

Code international de la navigation et des transports sur le fleuve Sénégal adopté par les chefs d'États et de Gouvernement de l'OMVS le 13 mars 2006.

Convention de Cotonou du 29 mai 1982 portant réglementation des transports routiers à l'intérieur de la CEDEAO.

Convention de Cotonou du 29 mai 1982 portant réglementation des transports routiers à l'intérieur de la CEDEAO, dite « Convention TRIE ».

Protocole A/P1/5/82 signé par les chefs d'État et de Gouvernement de la Communauté économique des États de l'Afrique de l'Ouest (CEDEAO), 29 mai 1982, Cotonou, Bénin.

Charte des transports aériens maritimes en Afrique de l'Ouest et du Centre, signée le 7 mai 1975 à Abidjan, dite « Charte d'Abidjan ».

Traité de Yaoundé du 28 mars 1961 relatif aux transports aériens en Afrique.

4. Conventions internationales

Convention de Montréal du 28 mai 1999 pour l'unification de certaines règles relatives au transport aérien international.

Convention de Berne du 9 mai 1980 relative aux transports internationaux ferroviaires (COTIF) et ses appendices A (Règles uniformes concernant le contrat de transport international ferroviaire des voyageurs : CIV) et B (Règles uniformes concernant le contrat de transport international ferroviaire des marchandises : CIM).

Convention des Nations unies du 31 mars 1978 sur le transport des marchandises par mer, dite « Règles de Hambourg ».

Convention de Genève du 19 mai 1956 pour le transport international des marchandises par route (CMR).

Convention de Varsovie du 12 octobre 1929 pour l'unification de certaines règles relatives au transport aérien international.

Convention de Bruxelles du 25 août 1924 pour l'unification de certaines règles en matière de connaissement, dite « Règles de La Haye », modifiée par le protocole du 23 juin 1968 appelée « Règles de Visby ».

Convention de Chicago du 7 décembre 1944 relative à l'aviation civile internationale.

VI. Documents officiels

Assurance Lafia, *Assurance automobile, conditions générales.*

Ministère de l'Équipement, des Transports et du Désenclavement, *Politique nationale des transports, des infrastructures de transports et du désenclavement, (PNTITD)*, septembre 2015.

Groupe de la Banque africaine de développement, note sur le secteur des transports, Mali, 2014.

Banque mondiale, région Afrique, *Études régionales sur l'organisation, le financement et la rentabilité des micros entreprises de transport urbain en Afrique Subsaharienne*, t. 2 : *Cas de Bamako*, novembre 2000.

SUNU Assurances, *Assurance et assistance Voyage, Conditions générales.*

VII. Ressources électroniques

DIOP Médou Mané, *Les Incoterms et le transfert du risque dans le transport international de marchandises : Problématique de la garantie*, Academia.edu, https://www.academia.edu › les_incoterms.

Selma CHEKIRED, *Assurance cours : L'assurance transport :* https://www.academia.edu/31105559/_Assurance_Cours_Lassurance_transport.

L'Argus de l'assurance, *La Terminologie des assurances transport*, https://www.argusdelassurance.com/acteurs/assureurs/la-terminologie-des-assurances-transport.52639.

Serge BRAUDO, https://www.dictionnaire-juridique.com/definition/transports.php.

https://www.glossaire-international.com/pages/tous-les-termes/freinte-de-.

Compagnie d'assurances du Mali : https://tradeportal.ml/procedure/231/184/step/1928?l=fr.

L'assurance transport/ facultés https://d1n7iqsz6ob2ad.cloudfront.net/document/pdf/532a2814d5b60.pdf.

Global Business negociator, INCOTERMS® ET ASSURENCE TRANSPORT DE MARCHANDISES, www.globalnegociator.com.

TABLE DES MATIÈRES

Structures éditoriales du groupe L'Harmattan

L'Harmattan Italie
Via degli Artisti, 15
10124 Torino
harmattan.italia@gmail.com

L'Harmattan Hongrie
Kossuth l. u. 14-16.
1053 Budapest
harmattan@harmattan.hu

L'Harmattan Sénégal
10 VDN en face Mermoz
BP 45034 Dakar-Fann
senharmattan@gmail.com

L'Harmattan Cameroun
TSINGA/FECAFOOT
BP 11486 Yaoundé
inkoukam@gmail.com

L'Harmattan Burkina Faso
Achille Somé – tengnule@hotmail.fr

L'Harmattan Guinée
Almamya, rue KA 028 OKB Agency
BP 3470 Conakry
harmattanguinee@yahoo.fr

L'Harmattan RDC
185, avenue Nyangwe
Commune de Lingwala – Kinshasa
matangilamusadila@yahoo.fr

L'Harmattan Congo
219, avenue Nelson Mandela
BP 2874 Brazzaville
harmattan.congo@yahoo.fr

L'Harmattan Mali
ACI 2000 - Immeuble Mgr Jean Marie Cisse
Bureau 10
BP 145 Bamako-Mali
mali@harmattan.fr

L'Harmattan Togo
Djidjole – Lomé
Maison Amela
face EPP BATOME
ddamela@aol.com

L'Harmattan Côte d'Ivoire
Résidence Karl – Cité des Arts
Abidjan-Cocody
03 BP 1588 Abidjan
espace_harmattan.ci@hotmail.fr

Nos librairies en France

Librairie internationale
16, rue des Écoles
75005 Paris
librairie.internationale@harmattan.fr
01 40 46 79 11
www.librairieharmattan.com

Librairie des savoirs
21, rue des Écoles
75005 Paris
librairie.sh@harmattan.fr
01 46 34 13 71
www.librairieharmattansh.com

Librairie Le Lucernaire
53, rue Notre-Dame-des-Champs
75006 Paris
librairie@lucernaire.fr
01 42 22 67 13

www.ingramcontent.com/pod-product-compliance
Lightning Source LLC
LaVergne TN
LVHW011259061026
849535LV00005B/1322